النمـــوذج الاستقصـــائي

في التدريس والبحث وحل المشكلات

تأليف
الأستاذ الدكتور
فريد كامل أبو زينة
جامعة عمان العربية للدراسات العليا

دار وائل للنشر
الطبعة الأولى
2010

رقم الايداع لدى دائرة المكتبة الوطنية : (2010/4/979)
أبو زينة ، فريد كامل
النموذج الاستقصائي في التدريس والبحث وحل المشكلات / فريد كامل أبو زينة.
– عمان: دار وائل للنشر والتوزيع ، 2010 .
(305) ص
ر.إ. : (2010/4/979)
الواصفات: أساليب التدريس / التدريس / طرق التعلم
* تم إعداد بيانات الفهرسة والتصنيف الأولية من قبل دائرة المكتبة الوطنية

****

رقم التصنيف العشري / ديوي : 371.3
ISBN 978-9957-11-893-8 (ردمك)

* النموذج الاستقصائي
* الأستاذ الدكتور فريد أبو زينة
* الطبعة الأولى 2010

* جميع الحقوق محفوظة للناشر

دار وائل للنشر والتوزيع

* الأردن – عمان – شارع الجمعية العلمية الملكية – مبنى الجامعة الاردنية الاستثماري رقم (2) الطابق الثاني
هاتف : 00962-6-5338410 – فاكس : 00962-6-5331661 – ص. ب (1615 – الجبيهة)
* الأردن – عمان – وسط البلد – مجمع الفحيص التجاري- هاتف: 00962-6-4627627
www.darwael.com
E-Mail: Wael@Darwael.Com

إهداء

إلى كل مرب ومعلم يسعى ليكون طلبته

متعلمين غير اعتماديين ،

إلى كل من يقرأ هذا الكتاب ويفيد منه ،

وإلى كل من كان له دور في انجاز هذا الكتاب ،

إلى أبنائي وأفراد أسرتي ،

وإلى روح أبي وأمي ورفيق دربي عمر الشيخ ،

أهدي هذا الجهد المثمر إن شاء الله

الفهرس

الفصل السادس

التعلم المستند إلى المشاريع

مقدمة الكتاب

ما زال الاعتقاد بأن التعليم والتعلم هما عمليتان مترابطتان تحدثان في وقت واحد، يقوم بالأولى المعلم ويؤدي الثانية المتعلم. ومن خلال هذا المنظور ظهرت نظريات التعلم، ونماذج واستراتيجيات التدريس. ويقع على عاتق المعلم الدور الأكبر في احداث التعلم وتحقيق الأهداف التعليمية. وركزت نظريات البنائية، والتعلم ذو المعنى لاوزوبل، وتحليل المهمات لجانييه، والخرائط المفاهيمية على دور المعلم في تحقيق الأهداف لدى المتعلم.

ان إشغال المتعلمين في التعلم من خلال خبرات وفعاليات التعلم النشط يحوّل الدور الرئيس إلى المتعلم، ويكون فيه المعلم مرشداً وميسراً لتعلم الطالب وحافزاً له على مواصلة نشاطه وتفاعله في الموقف التعليمي.

ومن هذا المنظور يجب اعتبار التعليم والتعلم عملية واحدة محورها الطالب. وإحداث تعلم نشط وإشغال المتعلمين في التعلم يتم من خلال فعاليات وأنشطة الاستقصاء المختلفة. والنموذج الاستقصائي في التعلم والتعليم والبحث يعمل مظلة لعدد من النماذج أو الاستراتيجيات التي ينشط فيها الطلبة ويصبحوا متعلمين مستقلين وغير اعتماديين ليؤدي بهم ذلك إلى عدم حاجتهم للمعلم.

لقد هيئنا لتوضيح النموذج الاستقصائي وعملياته ما أوردناه في الفصل الأول تحت عنوان مرتكزات العملية التعليمية التعلمية، وتناولنا أنماط التعلم، والتفكير المختلفة ودور التقويم في هذه العملية. وقد لا تكون هناك حاجة للقارئ أن يرجع إلى كل التفصيلات الواردة في هذا الفصل.

في الفصل الثاني من الكتاب تناولنا مظاهر الاستقصاء وعملياته المختلفة، ودور الأسئلة اياً كان من يطرحها في هذا النموذج. والاستقصاء شأنه في ذلك شأن الاكتشاف قد يكون موجهاً من قبل المعلم أو الكتاب، وقد يكون حراً ينشط فيه الطالب بأقل توجيه أو ارشاد. ويتضح الاستقصاء الحر في أنشطة وفعاليات البحث العلمي والذي يعتبر استقصاءً منظماً ومنضبطاً، وتستخدم فيه جميع عمليات الاستقصاء. وقد تناولنا بايجاز البحث العلمي كاستقصاء حر ومنظم في الفصل الثالث من الكتاب.

تتم أنشطة وفعاليات الاستقصاء من خلال العمل الفردي أو العمل التعاوني الزمري. وقد بينا مزايا التعلم التعاوني وأشكاله المختلفة التي تتطلبها أنشطة الاستقصاء التي تجري على نطاق واسع، وتتطلب فريقاً من الطلبة أو عملاً جماعياً؛ وكان ذلك موضوع الفصل الرابع من الكتاب.

ومن النماذج التدريسية التي تركز على دور الطالب في عملية التعلم والتعليم؛ التعلم المستند إلى المشكلات والتعلم المستند إلى المشاريع. ويشيع استخدام التعلم المستند إلى المشكلات في كليات الطب والحقوق، أما التعلم المستند إلى المشاريع فلم يحظ بالاهتمام الكافي حتى الآن؛ وان كانت بعض المشاريع موجهة لاثراء التعلم. وهذان النموذجان بالإضافة إلى البحث العلمي أمثلة حقيقية على النموذج الاستقصائي. وقد تناولناهما في الفصلين الخامس والسادس في هذا الكتاب.

لقد قدمنا عدداً من المواقف التدريسية من خلال دراسات وبحوث نفذت كتطبيقات وأمثلة على النماذج والاستراتيجيات التربوية المختلفة.

المؤلف

عمان في نيسان 2010

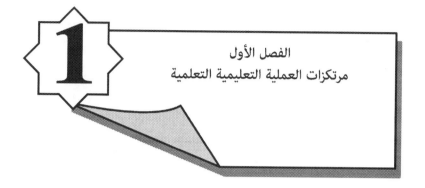

الفصل الأول
مرتكزات العملية التعليمية التعلمية

1 :1 التعلم والتعليم

3 :1 الأهداف التعليمية والنتاجات التعلمية

6 :1 القياس والتقويم في العملية التعليمية التعلمية

الفصل الأول

مرتكزات العملية التعليمية التعلمية

أركان العملية التعليمية التعلمية في المدرسة أو المؤسسة التعليمية ثلاثة: المنهاج أو المقرر الدراسي Curriculum/ Syllabus، والمدرس أو المعلم(Instructor/ Teacher)، والطالب أو المتعلم (Student / Learner) . وقد نال المنهاج حيزاً واسعاً في الخطط الدراسية للمراحل المختلفة. وتكاد لا تخلو أية خطة دراسية لتخصص ما من مساق أو أكثر يتناول المنهاج: أسسه، وتنظيماته، وتقويمه. أما على المستوى المدرسي فهو من وجهة نظر المعلم يحدد بالكتاب المدرسي لمقرر أو مبحث ما لصف معين.

أما الركن الثاني من أركان العملية التعليمية التعلمية فهو المعلم؛ فالمعلم هو الذي يقوم بالتعليم؛ فاستناداً إلى المنهاج أو المقرر الذي تم تجسيده في كتاب مقرر، يخطط المعلم للتدريس، وينظم الخبرات التعليمية للطلبة، ويعمل على حفز الطلبة واثارة دافعيتهم، وما يتبع ذلك من تقويم للفعاليات التدريسية، وما تم تحقيقه من أهداف التدريس المخطط لها. وللتدريس مهارات على المعلم أن يمتلكها ليكون التدريس فعالاً ومنتجاً؛ وهو ما سنتناوله بشيء من التفصيل في هذا الفصل.

والطالب كما هو متفق عليه، محور العملية التعليمية التعلمية؛ وهو الركن الأساس في العملية كلها. فالتعليم الذي لا يحدث تعلماً ليس تعليماً على الاطلاق؛ وكأن العملية التعليمية التعلمية لم تحدث. بدأ التركيز على التعلم بدلاً من التعليم، إلا أن النظريات التربوية الخاصة بالتعلم لم تحدث فرقاً كبيراً أو جوهرياً في مخرجات التعليم. ولذا لابد من أحكام الربط بين التدريس والتعلم واعتبارهما وحدة أو عملية واحدة.

وهو هدف هذا الكتاب. ولقد تناولنا بايجاز أنماط التعلم لدى الطلبة وعمليات التفكير المختلفة وتقويم التدريس وتعلم الطلبة.

أن المفاهيم والمعلومات التي أوردناها في هذا الفصل، تناولت بايجاز ركنين فقط من أركان العملية التعليمية التعلمية هما المدرس والطالب، ولم نخصص أية مساحة للمنهاج لاعتقادنا بعدم حاجة القارئ لذلك.

1:1   التعلم والتعليم

على الرغم من الارتباط الوثيق بين التعليم والتعلم، مما يجعل البعض عدم التمييز بينهما باعتبار أن التعليم يحدث أو يؤدي إلى التعلم، إلا أنهما شيئان مختلفان؛ فالتعليم عملية يقوم بها المعلم، والتعلم عملية يقوم بها الطالب أو المتعلم. والتعليم يسير وفق إجراءات يتبناها أو يسير بها المعلم، في حين يتعلق التعلم بالمبادئ والنظريات المتصلة بكيفية تعلم الفرد المتعلم في مختلف المراحل. فالتعلم عملية عقلية ذاتية تتم داخل المتعلم نتيجة للمثيرات المحيطة به، والتي يقوم بها المعلم في غالب الأحيان، ونتيجة للاستعدادات الموجودة لديه، ويكون نتيجتها تغير في سلوك الفرد الظاهر أو المستتر .

فالتعلم عملية شخصانية ترتبط بالمتعلم؛ وحتى يحدث التعلم لا بد من توفير الخبرة التعليمية الجيدة، أي التي توفر فرصا للمتعلم ليمارس السلوك المستهدف كما خطط له المعلم. والتعلم لا يقتصر ـ حدوثه على ما يقوله أو يفعله المعلم في الموقف التعليمي، فقد يحدث نتيجة قراءة مادة مطبوعة، أو مشاهدة صورة أو برنامج تلفزيوني، أو من خلال أداء مهام معينة، أو ما شابه . كما يمكن أن يقوم المعلم بعمل تعليمي في غرفة الصف دون حدوث تعلم، أو حدوث تعلم لدى بعض الطلبة وعدم حدوثه لدى

البعض الآخر ؛ ويحدث التعلم بدرجات متفاوتة لدى الطلبة في معظم الأحيان بناء على الفروق الفردية القائمة بينهم .

والتعليم الجيد أو التعليم الفعال هو التعليم الذي يؤدي إلى حدوث تعلم جيد لدى الطالب، بمعنى أنه يحدث السلوك المرغوب فيه والذي نصت عليه الأهداف التعليمية المخطط لها . والتعليم الجيد له مواصفات تتمثل في ضرورة امتلاك المعلم لمجموعة من المهارات التعليمية والتي سنأتي عليها بشيء من التفصيل لاحقا .

ونظرا للارتباط الوثيق بين التعليم والتعلم، فإنه ينظر إليهما على أنهما عملية واحدة مترابطة يطلق عليها العملية التعليمية التعلمية (Teaching Learning Process).

وهذه العملية ذات طبيعة تفاعلية وتواصلية ؛ فهي عملية تفاعلية بين أفراد (بين المعلم والطلبة، وبين الطلبة أنفسهم)؛ فالمعلم يقدم مثيرات يستجيب لها الطلبة، واستجابات الطلبة تكون مثيرات للمعلم يستجيب لها ، وتكون أيضا مثيرات لطلبة آخرين يستجيبون لها (حسن ، 2004 ، ص104). وعلى المعلم أن يتيح فرصا للطلبة ليتفاعلوا (يستجيبوا، ويسألوا، ويفكروا ، ويعبروا عن أفكارهم ومشاعرهم)، وأن لا يسيطر على الصف بكلامه وأفعاله ؛ فعملية التعليم والتعلم عملية تواصل بين المعلم والمتعلم هدفها إحداث تعلم مرغوب لدى المتعلم عن طريق إثارته وتسهيل تعلمه، وذلك بتوفير بيئة تعليمية - تعلمية مناسبة توفر الخبرة الضرورية لاكتساب السلوك المستهدف .

والعملية التعليمية التعلمية عملية مقصودة ومنظمة ومخطط لها ، فهي بوصفها تفاعلية تواصلية تحتاج إلى القصدية والتنظيم والتخطيط ؛ حتى تؤدي إلى تعلم منشود . والمعلم في هذه العملية هو المصمم والمنظم للتفاعل والتواصل فيها؛ ودوره فيها وسيط (mediator) ومسهل (facilitator) (حسن، 2004 ، ص105). وحفز الطلبة للتعلم وإثارة دافعيتهم أمر أساسي في قطبي العملية. ولعلم النفس التربوي دور بارز في تفعيل عملية التعلم وتوجيه عملية التعليم لإحداث التعلم، وفي طرائق التدريس الفعالة ، ومنها

ما يستند إلى النموذج الاستقصائي الذي سنتناوله بالتفصيل من جوانبه المختلفة والتي تقوم على نظريات التعلم الحديثة .

2 : 1 التدريس ومهاراته

هناك من يميز بين التعليم (Teaching) والتدريس (Instruction) ؛ فالتعليم من وجهة نظر البعض يقتصر على عملية التفاعل اللفظي التي تجري داخل غرفة الصف بين المعلم والطلبة. أما التدريس فيشمل جميع القرارات والأنشطة المتعلقة بتنفيذ المنهاج من أجل تحقيق أهداف تعليمية محددة، سواء تمت هذه الأنشطة داخل الغرفة الصفية أو خارجها (أبو لبدة وزميلاه، 1996، ص11).

وتستخدم كلمة معلم (Teacher) ومدرس (Instructor) بنفس المعنى في كثير من الأحيان؛ إلا أن الغالبية العظمى تستخدم مصطلح مدرس على المستوى الجامعي، ومصطلح المعلم على مستوى المدرسة. ومع ذلك فلن نميز بينهما في الاستخدام في هذا الكتاب.

وقد حاول العديد من التربويين والمعنيين بإعداد المعلم وتأهيلهم بتحديد المهارات الضرورية للتعليم الفعال، وسوف نقدم ثلاث مجموعات من هذه المهارات.

أولاً: مهارات سافير وغوير Saphier & Gower

(أبو لبدة والخليلي وأبو زينة، 1996، ص ص 16-18)

هناك ثلاثة مجالات تندرج فيها مهارات التدريس الفعال وفق ما حدده سافير وغوير والمجالات هي:

أ- مجال إدارة الصف وتنظيم التعليم، وتشمل المهارات التالية:

‒ جذب انتباه أو اهتمام التلاميذ.

‒ المحافظة على الزخم ومواصلة انسياب الأحداث الصفية (التعلم).

‒ التواصل مع الطلبة واطلاعهم على ما يتوقع أن يقوموا به من مهام.

‒ بناء العلاقات الشخصية مع الطلبة وفيما بينهم.

‒ مراعاة مبادئ التعليم والقدرة على توقع مجريات الأحداث الصفية.

ب- مجال التدريس الفعلي (تنفيذ التدريس)، ويشمل المهارات التالية:

‒ استخدام أكثر مـن طريقـة للتـدريس مـن مثـل : طريقـة الاكتشـاف، الاستقصـاء، العرض المباشر وغيرها.

‒ التعامل بشكل مناسب مع الوقت المخصص للتعليم، ومـع الظـروف المكانيـة أو البيئة الصفية (الحيز).

‒ إدراك أبعاد المنهاج والنتاجات التعليمية المخطط لها والخفية.

ج- مجال المنهاج، ويشمل المهارات التالية:

‒ التخطيط للتدريس بكل مستوياته (خطط سنوية، وحدات، دروس)

‒ تنظيم المحتوى وتصميم خبرات التعليم.

‒ تقويم تعلم الطلبة وتقويم المنهاج.

ثانياً : أصدرت الجمعية الأمريكية للإشراف وتطوير المنهاج (ASCD)

إطاراً (Framework) لتفعيل الممارسات التعليمية من خلال تحديـد مسـؤوليات المعلم ووضعها في أربعة مجالات هي:

المجال (1): التخطيط والإعداد (Planning & Preparation)

يشمل هذا المجال (6) مهارات هي:

- إظهار معرفة بالمحتوى والبيداغوجيا.

- إظهار معرفة بالتلاميذ وأنماط تعلمهم وتفكيرهم.

- صياغة الأهداف والنواتج التعليمية.

- معرفة بمصادر التعلم وطرق الحصول عليها واستخدامها.

- تصميم التدريس على نحو متسلسل ومترابط.

- إعداد الاختبارات وتقويم تعلم الطلبة.

المجال (2): البيئة الصفية (Classroom Environment)

يشمل هذا المجال المكونات التالية:

- خلق بيئة صفية تتسم بالاحترام والوئام.

- إنشاء بيئة ثقافة التعلم.

- إدارة الإجراءات الصفية.

- إدارة سلوك الطلبة وحفظ النظام.

- تنظيم البيئة الفيزيائية والمكانية.

المجال (3): التدريس (Instruction)

يشمل المكونات التالية:

- التواصل مع الطلبة.

- استخدام تقنيات الأسئلة والنقاش.

– إشغال الطلبة في التعلم.

– استخدام التقويم أثناء التدريس.

– إظهار المرونة والاستجابة.

المجال (4): المسؤوليات المهنية (الوظيفية) (Professional Responsibilities)

وتشمل المكونات التالية:

– التأمل في التعليم.

– الاحتفاظ بقيود / سجلات دقيقة.

– التواصل مع الأهالي وأولياء الأمور.

– المساهمة في مجموعة مهنية.

– النمو والتطور المهني.

– إظهار المهنية في السلوك والتعامل.

وكل مكون أو مهارة في المجالات المذكورة أعلاه تحوي عـدة مكونـات فرعيـة. ولمزيـد مـن الاطلاع على إطار التعلـيم الـذي وضعته الجمعيـة الأمريكيـة للإشراف وتطـوير المنهـاج (ASCD) يمكن الرجوع إلى المصدر التالي:

Charlotte Danielson, 2007

Enhancing Professional Practice : A Framework for Teaching

Association for Supervision & Curriculum Development

Alexandria, Virginia , U.S.A.

ثالثاً: المعايير الوطنية (الأردنية) لتنمية المعلمين مهنياً

حددت وزارة التربية والتعليم في الأردن معايير وطنية لتنمية المعلمين مهنياً تبين المسؤوليات والواجبات والكفايات اللازمة للمعلم ولتنميته مهنياً، وقد وردت هذه المعايير في (سبعة) مجالات هي:

المجال الأول: التربية والتعليم في الأردن

المجال الثاني: المعرفة الأكاديمية والبيداغوجية الخاصة

المجال الثالث: التخطيط للتدريس

المجال الرابع: تنفيذ التدريس

المجال الخامس: تقويم التدريس وتعلم الطلبة

المجال السادس: التطوير الذاتي للمعلم

المجال السابع: أخلاقيات مهنية التعليم.

وفيما يلي المعايير المتضمنة في هذه المجالات :

المجال الأول: التربية والتعليم في الأردن

يظهر (أي المعلم) فهماً للمرتكزات التي يقوم عليها النظام التربوي في الأردن ولخصائصه الرئيسة ولاتجاهات تطويره:

فعلى سبيل المثال:

− يظهر فهماً لأهداف التربية والتعليم في الأردن وللنتاجات التربوية العامة التي تدل عليها.

− يظهر معرفة بالتشريعات التربوية: المدرسية وغير المدرسية المتعلقة بعمله.

- يظهر فهماً للنتاجات التعلمية الخاصة بالمبحث أو المباحث التي يدرسها والمتوافقة مع معايير المنهاج المدرسي.

المجال الثاني: المعرفة الأكاديمية والبيداغوجية الخاصة

يظهر فهماً للمبحث أو المباحث التي يعلمها ولكيفية تحويل محتواه / محتواها إلى محتوى قابل للتعلم:

- يظهر فهماً للأفكار الأساسية في المبحث أو المباحث التي يعلمها وغيرها من المباحث المدرسية.
- يظهر قدرة على تمثيل محتوى المبحث/ المباحث التي يعلمها في أشكال وصيغ مختلفة تسهل على الطلبة تعلمه.

المجال الثالث: التخطيط للتدريس

يخطط لتدريس فعال :

- يصمم خططاً تدريسية متماسكة في ضوء النتاجات التعلمية ووفق معايير منهاج المبحث / المباحث التي يعلمها.
- يظهر فهماً لمبادئ تعلم الطلبة ونمائهم ويستخدمها في تصميم خططه التدريسية.
- يظهر معرفة بالمصادر التعلمية المتاحة في المدرسة والمجتمع بما في ذلك مصادر تكنولوجيا المعلومات والاتصالات (ITC) ويوظفها في تصميم خططه التدريسية.
- يظهر معرفة باستراتيجيات التدريس ويختار الملائم منها وفق الحاجات والأساليب التعلمية المتنوعة لطلبته.
- يصمم نشاطات تعلمية تفاعلية، تحفز الطلبة على التعلم وتشركهم فيه.

المجال الرابع: تنفيذ التدريس

ينفذ الخطط التدريسية بفعالية :

- يستخدم مصادر تعلمية عدة ملائمة بما في ذلك مصادر وأدوات تكنولوجيا المعلومات والاتصال في ضوء النواتج التعلمية المقصودة وتنوع الطلبة وحاجاتهم التعلمية.

- ينظم بيئة صفية تفاعلية آمنة وداعمة.

- يستخدم استراتيجيات وأساليب ملائمة لإدارة الصف بنجاح.

- يستخدم بفاعلية استراتيجيات التدريس التي اختارها في خططه التدريسية.

- يظهر في تدريسه اهتماماً واضحاً بتنمية تفكير الطلبة.

المجال الخامس: تقييم تعلم الطلبة وتقييم التدريس

يظهر فهماً لاستراتيجيات وأساليب تقييم تعلم الطلبة وتقييم التدريس ويستخدمها بفعالية:

- يختار أو يصمم أدوات ملائمة ومتنوعة لتقييم تعلم الطلبة وتقدمهم وفق النتاجات التعلمية المقصودة - بما في ذلك أدوات ووسائل تكنولوجيا المعلومات والاتصال- ويستخدمها بفعالية.

- يحتفظ بسجلات دقيقة عن تقدم الطلبة في التعلم وفق النتاجات التعلمية المقصودة مستخدماً وسائل تكنولوجيا المعلومات والاتصالات.

- يتواصل مع إدارة المدرسة وأولياء الأمور حول تعلم طلبته وتقدمهم فيه.

- يحلل أداء الطلبة ويقدم التغذية الراجعة لهم عن تعلمهم وتقدمهم فيه.

- يصمم نشاطات تعلمية ملائمة للنهوض بتعلم الطلبة في ضوء نتائج تقييم تعلمهم وتقدمهم فيه.

– يستخدم أدوات ووسائل ملائمة لتقييم تدريسه.

المجال السادس: التطوير الذاتي

يستخدم المصادر والأدوات والوسائل الميسرة لتطوير نفسه مهنياً:

– يتأمل في سلوكه التعليمي في ضوء تعلم طلبته وتقدمهم ويطوره وفق ذلك.

– يستخدم مصادر وأدوات تكنولوجيا المعلومات والاتصال في تطوير معرفته ومهاراته في التعليم.

– يستخدم استراتيجيات بحثية (كالبحوث الإجرائية) إما فردياً أو جماعياً لتطوير قدرته على التعليم.

– يشارك في المؤتمرات والملتقيات والدورات التدريبية.

– يشارك في المشروعات والنشاطات التطويرية على مستوى المدرسة والمنطقة التعليمية.

– يتواصل مع زملائه من المعلمين من خارج المدرسة في تطوير نفسه مهنياً.

المجال السابع : أخلاقيات مهنة التعليم

يظهر في سلوكه داخل المدرسة وخارجها أخلاقيات مهنة التعليم:

– يظهر التزاما بواجباته ومسؤولياته المهنية ويؤديها بإخلاص.

– يعامل الطلبة باحترام ونزاهة وعدل ويحافظ على أسرارهم.

– يتعاون مع أولياء الأمور والمجتمع المحلي من أجل تعلم أبنائهم وسلوكهم الإيجابي.

– يوجه الطلبة إلى استخدام مصادر المعلومات بأخلاقية.

3 : 1 الأهداف التعليمية والنتاجات التعلمية

يعرف جرونلاند (Gronland) الأهداف التعليمية على أنها مرامي يتقدم نحوها التلاميذ أو النتاجات النهائية للتعلم مصاغة على أساس التغيرات المتوقعة في سلوك التلاميذ. أي أن الهدف التربوي هو أي تغيير يراد احداثه في سلوك المتعلمين عند مرورهم في خبرة أو مهمة تعلمية مخطط لها. وهذا التغيير يصاغ عادة بعبارة واضحة في جملة معبّرة تسمى العبارة الهدفية. والعبارة الهدفية محاولة من المعلم لأن يوضح لنفسه أو ينقل لغيره التغييرات المنوي احداثها لدى المتعلم.

ويفضل بعض المدرسين عند صياغة أهداف التدريس التعبير عما يقومون به أثناء التدريس، أي التعبير عن نشاط المدرس، الا أن اقتصار الهدف التعليمي على نشاط المدرس يهمل الجانب الثاني في العملية التعليمية التعلمية. لذا يجب ان تصاغ الأهداف في عبارات تحدد ما نتوقعه من التلاميذ عند انتهاء التدريس. أي أن أهداف التدريس هي غايات يتقدم نحوها التلاميذ، فهي النتاجات النهائية للتعلم محددة في صورة تصف التغيرات المنوي احداثها في سلوك التلاميذ (أبو علام، 2005، ص56).

كان أول من تنبه إلى الدور الأساسي للأهداف التربوية هو تيلور (Tyler) في كتابه المعروف : **Basic Principles of Curriculum and Instruction** والذي ظهر عام 1947 . ومن وجهة نظره فإن منهاج أية مادة دراسية يتألف من أربعة عناصر أساسية متضمنة في الأسئلة الأربعة التالية:

1- ما الأهداف التربوية التي تسعى المدرسة لتحقيقها؟

2- ما الخبرات التعليمية التي يجب أن يزود بها الطلبة لتحقيق هذه الأهداف؟

3- كيف يمكن تنظيم الخبرات التعليمية المختارة من أجل أن يكون التعليم فعالاً؟

4- كيف يمكن قياس مدى ما تحقق من الأهداف المتوخاة لدى الطلبة بعد مرورهم بهذه الخبرات؟

وتعتبر الأهداف التعليمية لأية مادة المعيـار الـذي يـتم بموجبه اختيـار المـواد التعليمية وتحديد المحتوى الدراسي أو المقرر. أي أن بناء أو تطوير منهاج دراسي لمبحـث مـا يتكون من أربعة عناصر ترد في تسلسل معين على النحو التالي:

1- الأهداف العامة والخاصة للمبحث

2- المادة التعليمية أو محتوى المقرر

3- الأساليب والأنشطة التعليمية

4- تقويم تعلم الطلبة أو تحصيلهم

والأهداف التربوية تأتي في ثلاثة مستويات من العمومية هي:

– الأهداف العامة أو الغايات (Aims)

– الأهداف متوسطة العمومية (الأهداف التعليمية) (Goals)

– الأهداف السلوكية (Objectives) وهي الأهداف الخاصة .

والأهداف التعليمية (التدريسية) هي أهداف متوسطة المدى خاصة بمقرر دراسي محـدد أو مبحـث مـا كـالعلوم أو الرياضيات، وبالامكـان تحقيقهـا في منهاج معـين وفي مرحلـة تعليمية محددة. أما الأهداف السلوكية فهي أهداف محددة تصف سلوك المـتعلم بشكل دقيق قابل للملاحظة والقياس وتتحقق بعد مرور الطالب بخبرة تعليمية مرتبطة بوحدة دراسية في المنهاج أو بحصة صفية، ويطلب من المعلم في العادة تدوينها في مذكرة تحضير الدروس أو الوحدات؛ وفيما يلي أمثلة على أهداف تعليمية وأخرى سلوكية:

- يتعرف التلميذ إلى أشكال الطاقـة المختلفـة وتحولاتهـا مـن شـكل لأخـر ويـتفهم دورها في حياتنا.

... من أهداف تدريس العلوم

- من خلال الظواهر والتجارب يستخلص الطالب طرق انتقال الحرارة.

هدف سلوكي (وحدة الحرارة)

- يجد ناتج العمليات الحسابية الأربعة على الأعداد الصحيحة الموجبة والسالبة

من أهداف تدريس الرياضيات

- يجد ناتج ضرب عدد من ثلاث منازل في عدد من منزلتين أو ثلاث منازل.

هدف سلوكي (وحدة ضرب الأعداد الصحيحة للصف الرابع)

- يحدد الأفكار الرئيسية والأفكار الرئيسية في النص: نثراً كان أم شعراً.

من أهداف تدريس اللغة العربية

- يحدد الفكرة الرئيسية في نص (علمي، اجتماعي) مكون من فقرة واحـدة أو أكـثر لا يتجاوز عدد كلماته (120) كلمة.

هدف سلوكي في اللغة العربية للصف الرابع

وقد درجت العادة عند صياغة الأهداف السلوكية ان ترتبط الصياغة بـالمحتوى ليـأتي الهدف السلوكي كما يلي:

- بعد دراستك لوحدة الحرارة (الصف الثامن مثلاً) تكـون قـادراً عـلى ذكـر طـرق انتقال الحرارة مع اعطاء أمثلة حياتية على ذلك.

- بعد دراسة وحدة ضرب الاعداد (الصف الرابع) يكون الطالب قادراً على:

ايجاد ناتج ضرب عدد مؤلف من منزلتين أو ثلاث في عدد مؤلف من منزلتين أو ثلاث.

صياغة الأهداف كمخرجات للتعلم (كنتاجات تعلمية)

لما كان المتعلم / التلميذ هو محور العملية التعليمية / التعلمية كان من الضروري التأكيد على السلوك أو التغيرات الحادثة في سلوك المتعلمين بعد مرورهم بالخبرات التعليمية، وأن ينتقل التركيز من النشاط الذي يقوم به المعلم إلى النتائج المتوقعة لدى المتعلم، أي أن تصاغ الأهداف على شكل نتاجات تعلمية أو مخرجات للتعلم. وكان جانييه من أوائل من استبدل الأهداف السلوكية بالنتاجات التعليمية أو التعلمية.

ويمكن اعتبار الأهداف السلوكية اذا ما تمت صياغتها بشكل دقيق هي نفسها النتاجات التعلمية، وأصبح استبدال الأهداف التعليمية لمقرر ما بالنتاجات التعليمية أمراً شائعاً في جميع المباحث الدراسية في الأردن حالياً. ومن الأمثلة الواردة على النتاجات التعلمية ما يلي:

- يعبر (أي التلميذ) بجمل وفقرات عن مواقف حياتية (وصف، فكرة/ رأي، رسالة) مراعياً المسائل الكلامية وعلامات الترقيم.

  نتاج تعلمي للصف الثامن (يمكن تحديد عدد الكلمات)

- يجمع الكسور العادية والاعداد الكسرية وأياً كان مقاماتها

  نتاج تعلمي للصف الخامس

- يقدم أدلة ويحل مسائل حياتية تبين ان الحرارة المكتسبة لجسم ما تساوي الحرارة المفقودة من جسم لآخر ملاصق له.

  نتاج تعلمي للصف الثامن / التاسع

- يحل مسائل كلامية حياتية تتطلب تكوين معادلتين بمجهولين

  نتاج تعلمي للصف الثامن / التاسع

- يفسر الكلمات الجديدة في النص (يحدد النص) وفق السياق.

  نتاج تعلمي (لأي صف حسب الوصف)

- يفسّر الظواهر الطبيعية: البرق والرعد، رؤية العصا مكسورة في برميل ماء، تكوين قوس قزح، ظاهرة السراب.

  نتاج تعلمي (حسب المقرر)

تصنيف الأهداف التعليمية

وضعت عدة تصنيفات للأهداف التعليمية لعل أكثرها شيوعاً هو تصنيف بلـوم؛ فحسب هذا التصنيف تقع الأهداف التعليمية في ثلاث مجالات هي:

1- المجال المعرفي (Cognitive)

ويشمل الأهداف التي تتناول نواتج التعلم العقلية، وهي في ست مراتب هرمية نذكرها لاحقاً.

2- المجال النفس حركي (Psychomotor)

وهي الأهداف المرتبطة بالمهارات الحركية المرتبطة بالعضلات والتناسق العضلي والعصبي كتلك التي تستخدم في الرسم، والطباعة، والجراحة والرياضة واستخدام الأدوات والآلات المختلفة.

3- المجال الوجداني / الانفعالي Affective Domain

ويشمل الأهداف التي تتعلق بالمشاعر والانفعالات مثل الميـول والاتجاهـات والقيم والتوافق الشخصي والاجتماعي.

وفيما يلي مستويات المجال المعرفي كما حددها بلوم:

1- مستوى المعرفة   Knowledge

تعني المعرفة تذكّر المعلومات التي تم تعلمها سابقاً أي استدعاؤهاز من الـذاكرة أو التعرف عليها.

2- الاستيعاب / الفهم   Comprehension

وهو القدرة علـى ادراك معنـى المـادة أو النـص، ويشمـل الاسـتيعاب المسـتويات التالية:

أ- الترجمة   Translation

الترجمة تحويل النص أو الكلام من صيغة إلى أخرى أو من لغة لأخرى بحيث يتم المحافظة على المعنى الأساسي.

ب- التفسير   Interpretation

يعني التفسير قدرة الطالب على شرح أو اعطاء معنى للنص أو الفكرة؛ والتفسـير يتعامل مع النص بشكل كلي، وليس بالأجزاء كما في الترجمة، بحيـث يـتم ادراك العلاقـات بين أجزاء المحتوى والتمييز بينها.

جـ- التأويل   Extrapolation

يتخطى التأويل حدود المادة المقدمة أو النص أو البيانات للوصول إلى استنتاجات أو توقعات تعتمد علـى فهـم أو اسـتخلاص اتجاه معـين أو نزعـة مـا في النص الأصلي أو البيانات الأصلية.

3- مستوى التطبيق   Application

يعنـي التطبيـق استخدام مـا تـم تعلمـه مـن مفـاهيم أو إجـراءات أو مبـادئ وتعميمات وغيرها في مواقف جديدة أو غير مألوفة.

4- مستوى التحليل Analysis

يقصد بالتحليل القـدرة عـلى تجزئـة المـادة إلى عناصرهـا المكونة لهـا، واكتشـاف العلاقات القائمة بين هذه العناصر، ومعرفة الأسلوب الذي نظمت بموجبه تلك المادة.

5- مستوى التركيب Synthesis

يعني التركيب وضع العناصر والأجزاء معـاً بحيـث تكـون كـلاً جديـداً متكـاملاً أي نمطـاً أو بنيـة لم يكن موجوداً من قبل (عند الفرد)، أي أن التركيـب عمليـة تجميـع العناصـر والأجزاء والتفاصيل المتفرقـة بأسـلوب أو شكل مـن الأشـكال ينتـج عنـه بنيـة متماسكة ومتناسقة لم تكن قائمة من قبل.

6- مستوى التقويم Evaluation

التقويم عملية اصدار حكم أو أحكام حـول قيمـة الأفكـار أو الأعمـال أو الحلـول والمواد وغيرها. ويتم اصدار هذه الأحكام في ضوء أدلة أو معايير داخلية أو ذاتية، أو وفق معايير ومحكات خارجية.

ولمزيد من التفصيـل عـن الأهـداف التعليميـة وأمثلـة عليهـا وتصنيفاتهـا يمكنـك الرجوع إلى عدة مراجع نذكر منها :

- أبو علام، رجاء محمود (2005) .

تقويم التعلم. عمان: دار المسيرة للنشر والتوزيع والطباعة.

- أبو زينة، فريد كامل (1998) .

اساسيات القياس والتقويم في التربية. الكويت: مكتبة الفلاح.

- مجيد ، سوسن شاكر (2007) .

أسس بناء الاختبـارات والمقـاييس النفسـية والتربويـة. عـمان: ديبونـو للطباعـة والنشر.

4 : 1 أنماط التعلم

نمط التعلم هو مصطلح يشير إلى الطريقة المفضلة التي يستخدمها المتعلم في استقباله المعلومات والأفكار المقدمة إليه وكيفية معالجتها والتفاعل معها؛ حيث أن لكل فرد طريقته وأسلوبه الخاص في التعلم، واكتساب المعرفة، والخبرات التعليمية التي يفضلها ، وهو امتداد لفكرة الفروق الفردية بين الأفراد. فالأفراد يختلفون في ذكاءاتهم، وشخصياتهم ، وتكوينهم الجسماني، وفي طرق تفكيرهم.

وأنماط التعلم نتاج مصدره مزيج من الجينات الوراثية، والخبرات الحياتية المكتسبة، والعوامل البيئية المؤثرة حيث تتكامل هذه العوامل مع بعضها لتنتج أفرادا يتحدد أسلوب تعلمهم من خلال عاملين هما :

أ- كيفية استقبال المعلومات

ب-كيفية معالجة المعلومات

تقوم نظرية أنماط التعلم المفضلة لدى الطلبة على عدد من الافتراضات منها (الزيات، 2004 ؛ Kolb , 1984) :

- لكل متعلم نمطه المميز في التعلم الذي ينعكس في تفضيله لوسيط واحد أو أكثر من الوسائط الحسية الإدراكية في استقبال المعرفة والمعلومات، والطريقة التي يتعامل بها مع هذه المعلومات، وكيفية معالجتها ليدمجها في بنيته المعرفية، ويحتفظ بها في مخزونه المعرفي ليقوم باسترجاعها عند الحاجة .

- والتعليم يكون أكثر فاعلية وكفاءة وديمومة إذا كان عرض الخبرات التعليمية أو تقديمها متوافقا مع نمط تعلم الفرد ؛ وعلى العكس من ذلك فإن التعلم يكون أقل كفاءة وفاعلية، وأكثر صعوبة إذا كان تقديم الخبرات والمرور فيها مغايرا لنمط تعلم الفرد .

ويتمايز الأفراد في استقبال المعلومات وفي تفضيلهم للخبرات التعليمية ما بين الاعتماد على الوسائط الحسية الإدراكية ، وما بين التجريد المفاهيمي غير الحسي- ويمكن تكييف المنهاج والخبرات التعليمية لتتوافق مع نمط التعلم المفضل لدى الطلبة من خلال عرض المعلومات وتنظيم الخبرات التعليمية وكيفية التعامل معها ومعالجتها . والتوافق ما بين عرض الخبرات التعليمية وأنماط التعلم المفضلة لدى الطلبة يؤدي إلى زيادة في التحصيل الدراسي، وزيادة في إنتاجية التعلم والتعليم، وفي تطوير اتجاهات إيجابية نحو خبرات التعلم (عباس ، 2006 ؛ زغل، 2006) .

وقد تم استخدام العديد من المقاييس في الكشف عن أنماط التعلم المفضلة لدى الطلبة ، من أكثرها شيوعا (الزيات ، 2004)

أ- مؤشر النمط لمايرز - برجز (Mayers - Brigges)

يقسم هذا المقياس الطلبة إلى أربعة أنماط ، هي :

1- الطلبة المتمركزون خارج الذات Extraverts

وهم المتمركزون حول الآخرين ، والمعنيون بالعالم الخارجي مقابل الانطوائيين (Introverts) الذين يفكرون وينظرون من داخل الأشياء، ويركزون على العالم الداخلي .

2- الطلبة الحسيون Sensors

وهم الطلبة العمليون والمتمركزون حول الإجراءات مقابل الحدسيون (Intuitors) الخياليون ذوي التوجه المفاهيمي، والمتمركزون حول المعاني والدلالات.

3- الطلبة المفكرون Thinkers

وهم الطلبة الذين يتخذون قراراتهم بناء على المنطق أو القواعد والتعليمات، مقابل الانفعاليون أو الوجدانيون أو المستجيبون لمشاعرهم والذين يتخذون قراراتهم بناء على الاعتبارات الشخصية والإنسانية .

4- الطلبة القضائيون Judgers

وهم الذين يميلون إلى إصدار الأحكام وفقا للقوانين والقواعد ويتقيدون بها، مقابل الانفتاحيون (Perceivers) الذين يسعون إلى تغيير الظروف ويقاومون التقيد بما هو مطروح .

ب- نموذج كولب لأنماط التعلم (Kolb)

يصنف هذا النموذج الطلبة إلى أربعة أنماط ، هي :

1- النمط الحسي التكاملي Concrete Reflective

يفضل أصحاب هذا النمط ربط وتفسير الأمور في ضوء خبراتهم وتجاربهم الشخصية وميولهم ومستقبلهم المهني ، ويحفَّز أصحاب هذا النمط من خلال هذه الخصائص وتفضيلاتهم .

2- النمط التجريدي التأملي Abstract Reflective

يفضل الطلبة في هذا النمط أن تقدم لهم المعلومات منظمة ومنطقية ومتسلسلة، وهم يستفيدون منها إذا أتيح لهم الوقت لتأملها والتفكير فيها.

3- النمط الحسي النشط Concrete Active

يفضل أصحاب هذا النمط من الطلبة تطبيق المقررات الدراسية وما يقدم لهم في مواقف واقعية أو حياتية ، ويرون في فائدة ما يقدم لهم من معلومات من خلال تطبيقاتها الحياتية واستخداماتها الفعلية .

4- النمط التجريدي النشطِ Abstract Active

يفضل أصحاب هذا النمط منحهم الفرصة للعمل الإيجابي النشط والتعلم بالمحاولة والخطأ بعيدا عن المواقف الواقعية أو الحياتية، أي الاعتماد على التمثيل والنمذجة من خلال الأشكال أو المعادلات أو التمثيلات الأخرى .

ج- تصنيف فيلدر – سيلفرمان   Felder – Silverman

يصنف الطلبة وفق هذا النموذج إلى أربعة أنماط زوجية متناظرة .

1- المتعلمون الحسيون Sensing Learners

وهم الذين يعتمدون على المواد المحسوسة والممارسات العملية ، وتكون توجهاتهم نحو الحقائق والإجراءات وليس النظريات أو المعاني المجردة.

2- المتعلمون البصريون Visual Learners

وهم الذين يفضلون تمثيل الأشياء بصور ورسوم بيانية أي التمثيل المعتمد على الرؤيا البصرية، مقابل المتعلمون اللفظيون الذين يفضلون عرض المعلومات مكتوبة أو مقروءة .

3- المتعلمون الاستقرائيون Inductive Learners

وهم الذين يفضلون عرض المعلومات والانتقال من الأمثلة والحالات الخاصة إلى الحالة العامة، بعكس الاستنتاجيون (Deductive) الذين يفضلون الانتقال من العام إلى الخاص .

4- المتعلمون التتابعيون Sequential Learners

وهم الذين يفضلون التتابع الخطي للخطوات، مقابل المتعلمون الكليون أو الشموليون الذين يفضلون إعطاء الصورة كاملة .

د- تصنيف فليمنج (Fleming)

يفترض هذا التصنيف على أن الطلبة يعتمدون بشكل رئيس عـلى أحـد القنـوات الحسية الإدراكية لتكوين الأفكار والمعاني؛ ومـع أن القنـوات الحسـية الإدراكيـة الأخـرى تعمل، إلا أن هناك قناة حسية إدراكية واحدة تميل للسيطرة . والوسائط الحسية الإدراكية هي:

الوسيط البصري، الوسـيط السمعي، الوسـيط القرائي/ الكتـابي، الوسـيط اللمسي-/ العمـلي. وصنفت أنماط تعلم الطلبة إلى أربعة أنماط أساسية بسيطة، وأنماط تعلم مركبة، وفيما يلي وصف موجز بهذه الأنماط :

1- فئة التعلم المرئي (Visual)

في هذا النمط يعتمد المتعلم على الإدراك البصري والذاكرة البصرية. ويـتعلم على نحو أفضل مـن خـلال رؤية الأشياء أو المـادة التعليميـة المرسومة أو الممثلـة بيانيـا، أو مـن خـلال العـروض التصـويرية ، وأجهـزة العـرض؛ أي أن العـين وحاسـة الإبصـار تكـون المسيطرة ؛ كما يتصف الأفراد في هذا النمط بقدرتهم أو مهارتهم في ترجمة الأفكار أو المعاني إلى مرئيات وعروض تصويرية .

2- فئة التعلم السمعي (Audio)

يعتمد المتعلم أو الفرد في هذا النمط على الإدراك الحسي، والذاكرة السمعية، ويـتعلم بشكل أفضل مـن خـلال الاسـتماع للمـادة التعليميـة: كسـماع المـحاضرات، والأشرطـة المسجلة والمناقشات والحوار إلى غير ذلك من الممارسات الشفوية.

3- فئة التعلم القرائي / الكتابي (Read / Write)

يتعلم الفرد في هذا النمط على نحو أفضل مـن خلال قراءة الأفكار والمعاني وكتابتها اعتمادا على الكتب والمراجع والقواميس والنشرات وملخصات المحاضرات ، أي

من خلال المادة المكتوبة بعد قراءتها، وكتابة مستخلصاتها، ويفضل الأفراد في هذا النمط القراءة بصوت عالٍ .

4- فئة التعلم العملي / الحركي (Kinematic)

يعتمد الأفراد في هذه الفئة على الإدراك اللمسي- العملي، واستخدام الأيدي لتعلم الأفكار والمعاني من خلال العمل اليدوي والمخبري، ويميلون لعمل تصاميم ومجسمات ونماذج مادية ، وإجراء التجارب ، والأنشطة الحركية إلى غير ذلك من ممارسات عملية .

أما أنماط التعلم المركبة فتتم من خلال وسيطين يفضلهما المتعلم لاستقبال ومعالجة المعلومات ، وتأتي على النحو التالي :

1- النمط البصري / السمعي
2- النمط البصري / القرائي
3- النمط البصري / العملي
4- النمط السمعي / القرائي
5- النمط السمعي / العملي
6- النمط القرائي / العملي

ومن أكثر المقاييس شيوعا في تحديد نمط التعلم المفضل للطالب هو مقياس VARK (الزغل ، 2006 ؛ عباس ، 2006) .

ومعرفة المعلمين لأساليب تعلم طلبتهم تمكنهم من تنويع أساليب تعليم طلبتهم ويجعلهم أكثر تقبلاً للفروق الفردية بين المتعلمين واحتياجاتهم ؛ كما تمكنهم معرفتهم بأساليب تعلم طلبتهم من تزويدهم باستراتيجيات تدريسية تلائم تفضيلاتهم الدراسية،

وتسـاعدهم في التغلـب علـى صعوبات الدراسـة ، ويحسـن مـن اتجاهـاتهم نحـو المـواد الدراسية والمدرسة عموما .

وفيما يلي فقرتان من مقياس VARK :

• ماذا تفعل إذا كان لديك بعض الفراغ بعد المدرسة ؟

أ- تتحدث إلى نفسك أو إلى آخرين (A)

ب- تختار كتابا أو مجلة وتبدأ بقراءته (R)

ج- لا تعمل شيئاً ، تستريح (V)

د- تقوم بترتيب أو تنظيم الأشياء أو إصلاحها (K)

• كيف تقوم بتعريف مجموعة من الطلبة على مكان أثري (كالبتراء) مثلا ؟

أ- تعرض صوراً وشرائح عن الموقع (V)

ب- تحضر منشورات وكتابات وتوزعها عليهم (R)

ج- تقوم برحلة لزيارة الموقع (K)

د- تقدم شرحاً كلامياً ولفظياً عن المكان (A)

 1 : 5 التفكير وأنماطه

التفكير في أبسط تعريف له سلسلة من النشاطات العقلية التي يقوم بها الـدماغ عندما يتعرض لمثير يتم استقباله عن طريق واحدة أو أكثر من الحـواس الخمـس: اللمـس، البصر، السمع، الشم، الذوق (جروان، 2009، ص40) .

ومن التعريفات الشائعة التي أعطيت للتفكير ما يلي:

- التفكير هو التقصي المدروس للخبرة أو الموقف من أجل تحقيق غرض ما، وقد يكون هذا الغرض تذكر حقائق أو معلومات، أو الفهم، أو القيام بعمل ما، أو الحكم على شيء ما، أو اتخاذ قرار، أو حل مشكلة (الوهر، 2003، ص 316)

- التفكير عملية بحث عن معنى في الموقف أو الخبرة، وقد يكون هذا الموقف ظاهراً حيناً، وغامضاً حيناً آخر. ويتطلب التوصل إليه تأملاً وامعان النظر في مكونات هذا الموقف أو الخبرة (Barell في جروان، 2009، ص40).

- التفكير عملية عقلية يستطيع الفرد عن طريقها معرفة الكثير من الأمور وتذكرها وفهمها، ويستطيع كذلك القيام بعمل شيء ذي معنى قد يكون بسيطاً وروتينياً احياناً، وقد يكون اتخاذ قرار أو اصدار رأي أو حكم، أو حل مشكلة (سعادة، 2003، ص39)

انه وان اختلفت التعريفات للتفكير فانها تتفق على شيء جوهري، وهو أن التفكير نشاط عقلي يقوم به الدماغ عندما يتعرض لمثير داخلي أو خارجي، ويسبق القول أو الفعل الناتج استجابة لهذا المثير. ويستطيع الفرد من خلال التفكير الوصول إلى معرفة، أو تكوين اتجاه أو رأي، أو اصدار حكم، أو حل مشكلة وغير ذلك مما ينعكس على سلوك الفرد الظاهر أو المستتر.

والتفكير مفهوم معقد يتألف من ثلاثة مكونات هي:

أ- عمليات عقلية معرفية، تتألف من:

- مهارات تفكير أساسية كالتذكر والتفسير والتطبيق والتحليل وغيرها.

- مهارات عقلية متوسطة كالتفكير الناقد والتفكير الابداعي.

- استراتيجيات متقدمة مثل اتخاذ القرارات وحل المشكلات.

- عمليات فوق معرفية، مثل التخطيط والتوجيه والمراقبة.

ب- معرفة خاصة بالموضوعات المتنوعة، وهي المعرفة المتضمنة في الموضوعات المختلفة التي تتناولها المناهج والبرامج الدراسية.

ج- الاتجاهات والنزاعات والميول، مثل عدم التسرع في اصدار الأحكام، واحترام الرأي الآخر، وتقبل الآخرين، والرغبة في معالجة قضية ما، واتخاذ القرار بناءً على الأدلة وغيرها (الوهر، 2003، ص ص 318-320) .

ويتطور التفكير لدى الأطفال بتأثير العوامل الوراثية والبيئة، ويتأثر كذلك بالخبرة التي يمر بها الفرد، ويمكن تنميته بالتدريب والممارسة. وقد ميز التربويون بين مستويين للتفكير:

أ- تفكير من مستوى أدنى أو أساسي، ويتضمن مهارات معرفية مثل مهارات التذكر والاستيعاب، وجمع المعلومات وتنظيمها، وغيرها.

ب- تفكير من مستوى أعلى أو مركب، ويتضمن مهارات في التخطيط والمراقبة والتقييم (جروان، 2009 ، ص ص 50-53) .

وهناك عدة تصنيفات لمهارات التفكير نذكر منها التصنيف التالي:

أ- مهارات التفكير المعرفية وتشمل:

- مهارات التركيز، جمع المعلومات، التذكر، تنظيم المعلومات، التحليل، المهارات الانتاجية (الاستنتاج، التنبؤ، الاسهاب، التمثيل)
- مهارات التكامل والدمج (التلخيص واعادة البناء)، التقويم (وضع محكات، الاثبات أو البرهان، التعرف على الاخطاء).

ب- مهارات التفكير فوق المعرفية، وتشمل:

مهارات التخطيط، المراقبة والتحكم، مهارات التقييم

(سعادة، 2003 ، ص ص 78- 84 ؛ جروان، 2009، ص ص 50-45).

أنماط التفكير الشائعة :

وردت عدة مسميات وأنماط للتفكير منها، التفكير العلمي، التفكير الرياضي، التفكير المنطقي، التفكير الاحتمالي، التفكير الناقد، التفكير الابداعي، وغيرها.

وسوف نتناول عدداً من الأنماط الشائعة هذه بشيء من الايجاز.

• التفكير الناقد :

يستخدم التفكير الناقد للحكم على موثوقية الشيء ودقته وصلاحيته؛ وبعبارة أخرى تقييم ذلك الشيء استناداً إلى معايير متفق عليها مسبقاً؛ وقد يكون ذلك الشيء معلومات أو ادعاء (رأي)، أو مصدر بيانات أو معلومات كالوثائق أو السجلات. ويتسم التفكير الناقد بالموضوعية والتحرر من العادات والتقاليد، ويؤدي بالتالي إلى أحكام غير متحيزة، ولذا يمكن القول بأن مهمته تقييميه.

وقد وردت عدة تعريفات للتفكير الناقد، نذكر منها:

• التفكير الناقد هو الحكم الحذر والمتأني لما ينبغي علينا قبوله أو رفضه، أو تأجيل البت فيه حول موضوع ما أو قضية معينة، مع توفر درجة من الثقة لما نقبله أو نرفضه (سعادة، 2003، ص 103) .

• التفكير الناقد هو ذلك النوع من التفكير القابل للتقييم بطبيعته، والمتضمن للتحليلات الهادفة والدقيقة لأي ادعاء أو معتقد، ومن أي مصدر، وذلك من أجل الحكم على دقته وصلاحيته وقيمته الحقيقية (سعادة، 2003، ص103).

- التفكير الناقد هو فحص وتقييم الحلول المعروضة أو التحقق من الشيء وتقييمه بالاستناد إلى معايير متفق عليها مسبقاً (جروان، 2009، ص61).

- التفكير الناقد هو تفكير تأملي متأنٍ ، مركز على اتخاذ قرار بشأن ما نصدقه ونؤمن به أو ما نفعله، وما يتطلبه ذلك من وضع فرضيات وأسئلة وخطط للتجريب (جروان، 2009 ، ص62)

مهارات التفكير الناقد

حدد باير عدة مهارات للتفكير الناقد منها (جروان، 2009، ص62) :

- التمييز بين الحقائق التي يمكن اثباتها أو التحقق من صحتها وبين الادعاءات أو المزاعم الذاتية أو القيمية.

- التمييز بين المعلومات والادعاءات والأسباب ذات العلاقة بالموضوع وتلك التي تقحم على الموضوع ولا ترتبط به.

- تحديد مصداقية مصدر المعلومات أو البيانات

- تحديد الدقة الحقيقية أو الموثوقية للخبر أو الرواية

- التعرف على الادعاءات أو البراهين أو الحجج ...

- التعرف على الافتراضات الضمنية أو المتضمنة في النص

- تحري التحيز أو التحامل

- التعرف على المغالطات المنطقية

- التعرف على أوجه التناقض أو عدم الاتساق في مسار عملية الاستدلال من المقدمات أو الوقائع

- تحديد درجة قوة البرهان أو الادعاء

وتندرج مهارات التفكير الناقد في ثلاث فئات على النحو الآتي:

1- مهارات التفكير الاستقرائي Inductive Thinking Skills

التفكير الاستقرائي هو استدلال يتم من خلاله الوصول إلى استنتاجات تتجاوز حدود الأدلة المتوافرة أو المعلومات التي تقدمها المشاهدات السابقة أو الحالات التي تم ملاحظتها. ولا يمكن ضمان صحة الاستنتاج الاستقرائي بالاعتماد على الأدلة أو المشاهدات المتوفرة، ولذا فهو استنتاج احتمالي وليس يقيني (أبو زينة، 2010، ص33).

2- مهارات التفكير الاستنتاجي Deductive Thinking Skills

التفكير الاستنتاجي هو استدلال منطقي يستهدف الوصول إلى استنتاج أو معرفة جديدة اعتماد على مقدمات أو قضايا معروفة ومتفق عليها. ويعتمد التفكير الاستنتاجي استخدام قواعد المنطق الشكلي المعروفة والتي تقود إلى استنتاجات صحيحة استناداً إلى قضايا موضوعه ومتفق على صحتها (أبو زينة، 2010، ص34).

3- مهارات التفكير التقييمي Evaluation Thinking Skills

التفكير التقييمي يعني النشاط العقلي الذي يستهدف اصدار حكم حول قيمة الأفكار أو الأشياء وسلامتها؛ أو هو اتخاذ قرار أو اصدار أحكام حول الموضوعات أو الأشياء، وتتكون من ثلاث مهارات أساسية:

- ايجاد محكات أو معايير تستند إليها عملية إصدار الأحكام.

- اثبات أو برهان مدى دقة الادعاءات أو الحجج.

- التعرف على الأخطاء أو الأفكار المغلوطة منطقياً وتحديدها

(جروان، 2009 ، ص ص 66-73).

وهنـاك اختبـارات أعدت للتفكير النـاقد مـن أكثرهـا شـيوعاً اختبـار واطسـون جليسر ـ Watson-Glaser يتألف من (5) اختبارات فرعية على النحو التالي:

1- اختبار معرفة الافتراضات، ويقيس مهارة الفرد في تحديد الافتراضات أو المسلمات بناء على معطيات معينة.

2- اختبار التفسير، ويقيس مهارة الفرد في اكتشاف العلاقات والـروابط بـين الظـواهر والاحداث وتفسيرها وتعليلها.

3- اختبار تقويم الادلة؛ ويقيس المهارة في تحديـد مـا يتصل مباشرة مـن معلومـات ذات علاقة بقضية ما.

4- اختبـار الاسـتنباط، ويقيس المهـارة في معرفـة العلاقـات بـين الوقـائع المعطـاه واستخلاص حالات خاصة من تلك الوقائع (الحالات العامة).

5- اختبار الاستنتاج، ويقيس مهارة الفرد في الحكم على صحة أو خطأ استنتاج ما بناء على درجة ارتباطه بالوقائع المعطاه (هيلات وزملاؤه، 2009).

التفكير الابداعي

التفكير الابداعي نشاط عقلي هادف توجهه رغبة قوية في البحـث عـن حلـول أو الوصول إلى نتاجات أصيلة لم تكن معروفة مسبقاً (جروان، 2009، ص76) .

ومن التعريفات التي وردت للتفكير الابداعي ما يلي:

− التفكير الابداعي عملية ذهنية يتفاعل فيها الفرد مـع الخبرات العديـدة التـي يوجهها بهدف استيعاب عناصر الموقـف أو المشـكلة مـن أجـل الوصـول إلى فهـم جديد أو انتاج جديد يحقق حلاً أصيلاً للمشكلة أو الوصول إلى شيء جديـد ذي قيمة (سعادة، 2003، ص261) .

– ورد عن جيلفورد (Guilford) التعريف التالي للتفكير الابداعي: تفكير في نسق مفتوح يتميز الانتاج فيه بخاصية فريدة تتمثل في تنوع الاجابات المنتجة والتي لا تحددها المعلومات المعطاة (سعادة، 2003، ص261) .

والتفكير الابداعي يختلف عن التفكير الناقد من حيث كونه تفكير تشعيبي يسعى إلى توليد عدد كبير من الأفكار والحلول حول موضوع ما، أو مشكلة معينة، فهو يبحث في توليد أفكار أو أشياء جديدة أو حلول لم يسبق أن توصل إليها أحد من قبل.

وفيما يلي مقارنة ومقابلة بين التفكير الابداعي والتفكير الناقد.

التفكير الناقد	التفكير الابداعي
1- يعمل على تحليل الأفكار	1- يعمل على توليد الأفكار
2- تفكير تجميعي	2- تفكير تشعيبي (يسعى لتوليد عدد كبير من الأفكار)
3- تفكير عمودي أو رأسي للأفكار	3- تفكير جانبي (حول الأفكار)
4- موضوعي التوجه	4- ذاتي التوجه
5- يركز على جواب واحد	5- يميل نحو تعدد الاجابات
6- يلتزم بقواعد المنطق	6- لا يلتزم بالقواعد المنطقية
7- نتائجه معروفة ومحددة أصلاً	7- يصعب التنبؤ بنتائجه وما يؤول إليه

وكلاهما يستخدم مهارات أو أنماط التفكير العليا.

مهارات التفكير الابداعي :

هناك ثلاث مهارات أساسية للتفكير الابداعي هـي الطلاقـة (Fluency) والاصـالة (Originality) والمرونة (Flexibility) ؛ وهناك من يضيف إلى هذه المهارات الثلاث مهارة التوسيع أو التفصيل (Elaboration) ، وفيما يلي موجز عن هذه المهارات.

- الطلاقة (Fluency) :

تعني القدرة على توليد عدد كبير مـن البـدائل أو الأفكـار أو الاسـتعمالات، والسـرعة والسهولة في توليدها؛ وهنـاك الطلاقـة اللفظيـة، وطلاقـة المعـاني أو الأفكار، وطلاقـة الأشكال.

- المرونة (Flexibility) :

وهي توليد أفكار متنوعة ليست من نوع الأفكار المتوقعـة عـادة، وتوجيـه أو تحويـل مسار التفكير مع تغير المثير أو متطلبات الموقف. والمرونة تشير إلى تفكير تشعيبي لدى الفرد وقدرته على تغيير موقفه أو وجهة نظره حسب ما يقتضيه الموقف الجديد.

- الاصالة (Originality) :

وهـي الابتعـاد عـن المـألوف والتقاليـد، والقـدرة عـلى التجديـد في الأفكـار والحلـول للمشكلات أو الاستجابات للمثيرات والمواقف.

- التوسيع / التفصيل (Elaboration) :

أي تقديم تفصيلات واضافات للأوصاف أو الأفكار أو الأشياء.

وهناك من يضيف إلى هذه المهارات حل المشكلات.

التفكير الرياضي Mathematical Thinking

التفكير الرياضي هو عملية بحث عن معنى أو فكرة في موقف أو خبرة مرتبط/ مرتبطة بسياق رياضي، أي أنه تفكير في مجال الرياضيات حيث تتمثل عناصر أو مكونات الموقف أو الخبرة في اعداد أو رموز أو أشكال أو مفاهيم أو تعميمات رياضية. ولما كان بالامكان نمذجة وتمثيل العديد من المواقف والمشكلات بنماذج وتمثيلات رياضية؛ لذا يعتبر التفكير الرياضي شاملاً لجميع أشكال وأنماط التفكير المختلفة.

ومن مظاهر التفكير الرياضي (أبو زينة، 2010، ص38) :

1- الاستقراء (Induction)

ويعني الوصول إلى نتيجة ما اعتماداً على حالات خاصة أو أمثلة .

مثال: العدد التالي في متسلسلة الاعداد :

2 ، 3 ، 5 ، 8 ، 13 ، 21 ، ...

هو 34 .

2- التعميم (Generalization)

التعميم هو صياغة عبارة أو منطوقة عامة (بالرموز أو بالالفاظ) اعتماداً على أمثلة أو حالات خاصة.

فمثلاً اعتماداً على حالات خاصة لضرب عدد موجب في عدد سالب نتوصل إلى التعميم التالي:

حاصل ضرب عدد موجب في عدد سالب هو عدد سالب .

3- الاستنتاج (Deduction)

الاستنتاج هو الوصول إلى نتيجة خاصة اعتماداً على قاعدة عامة أو تعميم، أي أنه تطبيق المبدأ أو القاعدة على حالة خاصة .

مثال: اعتماداً على ان مجموع زوايا المثلث يساوي 180° (تعميم)، فإن كـل زاويـة من زوايا المثلث المتساوي الاضلاع تساوي 60° (الحالة الخاصة).

4- التعبير بالرموز (Symbolizm)

أي استخدام الرموز للتعبير عن الأفكار الرياضية أو المعطيات اللفظية كـالتعبير عـن العلاقة اللفظية التالية:

عمر والد ثلاثة أمثال عمر ابنه، وبعد 11 سنة يصبح عمر الوالد ضعفي عمر ابنه،

بالرموز :   3س + 11 = 2(س+11)

ملاحظة : عمر الابن س ، والأب 3 س .

5- التخمين أو الحدس (Intuition / Conjecture)

التخمـين هـو الحـزر الـواعي للاسـتنتاجات مـن المعطيـات دون اللجـوء لعمليـات التحليل، كأن نخمن عدد الحضور في ستاد رياضي، أو ناتج عملية حسابية معينة.

6- النمذجة Modeling

النمذجة هي تمثيل رياضي لشكل أو مجسم أو علاقة للموقف، ويكون التمثيـل أمـا بشكل أو مجسم أو معادلة أو علاقة رياضية، كأن نمثل الشكل النـاتج مـن دوران مثلث قائم الزاوية حول أحد ضلعي القائمة بمخروط دائري قائم.

7- المنطق الرسمي Formal Logic

وهو استخدام قواعد المنطق المعروفـة: الضـم والفصـل والنفـي والتضـمين في ربـط العبارات الرياضية للوصول إلى الاستنتاجات من المقدمات أو المعطيـات. وتستخدم قواعد المنطق هذه في التبريرات والبراهين الرياضية.

8- البرهان الرياضي Mathematical Proof

وهو الدليل أو الحجة لبيان صحة عبارة أو نتيجة ما، ويأتي على شكل سلسلة من العبارات حيث تؤدي كل منها إلى صحة العبارة التالية.

ونشير إلى أن مظاهر التفكير الرياضي يمكن أن تستخدم في مواقف أو سياقات غير رياضية ففي العلوم مثلاً يستخدم الاستقراء والحدس والنمذجة وغيرها في معظم الأحيان. وفي اللغات تعطى قواعد عامة تنطبق على حالات خاصة، أو يتم التوصل إلى قاعدة عامة من حالات خاصة. وتستخدم الرموز في التعبير عن كثير من عناصر المواقف والمشكلات أياً كان مجالها.

6 : 1 القياس والتقويم في العملية التعليمية التعلمية

القياس عملية منظمة يتم بواسطتها تحديد كمية أو مقدار ما يوجد في الشيء من الخاصية أو الصفة الخاضعة للقياس بدلالة وحدة قياس مناسبة. ونحن لا نقيس الأشياء أو الأشخاص، ولكننا نقيس خصائص أو صفات في هذه الأشياء أو لدى هؤلاء الأشخاص (ابو زينة، 1998، ص11). فنقيس مثلاً طول الشخص، أو عمره، أو نقيس درجة حرارة الماء، أو تحصيل الطلبة في مادة معينة في نهاية العام الدراسي، أو نقيس كفاءة أو فاعلية المعلم في التدريس الصفي، وهكذا .

ونحن بالقياس نحدد مقدار ما في الشيء أو الشخص من الخاصية التي نقيسها، أي أننا نحدد كمية الخاصية المتوفرة لدى شخص معين أو شيء ما، وعن طريق القياس يتم التمييز بين الأشياء أو الأشخاص ومقارنتها بناء على خواص أو سمات فيها. وعمليات القياس يمكن ان تتم عن طريق العد أو عن طريق أداة أو وسيلة نحدد بواسطتها مقدار الخاصية المتوفرة في الشيء أو الشخص. فنحن نستخدم الميزان لقياس الوزن، والمتر لقياس

الطول، أو الاختبار لقياس التحصيـل الـدراسي أو الاستبيانات لقياس الاتجاهـات والميـول للأشخاص.

ويتم تحديد مقدار ما في الشيء من خاصية باستخدام وحدة قياس معينة. فنحن نستخدم السنتمتر كوحدة لقياس الطول، والغرام كوحدة لقياس الوزن، والعلامـة أو الرمـز لقياس المعدل التراكمـي للطالـب أو تحصيلـه الـدراسي في مـادة معينة. وقـد تتم عمليـة القياس بالملاحظة المباشرة أو بالعد، وقد تستخدم أدوات بسيطة او بدائية، وقـد تتطلـب أدوات أو وسائل متطورة ودقيقة جداً.

أما التقويم فهو عملية منظمة مبنية على القياس يتم بواسطتها اصدار حكم عـلى الشيء المراد قياسه في ضوء ما يحتوى من الخاصية الخاضعة للقياس، ونسبتها إلى قيمـة او معيار معين. فالطلبة الذين يجلسون لامتحان الثانوية العامة ويحصلون عـلى معدلات لتحصيلهم الدراسي (بواسطة عملية القياس واداتها الاختبارات) يـتم قبـولهم أو عدمـه في تخصصات معينة في الجامعات بناء على نتائجهم؛ اذ يتم وضع معيار يتم بموجبه قبـولهم في التخصصات المختلفة.

فبعملية القياس نحدد كمياً بوحدات أو درجات الخصائص او الصفات الموجودة لدى الأشخاص أو في الأشياء، وبعملية التقويم نقوم بوصـف هـذه الخصائص أو الصفات ونصدر عليها حكماً أو قراراً وفق معايير محددة. فالطالب الذي يحصل على معدل تراكمي يزيد عن 90% يحصل على امتياز، والطالب الذي يحصـل عـلى معـدل تراكمـي يقل عـن 60% في الجامعة يعتبر راسباً.

مما سبق يمكن القول بأن القياس والتقـويم عمليتـان مترابطتـان ومتكاملتـان؛ أي أنهما عملية واحدة تبتدئ بالقياس وتنتهي بالتقويم.

تقويم التدريس وأدواته

تعتبر عملية القياس والتقويم (واختصاراً عملية التقويم) جزءاً لا يتجزأ من عملية التدريس وتدخلان في جميع مراحلها من البداية عند التخطيط للتدريس وفي اثنائها، وعند اختتامها. ويمكن تطوير وزيادة فاعلية القرارات التي يتخذها المعلم بالاعتماد عليها. فالمعلمون يصرفون وقتاً وجهداً كبيراً في الاعداد للتدريس من أجل أن يتمكنوا من تحقيق أهداف مرغوب فيها على أفضل وجه ممكن. ومسؤولية المعلم لا تقف عند تنفيذه لمهمات سبق أن خطط لها بل تقع عليه مسؤولية تقويم كفاءته في التدريس، وتقويم مدى نجاحه وفعاليته التي حققها في تعلم طلبته، حتى اذا ما تبين ان هناك قصوراً في أدائه يتعين عليه معالجة هذا الضعف أو القصور.

وتقويم التدريس أو تقويم نشاط المعلم وعمله قد يتم ذاتياً (التقويم الذاتي للمعلم) أو قد يتم من قبل آخرين كالمديرين أو المشرفين التربويين.

والتقويم الذاتي للمعلم يستهدف تحسين الأنشطة التعليمية التعلمية التي يقوم بها المعلم من خلال جمعه معلومات عن ممارساته وتحليلها كي يتوصل هو إلى بعض النتائج التي تفيده في تطوير أدائه التدريسي (أبو لبده وزميلاه، 1996، ص198) وتستخدم لهذا الغرض أدوات على هيئة قوائم رصد أو سلالم تقدير (أنظر الملحق 1) .

أما أدوات تقويم أداء المعلم من قبل الآخرين فهي أدوات قياس السلوك المبنية على المشاهدة الصفية في غالب الأحيان. وتتباين هذه الأدوات ومحتواها حسب ما تراه المؤسسة المعنية أو المشرف / المستخدم للاداة). وكمثال على ذلك أنظر الملحق (2).

تقويم تعلم الطلبة

للتقويم دور أسـاسي ومتـداخل في مواقـف التـدريس والـتعلم، وقد تناولنـا دور التقويم في المواقف التدريسية والأدوات المسـتخدمة في ذلك. والبيانـات التي يجمعهـا المعلمون عن طلبتهم في قياس تعلمهم وتحصيلهم الدراسي تساعدهم علـى فهم طلبتهم، وتخطيط الخبرات التعليمية لهم، وتحديد مدى ما تحقق لديهم مـن الأهداف التعليمية المخطط لها أي النتاجات التعلمية. وبالتالي تساعدهم هـذه البيانـات في اصدار القرارات والأحكام التي تتعلق بالطلبة (ابو علام، 2005، ص 50) .

ولا يقتصر التقويم على تقويم التدريس، وتقويم تعلم الطلبـة، فمجالاتـه تتعـدى ذلك لتناول أيضاً الاستعداد للـتعلم، والاتجاهـات والميـول وجوانـب الشخصـية الأخـرى، والقدرة العقلية العامة (الذكاء) والمناهج أو المقررات الدراسية المختلفة (أبو زينة، 1998)

.

وتقويم التلميذ أهم ميادين التقويم في التربية، ويـتم عـن طريق الحصـول علـى معلومات وملاحظات متعـددة عـن التلميـذ مـن النـواحي المعرفيـة والوجدانيـة والـنفس حركية، كما أشرنا لذلك في الأهداف التعليمية، وذلك حتى يـتم للمـدرس اسـتخدامها في توجيه تعلم التلميذ التوجيه السليم. أما مجالات تقويم التلميذ فتشمل :

1- التحصيل الدراسي.

2- الاستعداد للتعلم، والاستعدادات العقلية الأخرى.

3- جوانب الشخصية المختلفة للتلميذ.

4- متابعة تقدم التلميذ نحو تحقيق الأهداف التعليمية.

5- توجيه التلميذ تربوياً ومهنياً (ابو علام، 2005، 52) .

وتتنوع الأساليب التي يستخدمها المعلمون في تقويم تحصيل طلبتهم حسب نتاجات التعلم المختلفة المتحققة لديهم، وحسب طبيعة الخبرة التعليمية التعلمية التي ينظمها المعلم، فهو يستخدم الاختبارات بأنواعها لتقويم النتاجات التعليمية التي تشمل المعارف والمهارات التي اكتسبها الطلبة. وقد يستخدم أساليب الملاحظة والتقارير بأنواعها لتقويم نواتج ادائية ذات طبيعة عملية تطبيقية، وبشكل عام يمكن أن تشمل هذه الأساليب :

- الاختبارات بأنواعها الكتابية والشفوية.

- التقارير بأنواعها المخبرية والميدانية والواجبات والأوراق البحثية.

- الملاحظة في مواقف التفاعل الصفي أو في مواقف أدائية عملية أو ميدانية.

وأياً كانت الوسائل أو الأدوات المستخدمة في قياس التعلم أو التدريس لابد أن تتوافر فيها عدة خصائص من أهمها الصدق Validity ، والثبات Reliability.

وللمزيد من الاطلاع يمكن للقارئ الرجوع إلى كتب القياس والتقويم، وعلى سبيل المثال:

● ابو علام، رجاء محمود (2005).

تقويم التعلم. عمان: دار المسيرة للنشر والتوزيع والطباعة.

● أبو زينة، فريد (1998).

أساسيات القياس والتقويم في التربية. الكويت: مكتبة الفلاح.

● مجيد ، سوسن شاكر (2007).

أسس بناء الاختبارات والمقاييس . عمان: ديبونو للطباعة والنشر.

الاختبارات المعيارية والاختبارات المحكية

الاختبار اجراء منظم لقياس عينة مـن سـلوك الأفراد؛ ويتطلـب هـذا الوصـف المختصر ـ للاختبار ان يكون بناؤه أو تطويره، وتطبيقـه وتصحيحه وفـق أسـس وإجراءات محـددة تماماً. ولما كان الهدف من الاختبار قياس السلوك الـذي يتضـح مـن خـلال اسـتجابة الفرد للمثيرات أي أسئلة الاختبار أو فقراته، فـإن هـذه الفقـرات يجب أن تـرتبط بالسـلوك أو الخاصية التي يقيسها الاختبار، كما يجب أن يـتم اختيار عينة مـن الفقرات التـي تمثـل السلوك بشكل عام، اذ لا يمكن اختيار جميع الفقرات التـي تعكس السـلوك أو الخاصية التي يقيسها الاختبار (ابو زينة، 1998 ، ص48) .

تقدم الاختبارات معيارية المرجع معنىً أو تفسـيراً لأداء الطالب عـلى الاختبار بمقارنته بأداء المجموعة التي ينتمـي اليها الطالب، وهـي المجموعـة المعيارية أي طلبة الصف أو المدرسة الذين تقدموا للاختبار، وقد تكون هـذه المجموعـة المعيارية مجموعـة واسعة من الطلبة عـلى مسـتوى المنطقـة أو الدولـة، وربما عـدة دول كما في الاختبارات الدولية. ومن الأسس التي تستند اليها اعداد الاختبارات المعيارية التوزيع الجيد والمناسب للدرجات، ويفضل التوزيع الطبيعـي أو المعيـاري للـدرجات (Normal Distribution) حتى يمكن تحديد المكانة النسبية للفـرد بطريقـة يمكن الاعـتماد عليهـا، وبالتالي اتخـاذ القرارات التربوية بثقة أكبر؛ كالاختيار والتصنيف والترتيب والترقية التي تقوم على الفـروق الفردية في أداء الأفراد.

تستمد الدرجة التي يحصل عليها الطالب في الاختبار المعياري المرجع مـن خـلال مقارنتها بدرجات المفحوصين الذين طبق عليهم الاختبار تحت نفس الشروط. وقد تكون هذه الدرجة قريبة جداً من الوسط الحسابي لدرجات الطلبة على الاختبار أو بعيـدة عنـه ارتفاعاً أو هبوطاً. وقد يتم تحديد موقعها بتحويل الدرجة الخام إلى درجـة معيارية أو درجة مئينية. أما الدرجة التي يحصل عليها الطالب في الاختبار المحكي المرجع Criterion) (Referenced فانها تفسر أداء الطالب أو اعطائه معنىً من خلال تحديد ما يستطيع هذا

الطالب اداءه بمقارنته بمعايير (Standards) محددة سلفاً، أي أن الاختبارات محكية المرجع توفر لنا معلومات عن أداء الطلبة (كل طالب لوحده) مقارنة بمعايير محددة سلفاً، فنقول مثلاً:

- يستطيع خالد أن يجمع عددين أو ثلاثة من منزلتين أو ثلاثة دون اخطاء.

- تستطيع غادة (في الصف الخامس) ان تعطى معاني الكلمات الجديدة في النص (وعددها 30 كلمة) بما لا يتجاوز (3) أخطاء.

- يحفظ أحمد سور القرآن القصيرة (تحدد) دون أن يخطئ في أي منها.

ان اختبارات المحك يمكن أن تستخدم في العملية التعليمية التعلمية على النحو التالي:

- قياس المتطلبات السابقة والمهارات اللازمة للبدء في تدريس موضوع جديد (اختبار قبلي أو اختبار استعداد أو تحديد مستوى).

- قياس مدى التقدم في انماء المعارف والمهارات خلال تدريس وحدة دراسية معينة.

- تحديد الصعوبات الدراسية التي يواجهها بعض الطلبة (اختبار تشخيص).

- قياس نواتج التعلم الأساسية بعد تدريس وحدة دراسية معينة (اختبار تحصيل).

والجدير بالذكر أن خصائص الاختبار والفقرات في الاختبارات المحكية ليست نفسها كما هو الحال في الاختبارات المعيارية.

ولمزيد من الاطلاع على الاختبارات المحكية المرجع يمكنك الرجوع إلى كتاب

الاختبارات المحكية المرجع

عماد عبابنه (2009).

عمان : دار المسيرة

المراجـــع

- أبو علام، رجاء محمود (2005).

  تقويم التعلم. عمان: دار المسيرة للنشر والتوزيع.

- أبو لبدة، عبد الله؛ الخليلي، خليل؛ أبو زينة، فريد (1996).

  مهارات التدريس. دبي: دار القلم.

- أبو زينة، فريد كامل (1998).

  أساسيات القياس والتقويم في التربية. الكويت: مكتبة الفلاح.

- أبو زينة، فريد؛ الوهر، محمود؛ حسن، محمد (2004).

  المناهج وطرق التدريس العامة. الكويت: الجامعة العربية المفتوحة.

- أبو زينة، فريد (2010).

  تطوير مناهج الرياضيات وتعليمها. عمان: دار وائل للنشر.

- جروان، فتحي (2009).

  تعليم التفكير: مفاهيم ومهارات. عمان: دار الفكر

- الزيات، فتحي (2004) .

  سيكولوجية التعلم بين المنظور الارتباطي والمنظور المعرفي. القاهرة: دار النشر ـ للجامعات.

● سعادة، جودت (2003) .

تدريس مهارات التفكير. عمان: دار الشروق للنشر والتوزيع.

● عبابنه، عماد (2009).

الاختبارات محكية المرجع. عمان: دار المسيرة.

● عباس، رشيد (2006).

أنماط التعلم المفضلة لدى الطلبة في المرحلة الأساسية ومراعاة المعلمين لها أثناء التدريس. اطروحة دكتوراه: جامعة عمان العربية للدراسات العليا.

● مجيد ، سوسن شاكر (2007).

العلاقة بين التحصيل في الاحياء والقدرة على الاستدلال العلمي في ضوء الأنماط التعلمية المفضلة لدى طلبة المرحلة الأساسية العليا.

اطروحة دكتوراه - جامعة عمان العربية للدراسات العليا.

● هيلات ، صلاح؛ جوارنه، محمد؛ عيادات، وليد؛ شديفات، صادق؛ (2009).

المجلة الأردنية في العلوم التربوية، المجلد 5، ص ص 263-275 .

● Danielson, Charlotte (2007) .

Enhancing Professional Practice : A Framework for Teaching. Alexandria, Vi, USA : Association for Supervision and Curriculum.

الملحق (1)

صحيفة تقويم ذاتي للمعلم في التعزيز والتغذية الراجعة (ابو لبدة وزميلاه، 1996، ص 209)

ضع اشارة ✓ في العمود المناسب أم كل فقرة / عبارة من الفقرات التالية:

الرقم	الفقرة / العبارة	دائماً	احياناً	نادراً
.1	اعزز الاجابات الصحيحة للطلبة بأسلوب مناسب.			
.2	اقدم التعزيز الفوري المناسب للطالب/ الطلبة.			
.3	استخدم أسلوب تكرار الإجابة الصحيحة من قبل الطلبة الآخرين عندما يكون ذلك مناسباً.			
.4	لا اعزز الإجابات الخاطئة وأساعد الطلبة على اكتشاف اخطائهم بأنفسهم .			
.5	اخصص وقتاً كافياً لتصحيح أعمال الطلبة الكتابية عندما يتطلب الأمر ذلك.			
.6	استعين بالطلبة لتقويم أعمالهم بأنفسهم أو أعمال بعضهم البعض.			
.7	استخدم التغذية الراجعة التصحيحية ولا اكتفي بالتغذية الراجعة الاخبارية.			
.8	ازود الطلبة بالتوجيهات والارشادات التي تساعدهم على تحسين أدائهم في المستقبل.			
.9	اقوم بتشخيص مواطن الضعف عند الطلبة وأخطط لمعالجتها.			
.10	أحدد نقاط القوة لدى الطلبة وأعمل على تنميتها.			
.11	أحرص على ايصال الطلبة إلى درجة الاتقان في المهارات الأساسية من خلال التقويم المستمر.			
.12	استخدم اجابات الطلبة الخاطئة في توضيح ما كان غامضاً أو أسيء فهمه من قبل البعض.			

الملحق (2)

نموذج تقويم أداء المعلم مبني على المشاهدة الصفية (أبو لبده وزميلاه، 1996، ص ص 223-227)

ضعيف (1)	متوسط (2)	جيد (3)	جيد جداً (4)	ممتاز (5)	المهارة / الكفاية	م
					أولاً: تخطيط التدريس :	
					- يصوغ أهداف الدرس بصورة سلوكية قابلة للقياس.	1-
					- يحلل محتوى الدرس إلى عناصره البارزة .	2-
					- تغطي الأهداف جوانب التعليم المختلفة. من معلومات ومهارات، وعادات وقيم.	3-
					- تشمل الأهداف المستويات المعرفية الدنيا، والمتوسطة والعليا.	4-
					- يختار التقنيات التربوية المناسبة لتحقيق أهداف الدرس.	5-
					- ينوع في الأنشطة التعلُّمية/ التعليمية من أمثلة وتدريبات وخبرات أخرى لتحقيق أهداف الدرس.	6-
					- يخطط لمراعاة الفروق الفردية بين المتعلمين مع اختلاف قدراتهم واستعداداتهم.	7-
					- يحدد واجبات وأنشطة لا صفية لتعميق الفهم وتدعيم المهارة والتدريب عليها.	8-
					- يبين أساليب التقويم البنائي والختامي الذي سيقوم به.	9-

	ثانياً: تنفيذ الدرس :					
-10	- يتحقق من توفر المتطلبات السابقة للتعلم الجديد.					
-11	- يمهد للدرس بأساليب محفزة تثير اهتمام التلاميذ بالدرس					
-12	- يربط الخبرات التعليمية الجديدة بالخبرات السابقة بشكل بنائي.					
-13	- يحافظ على جذب انتباه التلاميذ ويستمر في توفير اثارة دافعيتهم نحم التعلم.					
-14	- ينوع في الأنشطة التي يستخدمها لمراعاة الفروق الفردية بين المتعلمين.					
-15	- ينوع في الأسئلة التي يطرحها لتناسب المتعلمين وتراعي الفروق الفردية بينهم.					
-16	- يطرح أسئلة متنوعة تثير تفكير المتعلمين لجعل التعلم ذا معنى لديهم.					
-17	- يشرح الدرس وينظم الخبرات بصورة متدرجة ومتسلسلة.					
-18	- يركز على الأفكار الرئيسية في الدرس.					
-19	- يعزز الاسهامات والاجابات الصحيحة للطلبة بصورة سليمة.					
-20	- يستخدم لغة سليمة وواضحة ومحددة المعاني.					
-21	- يجعل من الكتاب المدرسي مصدراً أساسياً للتعلم.					

-22	- يشجع المتعلمين على المشاركة والتفاعل الإيجابي أثناء الدرس.					
-23	- يوفر تدريباً كافياً على المهارات لإكتسابها.					
-24	- يقدم تغذية راجعة هادفة وفورية (بقدر الامكان) للطلبة.					
-25	- يوظف التقنيات التربوية والوسائل التعليمية بشكل فعال.					
-26	- يوزع زمن الحصة على الأنشطة المختلفة بشكل مناسب لتحقيق أهداف الدرس.					
-27	- يقدم أنشطة تعليمية تساعد على الاستقراء والاستنتاج وادراك العلاقات.					
-28	- يشجع الطلبة على طرح الأسئلة واستدراجهم لاعطاء اجابات معقولة لها.					
-29	- يعالج اجابات الطلبة غير الصحيحة بصورة ملائمة.					
-30	- يقدم اجابات مقنعة للطلبة على استفساراتهم وأسئلتهم.					
-31	- ينهي وقت الحصة بصورة مناسبة.					
	ثالثاً: تقويم التدريس :					
-32	- يستخدم التقويم البنائي في أثناء الدرس.					
-33	- ينوع في أساليب التقويم الختامي.					
-34	- يوظف نتائج التقويم في تحسين أداء الطلبة.					
-35	- يشجع المتعلمين ويدربهم على استخدام التقويم الذاتي.					

-36	- يتابع الواجبات والأنشطة اللاصفية التي يحددها للطلبة ويقومها.					
	رابعاً: المظهر العام والسمات القيادية :					
-37	- يهتم بمظهره العام أمام الطلبة.					
-38	- يوفر جواً صفياً يساعد على تنمية علاقات انسانية جيدة.					
-39	- يتقبل افكار الطلبة ومقترحاتهم ويتعرف على حاجاتهم ويحاول تلبيتها.					
-40	- يظهر الثقة بالنفس والتوازن في المواقف المختلفة وينمي الاحترام المتبادل.					

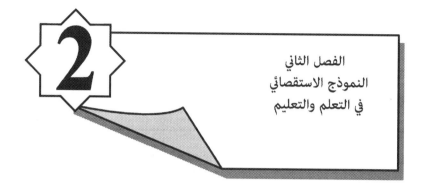

الفصل الثاني
النموذج الاستقصائي في التعلم والتعليم

الفصـل الثاني

النموذج الاستقصائي في التعلم والتعليم

يستخدم البعض مصطلحات: الاستقصاء، الاكتشاف، حل المشكلات، على أنها مترادفات تحمل نفس المعنى، إلا أننا قبل أن نبدأ بالتمييز الدقيق بينها نقدم المرادفات لهذه المصطلحات باللغة الانجليزية.

الاستقصاء تعني	Exploration, Investigation, Inquiry
الاكتشاف تعني	Discovery
الاستقراء يعني	Induction
حل المشكلات تعني	Problem Solving

وفي هذا الصدد نُذكّر بضرورة التمييز بين هذه المصطلحات، ومتى تستخدم.

سوف نتناول في هذا الفصل الاستقصاء وعملياته، ونميزه عن الاكتشاف، وفي فصل لاحق سوف نقدم المعنى الدقيق لمصطلح حل المشكلات.

الاستقصاء كعملية بحث عن مفهوم أو فكرة أو علاقة تعني (Investigation)؛ وعند استخدام العملية في موقف ضيق تأتي مرادفة لمصطلح (Exploration)، وغالباً ما تستخدم في الرياضيات بهذا المعنى. أما في الدراسات الاجتماعية والعلوم فيستخدم مصطلح الاستقصاء بمعنى (Inquiry)؛ إلا أن المعنى الدقيق لمصطلح Inquiry فهو التساؤل/ الاستفهام أو الاستقصاء (أي الاستقصاء من خلال التساؤل) وهذا بطبيعة الحال حالة خاصة من الاستقصاء العام كعملية؛ وقد يقتصر الاستقصاء على التأمل

(Reflection) والتساؤل. وفي جميع حالات الاستقصاء فإن التساؤل وطرح الأسئلة وصياغتها هو أحد أركان الاستقصاء وجوهر العملية.

1 : 2 الاستقراء والاستنتاج

الاستقراء (Induction) والاستنتاج أو الاستنباط (Deduction) نوعان من الاستدلال (Inference) للوصول إلى المعرفة أو التحقق منها واكتسابها. فالاستدلال هو استخلاص قضية من قضية أو عدة قضايا أخرى، أو هو الوصول إلى نتيجة أو معرفة (معلومة) من نتائج أو معلومات سابقة أو معروفة.

والاستقراء هو الوصول إلى الأحكام العامة أو النتائج اعتماداً على حالات خاصة أو جزئيات من حالة عامة؛ أي أن الجزئيات أو الحالات الخاصة هي أمثلة من الحالة العامة التي تم استقراؤها.

مثال: من الجزئيات أو الحالات الخاصة التالية:

- قضيب الحديد (معدن) يزداد طوله (يتمدد) بالتسخين.
- قضيب النحاس (معدن) يزداد طوله (يتمدد) بالتسخين.
- سبيكة الذهب (معدن) يزداد حجمها (تتمدد) بالتسخين.
- الأواني الفضية (معدن) تزداد سعتها (تتمدد) بالتسخين.

من هذه الحالات الخاصة نتوصل إلى التعميم (الحالة العامة) التالية:

المعادن تتمدد بالحرارة (التسخين).

أما الاستنتاج أو الاستنباط فهو الانتقال من الحالة العامـة أو النتيجـة الكليـة إلى حالـة خاصة أو نتيجة جزئية استناداً إلى الحالة العامة.

فاعتماداً على التعميم (الحالة العامة):

"مجموع قياسات زوايا المثلث يساوي 180°"

نتوصل إلى أن (قياس زاوية المثلث المتساوي الأضلاع (حالة خاصة) تساوي 60°).

تسمى القضية (الحالة) أو القضايا التي ننطلق منها أو نعتمـد عليهـا في عمليـة الاسـتدلال **بالمقدمة** أو المقـدمات؛ وتسـمى القضـية (الحالـة) الجديـدة المستخلصـة مـن المقدمـة أو المقدمات **بالنتيجة**. ولا بد من توفر عناصر ثلاث في أي استدلال منطقي سـليم، أي لتكـون النتيجة التي تم التوصل إليها صحيحة، وهذه العناصر:

- مقدمة أو مقدمات يفترض أن تكون صحيحة، ويتم قبولها.
- نتيجة لازمة استناداً إلى هذه المقدمات.
- علاقة منطقية سليمة وفق قواعد المنطق المتفق عليها (أبو زينة، 2003، ص30).

فالاستقراء استدلال صاعد يبدأ مـن الجزئيـات وينتهـي إلى الأحكـام الكليـة أو النتـائج العامة أو الكلية، وبهذا تكون نتيجة الاستقراء حالة عامة (تعميماً) أعم من أية مقدمة من المقدمات التي تم الاعتماد عليها في الوصول إلى هذه النتيجة. وعليه فإن المنهج الاستقرائي هو المنهج الذي يستخدم في الوصول إلى نتائج عامة وتعميمات.

أما الاستنتاج فهو استدلال نازل، يتم من خلاله الانتقـال مـن القضـية (الحالـة) العامـة أو الكلية إلى قضية أو قضايا كحالات خاصة. فالمقدمة هنا هـي في العـادة قـانون أو تعمـيم، وتكون الحالة الخاصة هي النتيجة التي تـم الوصـول إليهـا. أي أن الاسـتنتاج هـو تطبيـق القاعدة أو التعميم على حالة أو حالات خاصة.

2:2 التعلم والتعليم بالاكتشاف

احتلت طريقة الاكتشاف مكانة خاصة عند المعلمين والمربين المهتمين بالمناهج والكتب المدرسية خلال عقدي الستينيات والسبعينيات من القرن الماضي. والاكتشاف قد يكون أسلوباً أو طريقة من طرق التدريس، أو أسلوباً من أساليب التعلم. واختلفت التعريفات التي أعطيت لطريقة التعلم بالاكتشاف أو طريقة التعليم بالاكتشاف. ويعتبر برونر(Bruner) أول المتحمسين لطريقة الاكتشاف في التعلم والتعليم، ويقول بأن هناك أكثر من طريقة واحدة للتدريس تحمل كل منها اسم طريقة الاكتشاف. وتختلف هذه الطرق في مدى الحرية التي تعطى للطالب أثناء عملية التعلم؛ فمنها ما يدعو إلى إشراك المعلم وإشرافه على نشاط الطالب وتوجيهه توجيهاً محدوداً (الاكتشاف الموجه)، ومنها ما يدعو إلى عدم تدخل المعلم في نشاط الطالب، وترك الطالب يعمل لوحده دون أي توجيه أو إشراف (الاكتشاف الحر).

وجوهر الاكتشاف عند برونر يكمن في إعادة ترتيب وتنظيم البيانات أو الدليل، أو تحويرها بطريقة تجعل المتعلم يسير أبعد من نطاق البيانات أو مجال الدليل، فيبصر ـ ويدرك أشياء أخرى. وإعطاء حقيقة إضافية أو ظلال دليل قد يجعل عملية التحوير في البيانات والدليل ممكنة دون أن يكون ذلك معتمداً على مواقف أخرى جديدة (أبو زينة، 2003، ص. 144).

ومن الصور أو الممارسات التي تأخذها هذه الطريقة ما يلي:

أ‌- الوصول إلى مفهوم أو تعميم بعد أن يكون المتعلم قد اطلع على مجموعة من الأمثلة أو الحالات الخاصة بذلك المفهوم أو التعميم، حيث تؤدي هذه الأمثلة

والحالات الخاصة بالمتعلم إلى اكتشاف المعنى أو التوصل إلى التعميم المتضمن فيهـا (اكتشاف استقرائي)، ويشار إلى الاكتشاف هنا بأنه اكتشاف موجه.

ب- الوصول إلى الحـل أو النتيجـة اعـتماداً عـلى قاعـدة أو تعميم سـابق، أي اعتماد القاعدة أو التعميم في الوصول إلى الحل أو النتيجة كحالـة خاصـة مـن القاعـدة أو التعميم، وهو ما أشير إليه سابقاً بالاستنتاج أو الاستنباط، ويشار إلى الاكتشـاف هنـا بأنه اكتشاف موجه (اكتشاف استنتاجي).

ج- أشارت هندركس(Henrix) إلى الطريقة العرضية (الصـدفة Incidental) كطريقـة اكتشاف حـر؛ في هـذه الطريقـة يـتم تنظيم الخبرات والأنشطة في المنهاج، ويتم الوصول إلى التعميمات والعلاقات المستخلصة من هذه المواقف مـن قبـل المـتعلم خلال مروره وتفاعله مع هذه الأنشطة والمواقف ليتسنى لـه الوصـول إلى الأهـداف المتضمنة في هذه الأنشطة والمواقف.

وقد حصلت بعض الاكتشافات الكـبرى بمحـض الصـدفة، دون تخطيـط مسـبق، فقد اكتشف نيوتن قانون الجاذبية من خلال ملاحظتـه لسـقوط الأشـياء نحـو الأرض (سـقوط التفاحـة)، وتوصـل أرخميـدس إلى القاعـدة المعروفة باسـمه (قاعـدة أرخميـدس) أثنـاء استحمامه في حوض السباحة ليهرول بعدها مطلقاً صيحة يوريكا، يوريكا (أي وجدتها).

في ضوء ما سبق، بالإمكان تحديد عنصرين أساسيين يمكن الاعتماد عليهما للتوصل إلى فهم طريقة الاكتشاف في التعلم والتعليم، وهما:

1- تسلسل وتتابع المثيرات والأنشـطة التـي تقـود المـتعلم للوصـول إلى التعميـم أو العلاقة.

2- درجة ممارسة التوجيه والإرشاد من قبل المعلم (أو الكتاب) على المتعلم.

فتقديم عدد من الأمثلة أو المواقف للمتعلم بحيث تؤدي به للوصول إلى المفهوم أو التعميم، وممارسة أقل درجة ممكنة من الإشراف على نشاط وعمل المتعلم هو تعلم بالاكتشاف، وعليه بالإمكان تبنّي التعريف التالي للاكتشاف:

التعلم بالاكتشاف: هو أسلوب في التعلم يمكن أن يصف أي موقف يمر فيه المتعلم ويكون فيه فاعلاً نشطاً، ويتمكن من إجراء بعض العمليات الذهنية أو المادية التي تقوده للوصول إلى مفهوم أو تعميم أو حل مطلوب، مع ملاحظة أن يتلقى المتعلم توجيهاً وإشرافاً مقيداً، وبالقدر اليسير من قبل المعلم أو الكتاب، وذلك حتى يتمكن المتعلم من متابعة النشاط والاستمرار في عملية التعلم بنفسه. والاكتشاف من هذا المنظور هو اكتشاف موجه. أما الاكتشاف الحر فمن وجهة نظر المناصرين له لا يتطلب أي نوع من التوجيه أو الإشراف من قبل المعلم أو الكتاب.

ويتم التعلم بطريقة الاكتشاف من خلال مدى واسع من الأنشطة التي ينظمها المعلم (أو الكتاب المدرسي) بحيث ينتج عنها اكتشاف يقوم به الطالب؛ وقد تأخذ هذه الأنشطة شكل الألعاب، أو تتابعاً من التفاعلات والحوار بين الطالب والمعلم أو الكتاب. ويمكن أن يتم الاكتشاف عن طريق الاستقراء أو الاستدلال من خلال أمثلة أو حالات يتم استخلاصها أو التوصل إليها (أي اكتشافها).

لقد لاقت طريقة الاكتشاف استحساناً واسعاً من قبل المعلمين ومؤلفي الكتب المدرسية، ومع ذلك فقد واجهت نقداً من بعض المربين من أمثال أوزوبل Ausubel وأنصار التعليم المباشر لما تتطلبه من وقت وجهد.

مثال (1): اكتشاف التعميم

"مجموع قياسات زوايا المثلث يساوي 180°"

التدريس من خلال الاكتشاف الموجه يتم على النحو التالي :

الخطوة الأولى:

يقدم المعلم عدة مثلثات مرسومة على اللوح وتمثل المثلثات في جميع حالاتها:

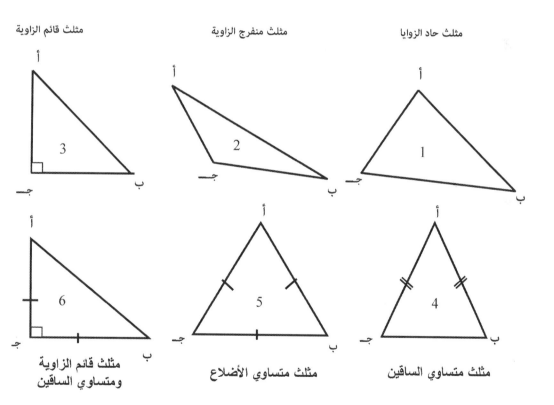

مثلث حاد الزوايا
مثلث منفرج الزاوية
مثلث قائم الزاوية
أ
جـ
مثلث متساوي الساقين
مثلث متساوي الأضلاع
مثلث قائم الزاوية ومتساوي الساقين

الخطوة الثانية:

بعد تقسيم الطلبة إلى مجموعات، يطلب من كل مجموعة رسم مثلثات بنفس الخصائص التي قدمت لهم.

الخطوة الثالثة:

يطلب من كل مجموعة قياس زوايا كل مثلث وتسجيل النتائج في جدول، هكذا:

المجموع	جـ ∢	ب ∢	أ ∢	المثلث
				Δ 1
				Δ 2
				Δ 3
				Δ 4
				Δ 5
				Δ 6

الخطوة الرابعة:

تكتب كل مجموعة النتيجة التي حصلت عليها، ومن ثم التعميم.

الخطوة الخامسة:

التحقق من التعميم

حالات أخرى لمثلثات

مثال (2): متى تطفو المواد على سطح السائل؟

أي اكتشاف العلاقة بين كثافة السائل وكثافة الجسم الذي يطفو على السائل.

يتم التدريس من خلال الاكتشاف الموجه على النحو التالي :

المواد المطلوبة:1- ماء صافي، ماء فيه ملح مذاب ،

سوائل أخرى: زيت، كحول

2- مواد صلبة خفيفة وثقيلة :

بيض، خشب، بلاستيك، معدن

الخطوات:

1- البدء بوضع مواد صلبة خفيفة وثقيلة وبيضة في الماء الصافي.

تسجيل النتائج: ملاحظة كثافة الماء وكثافة الأجسام الصلبة.

2- وضع المواد السابقة في ماء مالح (بعد إذابة كمية من الملح في الماء)

تسجيل النتائج: ملاحظة كثافة الماء المالح مع المواد الصلبة.

3- تكرار ما سبق على سائل آخر.

4- كرر التجربة على كرة من المعدن فارغة في الماء الصافي أو المالح.

5- اكتب النتيجة التي تربط بين كثافة الجسم وكثافة السائل؛ أو كتلة الجسم وكتلـة السائل المزاح.

6- اختبر النتيجة التي توصلت إليها.

7- فسّر كيف تطفو القوارب والسفن والغواصات (تطفو أحياناً وتغوص أحياناً أخرى).

2 : 3 إشغال التلاميذ في التعلم

إشغال التلاميذ في التعلم والذي يعني إثارة اهتمامهم بالموضوع، وحفزهم على المشاركة الفاعلة في تطوير فهمهم هو أمر أساسي ومحوري في التعليم الجيد. وإشغال التلاميذ هو المدخل الذي يتيح للمعلم الدخول إلى عقول تلاميذه من أجل التعليم، ويوفر لهم الفرصة لتعلم أفضل وحثهم على المثابرة والمتابعة والتحمل. وإشغال التلاميذ قد يأتي في مستويات وأنماط مختلفة: فالتلاميذ ينشغلون ذهنياً بفعاليات هادفة تقودهم إلى اكتشاف إجابات لأسئلتهم الخاصة، وهم ينشغلون بجمع البيانات والمعلومات، أو يجرون التجارب في المختبر، ويبنون الفهم وينتقلون إلى التطبيق الواقعي في حياتهم.

إن انشغال التلاميذ في التعلم هو تحدٍ يومي لكل المعلمين، مبتدئين وذوي خبرة، فهو عملية نشطة مستمرة تعتمد على الموقف الصفي الذي يصادفه المعلم، ويتطلب منه معرفة وفهماً بالتلاميذ وباستراتيجيات أو طرائق التدريس المناسبة والأكثر فاعلية مع هؤلاء الطلبة. فمثلاً، يمكن إشغال التلاميذ بتوظيف اهتماماتهم وخبراتهم لتساعد في ربط التعلم الجديد بما يعرفون سابقاً. وعندما يفهم التلاميذ كيف ترتبط المعرفة الجديدة بما يعرفونه فإن المعرفة الجديدة تعني لهم أكثر، ويعتبرون أنها تستحق العمل عليها عندما يتمكنون من الربط الشخصي ذي المعنى بما يعرفونه. وعندما تكون المهمة ذات علاقة واقعية مع الحياة يفهم التلاميذ أهمية إتمامها.

يمكن تشبيه فكرة إيجاد صف يدفع كل التلاميذ للتعلم مثل إنشاء حديقة للفراشات، فعلينا أولاً زراعة أنواع مختلفة من الأزهار لجذب أنواعاً وأعداداً مختلفة من الفراشات. ونجاحنا في هذه الفعالية تقاس بعدد أنواع الفراشات التي انجذبت لأزهار الحديقة (Collins, 2003, p. 25).

والسؤال الذي يطرح نفسه: كيف يمكن للمعلم أن يشغل طلابه في التعلم؟

في صف التعلم النشط يقوم المعلم بتقديم مختارات من فرص التعلم المثيرة والمهام التي تحفز كل التلاميذ للتعلم، وعندما ننظر في الغرفة الصفية نجد أن كل تلميذ يتعلم بالطريقة التي تتناسب مع أسلوب تعلمه.

والتلاميذ من خلال فعاليات أو خبرات التعلم النشط يبنون فهمهم بتفاعلهم مع أقرانهم، ومع المعلومات والمواد، وقد ينهمكون بالتجريب (إجراء التجارب) وإتمام المشاريع وحل المشكلات. وبعكس التعليم التقليدي الذي يتلقى أو يستقبل فيه المتعلمون المعرفة والفهم، فإنهم في التعلم النشط يتحملون مسؤولية كيفية ونوعية تعلمهم. والحركة، بالإضافة إلى إعمال الفكر، لها دور مهم في التعلم، فالطلبة داخل غرفة الصف وخارجها ينتقلون ويتحركون، يتحاورون ويتداولون مع بعضهم البعض ويسعون للوصول إلى المصادر والمراجع وجمع المعلومات وغيرها.

إن إشغال التلاميذ في أنشطة التعلم من خلال النموذج الاستقصائي، يجعل التعلم نشطاً وفعالاً، وهو ما يتفق مع المنظور البنائي ومرتكزاتها الأساسية والمتمثلة في الآتي:

1- تؤكد البنائية على بناء المعرفة أو تشكيلها وليس نقلها.

2- التعلم عملية نشطة، فالمتعلم من خلال الفعاليات يبذل جهداً عقلياً وجسدياً في عملية التعلم للوصول إلى بناء وتنظيم المعرفة أو اكتشافها بنفسه.

3- النمو المفاهيمي لدى المتعلم ينتج من خلال العمل المشترك مع الآخرين.

4- من خلال العمل المشترك مع الآخرين .

(زيتون، 2004).

وجميع هذه المرتكزات متوفرة في أنشطة وفعاليات التعليم والتعلم بالاستقصاء.

هذا وسنتناول البنائية بشيء من التفصيل لاحقاً.

الخصائص الأساسية لخبرات (فعاليات) التعلم النشط:

تشترك خبرات التعلم الفعال الناجحة في عدة خصائص؛ إذا ما توفرت في خبرة تعلمية ينشغل فيها الطلبة فإنها تؤدي إلى تعلم ناجح وتجعل الفعالية أقوى وأكثر جدوى. وبينما لا تنطبق بعض هذه الخصائص على كل الفعاليات أو الأنشطة. فإن الاجتهاد في تضمين معظمها يساعد في جعل الفعاليات أكثر جدوى.

وهذه الخصائص (Collins, 2003, pp 31-32):

1- **المركزية:** أن تدعم الفعالية هدفاً تعليمياً مهماً أو أساسياً في المنهاج وليس هدفاً هامشياً.

2- **الربط بمعرفة سابقة:** أن يرتبط المحتوى التعليمي الذي يتم تدريسه بمعرفة سابقة يجعل الطلبة راغبين في اكتشاف ما لا يعرفونه عن الموضوع.

3- **الهدف:** أن يكون الهدف من الفعالية واضحاً لدى المتعلمين، أي أن يفهموا ماذا يفعلون، ولماذا؟، وكيف يتوقع من الفعالية أن تحقق الهدف المنشود؟

4- **الصلة بالموضوع:** أن تساعد الفعالية التلاميذ في إيجاد معنى للمحتوى، أي فهم علاقة المعرفة المحددة بالعالم من حولهم، وبحياة كل منهم شخصياً.

5- **التحدي:** أن يجد التلاميذ في المهمات والفعاليات تحدياً عقلياً قابلاً للإنجاز، ويتناسب مع مستوى كفاياتهم. وتوفر لهم الأدوات المناسبة والإرشادات ما يشعرهم بأنهم أكفاء لهذا التحدي.

6- **إثارة الاهتمام:** أن تحفز الفعالية التلاميذ لاستقصاء المشكلة المتضمنة والعمل على حلها.

7- **العمق:** أن تكون الفعالية بحاجة إلى استقصاء الأفكار في العمق، وليس لمجرد لملمة كمّ كبير من المعلومات السطحية. ويطلب من التلاميذ توظيف مهاراتهم في مهام ذات معنى وإعطائهم الوقت الكافي للاستقصاء والتحليل والتقييم.

8- **التفاعل مع الآخرين:** يجتهد التلاميذ في الأنشطة التي ينشغلون فيها مع زملائهم في مجموعات تعاونية وتشاركية على أن تسـند لهـم مهـمات محـددة مـع أفراد المجموعة.

9- **مثيرات متعددة الحـواس:** أن تعمـل الفعاليـة عـلى إشغال التلاميـذ مـن خـلال تعاملهم مع مواد مكتوبة، ومرئية، ومحسوسة أو مسموعة، ويستخدمون أفضـل الوسـائل بالنسـبة إليهم وتتلاءم مع أسلوب تعلمهم، أي أن لا تقتصر الفعالية عـلى استخدام حاسة واحدة.

10- **تعدد الموضوعات:** أن تساعد الفعالية في الربط بين عدة موضوعات. إن التداخل والتكامـل بين الموضوعـات التـي ينشـغل فيهـا الطلبـة تشـجعهم عـلى اسـتخدام مهارات ومعلومات متعددة في الموضوعات المختلفة.

11- **اختيار التلاميذ:** إن الإشغال في الفعاليات التي يتم اختيارها من قبل التلاميذ أو تلبي رغباتهم واحتياجاتهم هي أكثر حفزاً لهم على المواصلة والمثابرة في أدائها.

12- **المسؤولية:** أن يفهم التلاميذ ما هو متوقع منهم أكاديمياً وسلوكياً في الفعالية التي ينشغلون فيها، وأن يقودهم فهمهم هذا إلى الحكم على معرفتهم وأدائهم.

13- **الاستقلالية:** أن تسـمح الفعاليـة للتلاميـذ بإنجازهـا في مجموعـاتهم بأقـل قـدر ممكن من المساعدة من قبل المعلم وإشرافه، فأدوارهم محـددة بوضـوح، وهـم يراقبون أنفسهم بشكل فردي وجماعي.

14- **الإبداع:** تسمح الفعالية للتلاميـذ بالتعبير عـن أنفسهم بطريقـة أو بـأخرى، مثلاً بالكتابة أو الرسم، أو الأداء العملي، أو النمذجة، أو تطوير حـل جديد أو مبتكر لأية مشكلة.

2 : 4 دور الأسئلة في التفاعل الصفي

يمكن القول أن استخدام الأسئلة في التعليم الصفي هو أكثر أساليب التدريس شيوعاً بعد أسلوب العرض المباشر. واستخدام الأسئلة في التعليم كإستراتيجية تعليمية ابتدأ منذ عدة قرون من قبل الفيلسوف اليوناني "سقراط" الذي لقب بالمعلم (أبو زينة، الوهر، حسن، 2004، ص 202). ويصف البعض استراتيجية طرح الأسئلة من قبل المعلم والاستجابة من قبل الطالب بنعم أو لا بالطريقة **الحوارية السقراطية**، وتعتبر أول طرق الاكتشاف أو الاستقصاء الموجه التي استخدمت في التعليم.

ويعتمد التواصل الصفي بين المعلم وطلبته بشكل كبير على الأسئلة التي يطرحها المعلم في أثناء التدريس. وقد تكون هذه الأسئلة المدخل الذي يبدأ فيه المعلم الدرس، حيث يوجه طلبته إلى أهداف الدرس والتحقق من المتطلبات السابقة. وقد يستخدم المعلم هذه الأسئلة في توجيه الطلبة أثناء تنفيذ نشاطات التعلم. والأسئلة الصفية كذلك هي وسيلة التقويم المرحلي أو البنائي وتستخدم لمواصلة التعلم وتقديم التغذية الراجعة، كما أنها الوسيلة الرئيسة في إثارة تفكير الطلاب وحفزهم على مواصلة نشاطهم وانشغالهم في عملية التعلم.

إن المساءلة (Questioning) هي استراتيجية تعليمية تفاعلية (Interactive) وبينشخصية (Interpersonal)؛ فالمعلم من خلال الأسئلة الصفية يتواصل ويتفاعل مع طلبته، ويوجه هذا التفاعل ليعمل على تنمية تفكير الطلبة وقدراتهم العقلية. كما أن الاستمرار في طرح الأسئلة والتساؤلات التي يثيرها الطلبة تجعل عملية الانشغال في التعلم مستمرة، وبالتالي يكون التعلم فعالاً ومنتجاً.

وأحد الأساليب التي يُفعّل فيها دور عناصر المثابرة (Perseverance) ونوعية التعلم (Quality of Instruction)، وفرصة التعلم (Time for Learning) الواردة في نموذج كارول للتعلم المدرسي هي في استخدام استراتيجية التساؤل في التعليم الصفي. فقد نبه كارول (Carroll, 1963) إلى دور خمسة عناصر في توجيه عملية التعلم والتعليم وتحقيق الطلبة للأهداف التعليمية المنشودة. وفي نموذج كارول هناك عنصران آخران هما الاستعداد أو القابلية، والقدرة على فهم التعليمات واستيعابها.

ودور الأسئلة الصفية في عملية التعلم لا تقتصر على طرح المعلم للأسئلة، بل تتعدى ذلك إلى استثارة الطلبة وتشجيعهم على أن يبادروا هم أنفسهم بطرح الأسئلة.

والاهتمام بطرح الأسئلة التي يثيرها الطلاب تساعد في الكشف عما يدور في عقولهم، واستثمارها يوجه المعلم إلى التدريس الجيد، فقد تكشف عن فهم خاطئ أو بديل، أو تكشف عن الحاجة إلى معلومات إضافية. **ومن المهم أن لا يسيطر المعلم على المشهد بطرح الأسئلة، وتلقى الإجابات من الطلبة**؛ إذ نادراً ما تؤدي حصة (السؤال) من المعلم (والجواب) من الطلبة إلى مناقشة صفية ناجحة أو ذات معنى، حيث أن طرح الأسئلة الشفهية من المعلم لا تعمل على تشجيع الطلبة للمشاركة (أبو نبعة- مترجم، 2003، ص. 359).

إن التواصل بين المعلم والطلبة يجب أن يكون بالاتجاهين، وهذا يعني إعطاء الطلاب فرصة للتعبير عن آرائهم وأفكارهم، ووعيهم لما يدور في الحصة الصفية ومشاركتهم في عمليتي التعليم والتعلم. إن تشجيع الطلبة على طرح الأسئلة يؤدي إلى أسئلة ذات مستوىً عالٍ ويحفز طلاباً أكثر على التفاعل، ويؤدي إلى تأثيرات عقلية إيجابية، ويعزز التفكير المنطقي لدى الطلبة (أبو نبعة- مترجم، 2003، ص. 36).

في كثير من الأحيان لا يشجع المعلمون طلابهم كي يسألوا، ولا يعلمونهم طرح الأسئلة كذلك؛ حتى أن بعض المعلمين ينزعجون من طرح الأسئلة من قبل طلابهم.

ومقابل كثرة الأسئلة التي يطرحها المعلمون، هناك قلة الأسئلة التي يطرحها الطلبة؛ كما أن استجابة الطلبة لأسئلة المعلم قليلة، فالمعلمون يسألون أو يتساءلون ويجيبون هم أنفسهم عن أسئلتهم وتساؤلاتهم. ويتطلب الدور غير المباشر للمعلم بحسب نظام فلاندرز تعظيم دور الطلبة في التفاعل اللفظي الصفي، وذلك من خلال تقليص دور المعلم في هذا التفاعل في حدوده الدنيا؛ فهو يطرح سؤالاً يستجيب عليه أكثر من طالب واحد. وعندما يطرح طالب سؤالاً يختار المعلم طالباً آخر أو أكثر يجيب عن السؤال وليس المعلم. وتعمل الأسئلة التشجيعية (Divergent Questions) أو الأسئلة ذات الإجابات المتعددة أو المفتوحة على تحقيق دور فاعل ونشط في التفاعل اللفظي الصفي (أبو زينة، الوهر، حسن، 2004، ص. 206)؛ وهذا النوع من الأسئلة يخاطب المستويات العليا لتفكير الطلبة، و يسمح بالمشاركة للعديد من الطلبة مهما كانت مستوياتهم التحصيلية أو قدراتهم الذهنية.

وإذا ما أريد للمساءلة أن تؤدي وظيفتها الأساسية في التعليم، وهي تنمية تفكير الطلبة ومهاراتهم العقلية، يتطلب الأمر إعطاء اهتمام أكثر لنوع أسئلة المعلم الصفية التي تتصل بالمستويات العقلية العليا؛ والتي تشجع الطلبة أنفسهم على أن يقوموا هم أنفسهم بطرح أسئلة أثناء الدرس. وإذا كنا نرغب في تنمية التفكير الناقد أو التفاعلي، والتفكير الإبداعي فإنه لجدير بالمعلمين أن يطوروا مهارات طلابهم في صياغة الأسئلة وطرحها؛ ومن الأنشطة المستخدمة في هذا المجال مسابقات خاصة بمسميات مثل (10) أسئلة، (20) سؤالاً مما يشيع استخدامها في مسابقات نشاهدها على التلفاز.

ومهارة المساءلة مهارة متعددة الجوانب ومتشعبة المكونات، ويمكن النظر إليها على أنها مكونة من أربع مهارات فرعية هي: المساءلة الإيجابية، واستخدام الأسئلة المثيرة للتفكير والداعمة لتفاعل الطلبة، وتنظيم طرح الأسئلة، وتشجيع أسئلة الطلاب والتعامل الفاعل مع استجاباتهم (أبو زينة، الوهر، حسن، 2004، ص ص: 212-215). وفيما يلي وصف موجز لكل منها:

- **المساءلة الإيجابية:**

تستخدم الأسئلة الصفية في التعليم على افتراض أن النشاط التعليمــي الهادف سوف يتيح للطالب أن يكتسب خبرة تعليمية، وحتى يتحقق هـذا الغرض يتطلب الأمـر أن تستخدم الأسئلة على نحو إيجابي وتعزيزي، أي يحتاج الأمـر أن يستثار الطالـب حتى يسـتجيب للأسـئلة، وأن تعـزز اسـتجابته إيجابياً حتـى يستمر في الاسـتجابة للأسـئلة، خصوصاً في الأسئلة السابرة، فالأسئلة السابرة هي سلسلة من الأسئلة المتابعـة تتطلب من الطالب أن يتعمق في إجاباته ليصل إلى تعميق الفهم أو تصويبه أو التركيز عليه، وهو ما سنتناوله في جزءٍ لاحق.

إن التساؤل/ المساءلة عملية تفاعلية بين أشخاص، ولا يمكن أن يـتم التفاعـل في غيـاب الروح الإيجابية للعلاقة بينهم.

- **استخدام الأسئلة المثيرة للتفكير والداعمة لتفاعل الطلبة:**

أحد الوظائف الأساسية للأسئلة الصفية هي تنميـة تفكير الطلبة بالإضافة إلى تعلـم المحتوى من خلال المرور في خبرات تعليمية ناجحة؛ ومـع أننا بحاجة إلى أسـئلة مـن مستويات متدرجـة، إلا أن الحاجة تـدعو إلى اسـتخدام أسـئلة مثيرة لتفكير الطلبـة وتخاطب المستويات العقلية العليا، وتدعم تفاعلهم في الأنشطة والمواقف التعليمية.

وتعمل الأسئلة التشجيعية، أو المتعددة الإجابات على تحقيق تفاعل أكبر مـن الطلبـة، وتوسع مشاركتهم، كما أن بعض الاستجابات يمكن تصنيفها ضـمن المستويات العقليـة العليا.

- **تنظيم طرح الأسئلة وتلقي الإجابات:**

هناك عدد من المهارات الأساسية التي يجب إتقانها عند طرح الأسئلة وتلقي الإجابات من الطلبة. وتتلخص هذه المهارات في طرح السؤال بشكل واضح وموجز، والانتظار فترة قصيرة من الوقت، ثم دعوة أحد الطلبة للإجابة، مع الحرص على أن يشترك

جميع الطلبة في الإجابة عن أسئلة المعلم، وتعويد الطلبة على الاستماع لأسئلة المعلم، وعدم مقاطعة بعضهم بعضاً (أبو لبدة، الخليلي، وأبو زينة، 1996، ص ص: 131-133).

- **تنشيط دور الطلبة في الأسئلة الصفية:**

يمثل الطلبة مصدراً آخر للأسئلة الصفية، وحتى يكون التواصل بين المعلم وطلابه في الاتجاهين لا بد من استشارة الطلبة وتشجيعهم على أن يبادروا هم أنفسهم بطرح الأسئلة؛ ليس هذا فحسب؛ فإن دور الطلبة في التعليم الزمري سيحل محل المعلم في المناقشات الصفية الزمرية أو في فرق المهمات التعاونية كما سيتم تقديمه لاحقاً. إن المناقشة الصفية الناجحة لا تتم إلا إذا كان التواصل ثلاثياً بين المعلم والطلبة، وبين الطلبة أنفسهم، وبين الطلبة والمعلم.

2 : 5 الاستقصاء وعملياته

يتطلب التعليم المباشر أن يكون الطالب مستمعاً جيداً لتلقي المعلومات التي يقدمها المعلم، قارئاً يستوعب المعلومات المقدمة له جاهزة ومفصلة. ومع أن تقديم المعلومات جاهزة للمتعلم قد يؤدي إلى تعلم ذي معنى لدى المتعلم، إلا أن ذلك لا يسهم بشكل فعال في تنمية قدرات ومهارات التفكير العليا، وحل المشكلات لدى المتعلمين. والتعليم المباشر من قبل المعلم هو تعليم المجموعة الكاملة أو التعليم تحت قيادة المعلم، ويكون موجهاً في الغالب إلى المجموعات الكبيرة. وأفضلية التعليم المباشر من وجهة نظر مناصريه، تكمن في توفير الوقت الذي يبذله المتعلم وفي انتقال أثر التعلم إلى مواقف أخرى.

إن إشغال التلاميذ في عملية التعلم بإثارة اهتمامهم بالموضوع وحفزهم علـى المشـاركة الفاعلة في تطوير فهمهم هو أمر أساسي ومحوري في التعلـيم الجيـد. وإشـغال التلاميـذ في تعلم نشط يتم من خلال توفير خبرات وأنشـطة ومهـام تحفـزهم علـى الـتعلم وتجعلهـم يتحملون مسؤولية كيفية ونوعية تعلمهم؛ فالمتعلم من خلال الأنشـطة والفعاليـات التـي يقوم بها يبذل جهداً عقلياً وجسدياً أحياناً في الوصول إلى بناء وتنظيم المعرفة أو اكتشـافها بنفسه، كما تركز عليه النظرية البنائية. وجوهر النمـوذج الاستقصـائي في الـتعلم والتعلـيم يكمن في أنشطة وعمليات الاستقصاء.

والاستقصاء هو عملية فحص واختبار موقف ما بحثاً عن معلومـات أو معـاني أو علاقـات متضمنة في الموقف لاستخلاص استدلال ما (بل، 1986، مترجم: المفتـي وسـليمان) فالطلبـة الـذين يتفحصـون الأعـداد: 24، 78، 243، 81، 255، ويحسـبون مجمـوع أرقامهـا(عنـدما يطلب منهم ذلك) يجدون بأن مجموع أرقام كل منها يقبل القسمة عـلى (3). وكـل عـدد منها يقبل القسمة على (3) (فمثلاً مجموع أرقام 243 هـو 9 والعـدد 243 يقبـل القسـمة على (3)، وناتج القسمة يساوي (81)؛ ويكون الاستدلال هنا

"إذا كان مجموع أرقام العدد يقبل القسـمة عـلى 3 فـإن العـدد يقبـل القسـمة عـلى 3 (استدلال استقرائي)" ؛

ويستمر الطلبة في استقصاء أعـداد مثـل 75، 227، 327، 627، 819، 945 وهكـذا (بعضـها يقبـل القسـمة عـلى (3) وبعضـها لا يقبـل). في هـذا الاستقصـاء تـم اسـتخدام الاسـتدلال الاستقرائي للوصول إلى تعميم ، ثم أتبع باستخدام الاستدلال الاستنتاجي على حالات خاصة من ذلك التعميم.

وقد يكون هدف الاستقصاء استخلاص معنى أو مفهوم كـالتغير الفيزيـائي عـلى المـادة، وتمييزه عن التغير الكيميائي على المادة، فالتغير الفيزيائي على المادة (الطين أو العجين مثلاً) يمكن أن يجعل المادة تتخذ أشكالاً مختلفة، أي يحصل عليها تغيير في الشكل والحجم، وقد تتغير المادة من حالة لأخرى كقطعة الثلج عندما تتحول إلى ماء بالتسخين

وباستمرار تسخين الماء يتبخر، وهو تغيير فيزيائي. أما عندما تحرق قطعة من الخشب أو ورقة لتتحول إلى رماد فإن التغيير في هذه الحالة هو تغير كيماوي؛ واستخلاص معنى للتغير هنا تم من خلال استقصاء الطالب وقيامه بالنشاط.

وقد ينتج عن الاستقصاء اكتشاف معرفة جديدة لدى الطالب أثناء قيامه بالنشاط. فمثلاً مزج الألوان الأساسية الثلاثة: الأزرق، الأصفر، الأحمر سوف ينتج الألوان الثانوية التالية: الأخضر، البنفسجي، البني؛ كما أن درجة تركيز (غمق) اللون تحصل من درجات تركيز مختلفة للألوان الأساسية، ولا شك بأن مزج هذه الألوان يتطلب القيام بها عدة مرات، ومزجها بشكل ثنائي أو ثلاثي وبدرجات تركيز مختلفة.

والاستقصاء قد يتم فردياً أو زمرياً تعاونياً، كما أن مسرحه وفعالياته قد تكون داخل الغرف الصفية أو خارجها، كما سنلاحظ من الأمثلة التالية على الاستقصاء.

الاستقصاء:موجه/ غير موجه

يصنف الاستقصاء إلى: استقصاء موجه واستقصاء حر (غير موجه)؛ ومعيار التصنيف هو درجة التوجيه والإرشاد الذي يمارسه المعلم أو الذي يقدمه الكتاب أو الدليل للطالب. فالمعلم في الاستقصاء الموجه ينظم الموقف ويحدد المواد والإجراءات للقيام بالنشاط، إلا أن دور المعلم في توجيه العمليات والأنشطة يتقلص إلى الحدود الدنيا في الاستقصاء غير الموجه، وربما يتلاشى، وفيما يلي توضيح لذلك.

مثال (1): استقصاء موجه

كيف تتأثر سرعة ذوبان المادة في السائل بدرجة الحرارة ؟

1- المواد المطلوبة:

- ثلاثة أوعية (دورق/ كاسة - ويفضل أن تكون مدرجة) مملوءة كما يلي:

أ- أحدهما مملوء بالماء بدرجة حرارة الغرفة.

ب- الثاني مملوء بماء بارد (أقل من درجة حرارة الغرفة) .

ج- الثالث مملوء بماء دافئ (أعلى من درجة حرارة الغرفة).

وجمعيها مملوءة بنفس الكمية من الماء.

- ثلاثة ملاعق مملوءة بالسكر (أو الملح)، وبنفس الكمية.
- ميزان حرارة، وساعة للتوقيت.

2- **الإجراءات :**

أ- وضع نفس كمية السكر في كل دورق أو إناء وتحريكه حتى يذوب بكامله.

ب- تسجيل الوقت اللازم لذوبان السكر في كل دورق.

ج- تسجيل البيانات والمشاهدات التي حصل عليها الطالب.

3- **الاستنتاج:**

يذوب السكر في الماء الفاتر بأسرع من ذوبانه في الماء البارد (يتوصل الطلبة إلى هذا الاستنتاج).

4- تكرار النشاط السابق والتحقق من النتيجة (من قبل الطالب نفسه أو المجموعة).

مثال (2): استقصاء غير موجه

تحقق من صحة الفرضية القائلة:

"يذوب السكر (أو الملح) في السائل (الماء) أسرع إذا كانت درجة حرارة السائل (الماء) أعلى".

في الاستقصاء الحر لا يقدم إلى الطالب إلاّ الحد الأدنى من الإرشاد. وربما يقتصر ذلك على المواد المطلوبة للقيام بالاستقصاء. كما ورد في المثال (1).

عمليات الاستقصاء ومهاراته:

العمليـات الأساسـية المسـتخدمة في الاستقصـاء مدرجـة حسـب درجـة صعوبتها أو تعقيدها كما يلي: (Orlich etal, 2001; Despezio etal, 1996)

1- الملاحظة/ المشاهدة Observing :

الملاحظة أو المشاهدة هـي الطريقـة المباشـرة للوصـول إلى المعرفـة أو الحصـول عـلى البيانات. ونحن نستخدم واحدة أو أكثر مـن الحـواس الخمـس في ملاحظاتنـا للأشـياء المادية فيما حولنا. ويمكن تطوير مهارة الملاحظة من خلال التدريب كما هو الحـال في غيرها من المهارات الأساسية الأخرى (سعادة، 2003). كما ويمكن الحصول على بيانات دقيقة باستخدام الأدوات والأجهزة المصنعة.

2- التأمل (Reflecting) والتساؤل (Questioning):

نحتاج دوماً في التأمل والتفكير مليـاً فيمـا نلاحـظ، أو فيمـا نقـرأ أو نسـمع، ويتطلـب التأمل التفكير مليـاً وإعمال الفكر والعقل في البيانـات أو المعلومـات التـي نجمعهـا أو تقدم لنا، وطرح العديد من التساؤلات عن هذه البيانـات والمعلومـات وكيـف نتعامـل معها، وما الذي ستقدمه لنا؛ إذ أن أية خطوة لاحقة لا تتم إلا بالتأمل وإثارة التسـاؤلات الذاتية أو التساؤلات مع الآخرين.

3- إجراء الحسابات على الأعداد (Computing) :

العمليـات الحسـابية الأساسـية التـي نحتاجهـا تتمثـل في عمليـات جمـع وطـرح وضرب وقسمة الأعداد الصحيحة والكسور العادية والعشرية، وكذلك استخراج الجـذور. ولابـد من اكتساب المهارة لإجراء الحسابات حتى يمكن الانتقـال إلى العمليـات الأخـرى في الاستقصاء.

4- التصنيف (Classifying) :

يمكن تجميع الأشياء أو البيانات (تصنيفها) وفق خاصية واحدة أو أكثر تشترك فيها. وقد يكون التصنيف وفق خاصية أو صفة نوعية كاللون أو الشكل، أو النوع، أو وفق خاصية أو صفة كمية يمكن بواسطتها وضع الأشياء في فئات، كالتصنيف وفق الطول أو الوزن أو العمر.

5- الترتيب (Ordering):

تتطلب عمليات التصنيف المرتبطة بالصفات الكمية للأشياء عملية أساسية هي الترتيب. والترتيب عملية أساسية تسبق التصنيف في الخصائص الكمية؛ فالترتيب حسب الطول مثلاً أو الترتيب حسب الشكل يسبق التصنيف حسب الطول أو الوزن ووضعها في فئات.

6-الاستدلال (Inferring):

الاستدلال يعني الوصول إلى تفسير أو إعطاء معنى أو التوصل إلى مفهوم أو تعميم أو علاقة ما بالاستقراء أو الاستنتاج/ الاستنباط. وقد يكون هناك أكثر من استدلال واحد لما نشاهد أو نلاحظ بحسب الهدف من الاستدلال، فقد يعني شكل هندسي ثماني ذو لون أحمر أن هذه إشارة توقف (إحدى إشارات المرور).

7- القياس (Measuring):

عند الحاجة إلى بيانات أو معلومات دقيقة عن مشاهداتنا نلجأ إلى القياس، وبالقياس نحصل على كم أو مقدار ما يحويه الشيء من الخاصية المقاسة.

وقد يستخدم العد المباشر في القياس، كعدد الطلبة في صفوف المدرسة، أو قد تستخدم الأدوات لقياس الخصائص الفيزيائية للأشياء كالطول أو الوزن، أو درجة الحرارة. وهناك الاختبارات التي تقيس الخصائص الشخصية للأفراد، كما أن هناك أدوات أكثر تعقيداً في قياس الخصائص، كالسرعة والزمن والمسافات.

8- **جمع البيانات (Collecting Data):**

يتطلب جمع البيانات استخدام وسائل متعددة منها الملاحظة/ المشاهدة أو إجراء المقابلات، أو استخدام أدوات قياس كالاختبارات والاستبيانات. وبطبيعة الحال يتطلب إعداد هذه الأدوات مهارات وقدرات عالية. وفي بعض الأحيان يستخدم القياس لجمع البيانات من خلال التجارب العلمية.

9- **التنبؤ (Predicting):**

التنبؤ هو القول ما يعتقد بأنه سيحدث مستقبلاً، ومهارة التنبؤ لدى الفرد تعتمد على الملاحظة والخبرات السابقة، ونستطيع من خلال ذلك فهم كيف ولماذا يمكن أن يحصل شيء ما. والتنبؤ يتجاوز نطاق البيانات والمعلومات إلى أبعد منها.

كأن نتنبأ بالحالة الجوية ونزول المطر إذا كانت نسبة الرطوبة عالية، وانخفض مؤشر الضغط الجوي عن حالته المعتادة؛ أو أن نتنبأ بتكون الصقيع صباحاً أو انجماد المياه في أيام الشتاء الباردة إذا كانت السماء صافية في تلك الليلة.

10- **تنظيم سجلات للبيانات (Recording and Organizing):**

يمكن عرض البيانات وتنظيمها في جداول خاصة، ويمكن أن تمثل أيضاً بأشكال ورسومات بيانية متعددة.

11- **التحليل (Analyzing):**

بعد تسجيل البيانات وتنظيمها تدعو الحاجة إلى تحليل هذه البيانات. ويشمل تحليل البيانات استخلاص أنماط أو توجهات، أو حساب مؤشرات إحصائية معينة كالنزعة المركزية أو التشتت، أي استخدام الإحصاء الوصفي في المراحل التي تسبق اختبار الفرضيات.

12- صياغة الفرضيات (Formulating Hypothesis):

صياغة الفرضية تعني إعطاء إجابة محتملة على سؤال ما أو مشكلة. ويكون باستطاعة الفرد صياغـة فرضية معينـة كإجابة على تساؤل مـا إذا تـوفرت لديـه معلومـات تتعلـق بالمشكلة. فإذا ما طرح السـؤال التالي: متى تطفو الأجسام عـلى سطح المـاء مـثلاً؟ فإن الإجابة التالية: يطفو الجسم على سطح الماء إذا كانت كثافته أقل من كثافة المـاء (أي واحد صحيح) هي فرضية بالنسبة للتلميذ الذي يدرس الموضوع لأول مرة (أي قبـل أن يدرس قاعدة أرخميدس).

والفرضية يجـب أن تكـون قابلـة للاختبـار أو الفحـص، إذ أن الفرضـية التـي لا يمكـن اختبارها أو فحصها ليست بذات أهمية أو قيمة.

وصياغة الفرضية تطلب مسبقاً تحديد المتغيرات، والعلاقة بـين هـذه المتغيـرات؛ ففـي الفرضية "يطفو الجسم على سطح السائل إذا كانت كثافته أقل من كثافة السائل" هنـا متغيران هما كثافة السائل، وكثافة الجسم.

13- اختبار الفرضية (Hypothesis Testing):

الفرضيات في العلوم الطبيعية يمكن اختبارها بإجراء التجـارب العلميـة وجمـع بيانـات من خلال ما نقوم به من تجارب علميـة داخـل المختـبر أو خارجـه. أمـا الفرضيات في العلوم الإنسانية فيمكن اختبارها من خلال ما يتم جمعـه مـن بيانـات بـأدوات قيـاس يتم تطويرها لهذه الغاية كالاختبارات والاستبيانات والمقـابلات، ومـن ثم يتم اختبـار هذه الفرضيات بالطرق الإحصائية المعروفة.

يتطلب فحص الفرضية أو اختبارها عملية ضبط للمتغيرات التي تشملها الفرضية، ففـي فرضية "سرعة ذوبان المادة في السائل أسرع عندما تكون درجـة حـرارة السـائل أعـلى" ضبط المتغيرات هنا: نفس كمية المادة، ونفس كمية السائل، تحريك المـادة في السـائل بنفس السرعة والأسلوب.

وتجدر الإشارة إلى أن هذه العمليات لا تتطلبها جميع الاستقصاءات؛ فبعض الاستقصاءات قد لا تتطلب إلا عمليات بسيطة، وربما لا تتعدى جمع بيانات باستخدام وسائل بسيطة، أو ملاحظة مباشرة لظواهر، أو تسجيلاً رقمياً بتكرار بعض الظواهر وغيرها. كما أن بعضاً من هذه العمليات تتخذ مستويات متدرجة من العمق أو التعقد، كصياغة الفرضيات أو اختبارها، كما أن جمع البيانات مثلاً يتم من خلال العدّ أو الملاحظة المباشرة (مستوى بسيط)، أو من خلال إجراء التجارب العلمية أو باستخدام وسائل متقدمة كالاختبارات على اختلافها (مستوى متقدم).

ويتطلب الاستقصاء المخبري مجموعة من الأنشطة تتلخص فيما يلي:

التساؤل أي طرح أسئلة محددة، تحديد المتغيرات، ضبط المتغيرات، التنبؤ وصياغة فرضيات، تحديد المواد والأدوات، اتخاذ احتياطات السلامة، الملاحظة الواعية، القياس، تحديد الخطوات والإجراءات، جمع البيانات، التحقق من البيانات والنتائج، تمثيل البيانات، تحليل البيانات والاستنتاج، تفسير النتائج (البلوشي، وامبو سعيدي، 2009).

خطوات الاستقصاء

يسير الاستقصاء في خطوات تتابعية تنسجم مع خطوات البحث العلمي وحل المشكلات والتي سنوردها في الفصول التالية، وهي كما يلي:

1- مواجهة موقف ما وتحديد المطلوب من الاستقصاء

يتطلب أي نشاط استقصائي ينخرط فيه الطالب اطلاعه على الهدف من هذا الاستقصاء والنواتج المتوقعة منه، فقد يكون لمفهوم أو مصطلح ما، أو الحصول على معلومات محددة، أو التوصل إلى علاقة أو تعميم. ويتطلب التخطيط للاستقصاء تقديم المبررات وتحديد المتطلبات السابقة له.

إن إدراك المتعلم ووعيه لطبيعة المهمة والنشاط الذي سينخرط فيه يعطيه حافزاً ودافعاً قوياً لإنجازه، أما إذا بقي الموقف غامضاً ومشوشاً بالنسبة له، فإن ذلك سيعيق تقدمه في الوصول إلى الهدف، وبالتالي سيؤدي إلى الإحباط والتوقف.

ومن جملة ما يتطلبه التخطيط للاستقصاء ملاءمته لحاجات الطلبة وخصائصهم النمائية. واختبار موضوعات أو قضايا ترتبط بموضوع الدرس وبحياتهم اليومية، مع تهيئة كل الظروف والإمكانيات للقيام بالاستقصاء.

2- القيام بخطوات إجرائية وجمع البيانات واستحضار المعلومات

تتطلب بعض الاستقصاءات الموسعة أو المركبة وضع خطة للوصول إلى البيانات أو المعلومات، فقد يتطلب الأمر تجهيز تجربة علمية في المختبر أو خارج المدرسة، أو تحديد الأشخاص والأدوات لجمع البيانات. في بعض الاستقصاءات البسيطة يتم الحصول على البيانات والمعلومات مباشرة ودون عناء. وفي النشاط الاستقصائي الموجه تقدم التوجيهات والإرشادات اللازمة للقيام بهذه الخطوة.

والحصول على البيانات يتم من خلال الملاحظة أو المشاهدة- واحدة من العمليات الأساسية في الاستقصاء أو من خلال القياس باستخدام التجارب أو الاختبارات والاستبيانات، وهي أيضاً إحدى عمليات الاستقصاء.

3- تنظيم البيانات والمعارف لإعطاء معنى للنتائج

بعد جمع البيانات والمعلومات يجري تصنيفها وعرضها بإحدى الطرق المعروفة (جداول أو رسومات بيانية) إذا اقتضى- الأمر. إن جمع بيانات كبيرة في أي استقصاء يتطلب تنظيمها وعرضها بطريقة يسهل فهمها والوصول إلى نتائج منها. وقد تكون نتيجة هذه المرحلة إعطاء معنى لمفهوم ما وتمييزه عن مفهوم آخر كالتغير الفيزيائي والتغير الكيميائي، أو إعطاء مؤشرات إحصائية مثل الوسط الحسابي لصفة أو خاصة

تم استقصائها، وقد يكون نتيجتها الوصول إلى علاقة أو تعميم ما كالعلاقة بـين محيـط الدائرة وطول قطرها في استقصاء على أواني دائرية الشكل.

4- مراجعة وتقويم الاستقصاء والتعميم

تتطلب هذه المرحلة وقفة تأمل في المراحل السابقة، وفي الإجراءات والوسائل والأدوات التي استخدمت، وأدت إلى النتيجة التي تم استخلاصها سواء بالاستدلال أو بالاستقراء.

ووقفة التأمل هذه هي الخطوة الأولى في تقـويم الاستقصـاء أولاً وفي تكرار الاستقصـاء نفسه على حالات أخرى للتحقق من الوصول إلى نفس النتيجة السابقة وتعميمها.

أمثلة على استقصاءات مدرسية

1- العلاقة بين محيط الدائرة وطول قطرها.

ملاحظة: تؤخذ دوائر من الكرتون، وأوعية أو أواني منزلية.

2- احتمال الحوادث البسيطة في الفضاء العيني لتجربة

"رمي حجر النرد مرة واحدة، والناتج هو العدد الذي يظهر على الوجه العلوي"

تكرار التجربة: 30 رمية، 60 رمية، 90 رمية،

120 رمية، 150 رمية، 180 رمية

3- الاحتمال في تجربة إلقاء حجري نرد، وتسجيل مجموع ما يظهر على الـوجهين العلويين.

تكرار التجربة: 36 مرة، 72 مرة، 108 مرات،

144 مرة، 180 مرة، 216 مرة

4- استقصاء حاجة النبات إلى الضوء مباشرة

النبات: الفول، الفاصولياء، الفلفل (نباتات الخضراوات)

5- كيف تتأثر سرعة ذوبان المادة في السائل بدرجة حرارة السائل

السائل: الماء، وسائل آخر

المادة: السكر، الملح،.....

6- صورة المرأة في كتب اللغة الانجليزية (للمرحلة الأساسية المتوسطة)

الاقتصار على المهنة/ الوظيفة أو الموقع للمرأة.

7- القيم المتضمنة في كتب (الدراسات الاجتماعية/ التربية الوطنية) لمرحلة ما .

8- حجم الأسرة الأردنية (في الريف/المدينة) وعلاقته بالمستوى التعليمي للأب/الأم.

9- وسائل النقل التي يستخدمها طلبة الجامعة للـذهاب إلى جـامعتهم والاختناقات المرورية بالقرب من الجامعة.

وفيما يلي مثالان على خطوات تنفيذ الاستقصاء:

مثال (1): استقصاء العلاقة بين محيط الدائرة وطول قطرها

الخطوة الأولى:

مواجهة الموقف وتحديد المطلوب من الاستقصاء (وضع الخطة).

− الهدف من الاستقصاء إيجاد العلاقة بين محيط الدائرة وقطرها

− المتطلبات السابقة: التعرف إلى الدائرة وعناصرها المحيط، القطر، الوتر

− الخطة/ متطلبات الاستقصاء

• توضيح الهدف من الاستقصاء على دوائر مرسومة

- قطع كرتون تقص على شكل دوائر

- أواني وأدوات منزلية دائرية الشكل، أو ذات قواعد دائرية مثل:

  أواني المطبخ، كاسات ماء، ساعة حائط، مراوح، .....

- خيوط، ومتر لاستخدامها في القياس.

الخطوة الثانية:

اتخاذ خطوات إجرائية لجمع البيانات

- رسم دوائر على قطع الكرتون (3-5 دوائر) وقصها

- قياس المحيط والقطر لكل دائرة وتسجيل القياسات

- قياس أقطار أواني منزلية لها شكل الدائرة وتسجيل القياسات

الخطوة الثالثة:

تنظيم البيانات والمعارف لإعطاء معنى للنتيجة

- يتم عرض البيانات التي جمعت بالقياس في جدول خاص كالتالي:

جدول قياسات المحيط والقطر

المحيط (القطر)	القطر (سم)	المحيط (سم)	الرقم
			1-
			2-
			3-
			4-
			5-
			6-
			7-

النتيجة: يلاحظ أن ناتج قسمة المحيط على القطر في جميع الحالات نسبته قريبة جداً من

القيمة $\dfrac{22}{7}$.

الخطوة الرابعة:

مراجعة وتقويم الاستقصاء والتعميم

– مراجعة الإجراءات السابقة وما تم التوصل إليه

– التحقق من النتيجة السابقة من خلال

• رسم (3) دوائر بأنصاف أقطار 7سم، 10.5 سم، 14 سم

وقياس المحيط.

هل كان المحيط = ... ، .... ، .... ؟

• خذ ساعة حائط ومروحة وقس قطر كل منها.

هل المحيط = القطر $\dfrac{22}{7}$ x لكل منها؟

– **التعميم:** محيط الدائرة = قطر الدائرة x $\dfrac{22}{7}$

وبالرموز: ....

العمليات الأساسية المستخدمة في الاستقصاء

1- الملاحظة/ المشاهدة

2- القياس باستخدام المتر

3- جمع البيانات من دوائر مرسومة أو متوفرة في البيئة

4- تنظيم سجل البيانات في جدول خاص

5- الاستدلال من خلال الاستقراء والوصول إلى تعميم

ملاحظة: هـذا الاستقصاء يناسـب طلبـة الصـف السـادس أو السـابع، وخـاص بمبحـث الرياضيات.

مثال (2): استقصاء حاجة نباتات الخضروات إلى الضوء المباشر من أشعة الشمس

الخطوة الأولى:

مواجهة الموقف وتحديد المطلوب من الاستقصاء

– بعض النباتات، وخصوصاً نباتات الزينة لا تتطلب نوراً مباشراً من الشمس، إلا أن نباتات الخضروات تنمو تحت أشعة الشمس المباشرة، فكيف يكون نموها بدون شمس مباشرة؟

– الهدف من الاستقصاء الإجابة عن التساؤل التالي:

هل تحتاج نباتات الخضروات إلى الضوء المباشر من الشمس؟

ماذا يحصل لو زرعت في مكان لا تدخله الشمس بشكل مباشر (في الظل)؟

* وضع الخطة

– يمكن صياغة فرضية بهذا الخصوص

– المواد المطلوبة

● (8) نباتات من نفس النوع: فاصولياء ، فول ، فلفل ،......

موضوعة في قوارير صغيرة، وبنفس درجة النمو.

وقد نكتفي بعدد أقل.

● ماء لإرواء النباتات

● متر لقياس الطول

الخطوة الثانية:

اتخاذ خطوات إجرائية لجمع النباتات

- ضع (4) نباتات في مكان مشمس تماماً

و (4) نباتات مماثلة لها في مكان لا تدخله الشمس

- ضبط المتغيرات: ري النباتات كل يومين أو حسـب الحاجـة بـنفس الكميـة ولمـدة أسبوعين إلى ثلاثة أسابيع.

- تسجيل ملاحظات عن كل نبتة ونظيرتها (الطول وعدد الأوراق).

الخطوة الثالثة:

تنظيم وعرض البيانات والتوصل إلى نتيجة.

(اختبار الفرضية)

النتيجة: تحتاج نباتات الخضار (النبات الذي طبـق عليـه التجربـة) إلى نـور الشـمس المباشر لكي تنمو نمواً سليماً.

الخطوة الرابعة:

مراجعة وتقييم الاستقصاء والتعميم

يمكن السير بنفس الإجراءات على نبات آخر من نباتات الخضراوات، ومن ثم تعمـيم النتيجة.

العمليات المستخدمة في هذا الاستقصاء

1- الملاحظة/ المشاهدة

2- القياس بالعد واستخدام المتر

3- جمع البيانات (من خلال تجربة علمية)

4- صياغة فرضية واختبارها بالتجريب

5- تنظيم البيانات في جدول خاص

6- الاستدلال من خلال الاستقراء

6 : 2 دور الأسئلة في الاستقصاء

سبق وأن تناولنا دور الأسئلة الصفية في عملية التعلم والتعليم، وإنها تستخدم لغايات متعددة. وتستخدم الأسئلة كاستراتيجة تعليمية تؤكد على التواصل والتفاعل داخل الغرفة الصفية، وقد استخدمها الفيلسوف اليوناني سقراط فيما يعرف بالطريقة الحوارية السقراطية. وفي هذا السياق تعتبر استراتيجية التعليم بالأسئلة رحلة فكرية يقوم فيها المعلم بمرافقة الطالب، مثله في ذلك مثل الدليل السياحي المرافق للرحلة، تطرح الأسئلة ويجاب عنها وذلك في عدة مواقف أو محطات في الرحلة حتى الوصول إلى الهدف، وهو المعرفة.

في استراتيجية التعليم بالأسئلة، يتقارب دور المعلم والطالب في عملية التواصل والتفاعل، ويسيطر على الموقف التفاعل اللفظي، وتعمل الأسئلة السابرة على إبقاء هذا التواصل في المشهد الصفي مستمراً ونشطاً. فالأسئلة السابرة إذا ما خطط لها بعناية تشكل مدخلاً للتقصي والبحث، وإثارة تفكير الطلبة؛ وقد تؤدي إلى اكتشاف علاقة، أو توضيح فكرة والتوسع أو التعمق فيها.

وإذا استخدمت الأسئلة السابرة بشكل حلزوني متسلسل ومنظم فإنها لا تختلف عن طرق الاكتشاف الاستقرائية. وقد اعتبرت الطريقة الحوارية السقراطية أول طرق الاكتشاف.

غالباً ما تطرح الأسئلة لفظياً من قبل المعلم ويستجيب لها الطلبة، إلاّ أن بالإمكان طرح الأسئلة مكتوبة في أوراق عمل أو أنشطة يقوم بها الطالب، أو تقدم في الكتاب

المدرسي؛ وهذا النوع من الأسئلة التعليمية يتطلب من الطالب أن يستقصي الأفكار أو التعميمات أو العلاقات التي سيتم الوصول إليها بدلاً من تقديمها جاهزة للطالب وبطريقة مباشرة.

وفيما يلي مثال على استقصاء موجه بالأسئلة المكتوبة:

مثال: استقصاء موجه بالأسئلة

الدرس: ضرب الكسور العشرية

- **أوجد ناتج ضرب:**

10×0.7 ، 10×1.6 ، 10×3.05،

10×5.27 ، 10×1.45

إرشاد: $0.7 = \frac{7}{10}$ ، $0.25 = \frac{25}{100}$ ، أي أن $10 \times 0.7 = 10 \times \frac{7}{10} = 7$

النتيجة: عند ضرب كسر عشري في 10 تتحرك الفاصلة العشرية ....(أكمل).

- **أوجد ناتج ضرب:**

100×1.65 ، 100×0.275 ،

100×1.906 ، 100×15.036

النتيجة: عند ضرب كسر عشري في 100 تتحرك الفاصلة العشرية ....(أكمل).

- **أوجد ناتج ضرب:**

1000×4.725 ، 1000×0.7465،

1000×16.804 ، 1000×3.007

النتيجة: عند ضرب كسر عشري في 1000 تتحرك الفاصلة العشرية ....(أكمل).

استناداً إلى النتائج السابقة أوجد نواتج الضرب التالية:

10×9.05 ، 100×16.305 ، 100×8.04 ،

1000×3.85 ، 1000×0.005

- **أوجد ناتج ضرب:**

12×5.4 ، 15×6.25 ، 8×5.07 ، 32×0.015

إرشاد : اعتبر أن $7 \times 5.4 = 7 \times \frac{54}{10} = (7 \times 54) \div 10$

النتيجة : لضرب كسر عشري في عدد صحيح، نجري عملية الضرب بين عددين صحيحين (بغض النظر عن الفاصلة العشرية) ونضع الفاصلة العشرية في ناتج الضرب بحيث يكون عدد المنازل العشرية .... (أكمل).

- **أوجد ناتج ضرب:**

0.7×0.5 ، 0.8×2.7 ، 4.8×2.7 ،

6.4×3.25 ، 0.36×7.05 ، 7.15×12.29

بناءً على ما سبق نستنتج :

لضرب كسربن عشريين نضرب العددين (بغض النظر عن الفاصلة العشرية) ونضع الفاصلة العشرية في ناتج الضرب بحيث يكون عدد المنازل العشرية مساوياً ....(أكمل).

- **أوجد ناتج الضرب في الحالات التالية:**

120×7.053 130×0.006

2.04×10.65 12.15×5.34

0.65×0.324 0.07×0.05

والتساؤل أو طرح الأسئلة لا يقتصر علـى المعلـم. فمهـارة التسـاؤل يجـب أن يكتسـبها الطلبة، فهي المدخل الرئيس للتقصي والبحـث؛ فالاستقصـاء وحـل المشـكلات ينطلـق مـن مشكلة، والمشكلة هي تسـاؤل يحتـاج إلى إجابـة. وقبـول التحـدي والاسـتمرار في التقصي- والبحث تتطلب طرح العديد من التساؤلات أو الأسئلة التأملية. والأسئلة التأمليـة تعمـل على توسيع الرؤيا، والبحث عن المعاني، وعن النتائج المقصودة وغـير المقصـودة؛ والطالـب يتأمل ويفكر وقد يصل إلى تفسيرات إبداعيـة؛ وباختصـار تمهـد الأسـئلة التأمليـة للتفكـير التحليلي والتفكير الناقد (أبو نبعة- مترجم، 2003، ص. 370).

وطرح الأسئلة التأملية يتم ابتداءً من المعلم، إلاّ أن طرح الأسئلة التأملية يجـب ان ينتقـل إلى الطالب في أثناء قيامه بالاستقصاء، فالتأمل والتساؤل كما ذكر سابقاً هو أحد العمليـات الأساسية التي تستخدم في الاستقصاء.

وهناك نماذج من الأسئلة التـي تسـاعد في عمليـة التقصي- والبحـث يمكـن أن يطرحهـا المعلم على الطلبة، أو يطرحها الطلبة على أنفسهم. فعند تفحص الأشياء الحية أو المتحركة أو الأحداث الخارجية فإن قائمة الأسئلة التالية ستكون مفيدة في عملية التقصي والبحث.

- ما الذي يجري؟
- ماذا يمكن أن يحدث الآن؟
- كيف حدث هذا؟ ولماذا حدث؟
- ما الذي تسبب في حدوثه؟
- ما الذي جرى قبل حدوثه؟
- أين ومتى حدث شيء كهذا؟
- كيف يمكن جعل هذا يحدث ثانية؟

– ما وجه الشبه والاختلاف بين ما حدث الآن وما حدث سابقاً؟

– كيف يمكن أن نسهّل حدوثه؟ (إن كان حدوثه مفيداً) أو

– كيف نمنع حدوثه؟ (إن كان حدوثه ضاراً)؟

وعند تفحص أشياء ساكنة أو غير حية فإن قائمة الأسئلة التالية تساعد في عملية التقصي والبحث؟

– ما نوع هذا الشيء؟ وماذا يدعى؟

– أين يوجد، كيف يبدو؟

– هل سبق وأن رأيت مثله؟ متى وأين؟

– كيف يشبه الأشياء الأخرى؟

– كيف نميزه أو نعرفه؟

– من أي شيء صنع؟ كيف صنع؟

– ما الغرض منه؟

– كيف يعمل أو تستعمل؟

– ما الأسماء الأخرى التي تطلق عليه؟

– كيف يمتلك الأشياء الأخرى؟

(أبو نبعة - مترجم ، 2003 ، ص 499).

مثال (1): السداسي المنتظم

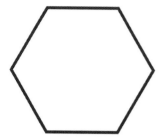

- مم يتكون الشكل المجاور؟
- كم ضلعاً له؟
- ماذا يسمى؟ (الأضلاع متساوية)
- كم رأساً له؟ كم زاوية؟
- إلى كم مثلث ينقسم الشكل؟ (ارسم المثلثات من رأس واحد)
- ما مجموع زواياه؟
- ما مقدار كل زاوية من زواياه؟
- ما عدد أقطار الشكل؟
- هل هناك علاقة بين مجموع زواياه وعدد رؤوسه؟ ما هي؟
- هل هناك علاقة بين عدد أقطاره وعدد رؤوسه؟ ما هي؟
- هل بالإمكان تبليط مساحة أرضية غرفة من بلاط هذا الشكل؟

ملاحظة: بالإمكان كتابة أسئلة تربط هذا الشكل بالمضلع الخماسي أو السباعي؟

مثال (2): الطيران في الجو

- كيف تطير الحمامة، أو العصافير؟
- ما الذي يميزهما عن حيوانات لا تطير؟
- هل وجود جناحين يكفي للطيران؟
- ماذا يشيه جسم الحمامة أو العصفور؟
- هل يستطيع الإنسان الطيران بتحريك يديه؟

– هل يشبه جسم الطائرة جسم الطيور التي تطير؟

– هل هناك علاقة بين طول الجناحين وحجم الطير؟

– ما دور الريح في عملية الطيران؟

– كيف يطير البالون؟

– ما الفرق بين المنطاد والبالون؟

– كيف يمكن جعل البالون يطير من مكان لآخر؟

– كيف يمكن صنع طائرة تطير إلى أعلى؟

– هل يمكن تشبيه الطيران في الهواء بالغوص في الماء؟

 2 : 7 البنائية والنموذج الاستقصائي

التعلم من منظور أنصار النظرية البنائية يحدث نتيجة تعديل الأفكار التي بحوزة المتعلم، أو إعادة تنظيم ما هو موجود لديه، أو إضافة أفكار أو معلومات جديدة؛ فالتعلم عملية بناء مستمرة ونشطة، تقوم على تكوين أو بناء تراكيب معرفية جديدة، أو إعادة بناء تراكيب أو منظومات معرفية لدى المتعلم. وتمثل كل من خبرات الحياة الحقيقة للمتعلم والمعلومات السابقة لدى المتعلم، وبيئة التعلم الأعمدة الأساسية للنظرية البنائية (زيتون، 2004، ص. 212).

إن أساس النموذج البنائي هو الخبرة السابقة للمتعلمين أو معرفتهم ومعتقداتهم التي يأتون بها، وعلى المتعلمين أن يبنوا على هذه المعرفة، أو على ما يتعلمونه.فالمعرفة القبلية لدى المتعلم يعد من أهم مكونات التعلم ذي المعنى.

والتفاعل بين المعرفة الجديدة والمعرفة السابقة قد يؤدي إلى تعديل الأفكار والمعلومات التي بحوزة المتعلم، أو إضافة معلومات جديدة، أو إعادة تنظيمها.

وينبغي أن يحدث التعلم خلال مهام وخبرات ملموسة بدلاً من عروض ومواقف نظرية. إضافة لذلك فإن المتعلمين يعمقون معرفتهم من خلال الأنشطة المشتركة والمناقشات مع أقرانهم، وفي هذه المواقف يتعلم المتعلمون والمعلمون من بعضهم البعض. ولا ينظر للمعلم في إطار البنائية على أنه مصدر المعرفة وصاحب السلطة؛ على العكس من ذلك فإن المعلم يدعم ويوجه بناء المتعلمين للمعرفة.

وتقوم النظرية البنائية على ثلاثة افتراضات (زيتون، 2004، ص ص: 221-222) هي:

1- **تؤكد البنائية على بناء المعرفة أو تشكيلها وليس نقلها.**

فالتعلم باعتباره عملية بنائية، هو عملية إيداع المتعلم وتشكيله لتراكيب معرفية جديدة تنظم وتفسر خبراته مع معطيات عالمه المحيط به؛ وبمرور المتعلم بخبرات جديدة يتكون لديه إطار مفاهيمي يساعده في إعطاء معنى لهذه الخبرات. وقد يؤدي به ذلك إلى تعديل في البنى أو المنظومات المعرفية الموجودة لديه أو تكوين بنى أو تراكيب جديدة.

2- **التعلم عملية نشطة**

فالمتعلم من خلال المواقف والخبرات التي يمر بها يبذل جهداً عقلياً وجسدياً في عملية التعلم للوصول إلى تنظيم أو بناء المعرفة أو اكتشافها بنفسه.

3- **النمو المفاهيمي لدى المتعلم ينتج من خلال العمل المشترك مع الآخرين**

فالفرد لا يبني معرفته عن معطيات العالم الخارجي من خلال أنشطته الذاتية فقط، ولكن يتم بناء المعرفة أو تعميقها من خلال التفاوض الاجتماعي مع الآخرين في بيئة مشتركة أو تعاونية.

ويمكن إبراز الملامح الأساسية للنظرية البنائية في الآتي:

"من المفترض أن يقوم الطلاب ببناء معرفتهم بشكل فردي أو جماعي، يمتلك كل متعلم مجموعة من المفاهيم والمهارات، التي بواسطتها يستطيع حل المشاكل التي تخلقها البيئة. ويتمثل دور المجتمع- المتعلمون الآخرون والمعلم- في إعداد المكان، وإبراز التحديات، وتقديم الدعم الذي سيشجع البناء" (زيتون، 2004، ص.471).

مما سبق يمكن ملاحظة التوافق والانسجام بين البنائية والنموذج الاستقصائي في التعلم والتعليم؛ فالمهارات أو العمليات الأساسية في النموذج الاستقصائي: الملاحظة والتأمل والتصنيف والاستدلال وغيرها مما ورد سابقاً تركز على دور الطالب في عملية بناء المعرفة من خلال الانخراط في الخبرات الاستقصائية والتي تتم في سياق اجتماعي تعاوني هي محور النموذج الاستقصائي وسمات النظرية البنائية.

ومن المهم أن ننبه إلى أن البنائية لا تتطلب نموذجاً تدريسياً محدداً، كما أن النموذج الاستقصائي لا يفرض أسلوباً واحداً ينظم عملية التعلم والتعليم، فكلاهما يتصف بالمرونة والتنوع حسب الموقف، فالعمل الاستقصائي قد يتم في غرفة الصف، أو في المختبر، أو في الميدان خارج إطار المدرسة كما سنلاحظ لاحقاً. كما أن العمل الاستقصائي، والنظرية البنائية يمكن تطبيقهما في المراحل الدراسية المختلفة ولأعمار مختلفة.

2 : 8   مواقف تدريسية

الموقف الأول:

دراسة بعنوان:

"أثر استراتيجيتين تدريسيتين قائمتين على الاستقصاء في التحصيل في الرياضيات والتفكير الرياضي لدى طلبة الصف التاسع الأساسي في الأردن"

إيمان رسمي عبد

أطروحة دكتوراة- جامعة عمان العربية للدراسات العليا (2004)

هدفت الدراسة إلى تحديد أثر استراتيجيتين تدريسيتين قائمتين على الاستقصاء في التحصيل والتفكير الرياضي لدى طلبة الصف التاسع الأساسي في الأردن. بلغ عدد طالبات عينة الدراسة (160) طالبة من طالبات الصف التاسع في مدرسة زرقاء اليمامة الثانوية للبنات التابعة لمديرية تربية عمان الرابعة. ووزعت الطالبات على (4) شعب بطريقة عشوائية كما يلي:

1- شعبة تجريبية درست المادة بطريقة الاستقصاء الموجه. وذلك من خلال تجزئة المادة التعليمية إلى مهام تتطلب القيام باستقصاءات، هي عبارة عن أنشطة تعليمية موجهة للطالب بطريقة مكتوبة.

2- شعبة تجريبية درست المادة بالطريقة الاعتيادية. وأعطيت أنشطة تعليمية إثرائية تدور حول المادة التعليمية، ولكنها ليست جزءًا مما هو مقرر على الطلبة، وتتطلب هذه الأنشطة القيام باستقصاءات فردية خارج وقت الحصة الصفية.

3- شعبة تجريبية درست المادة التعليمية من خلال الأنشطة الاستقصائية كما في الشعبة التجريبية الأولى، وأضيف لهذه الشعبة الأنشطة الاستقصائية الإثرائية كما في الشعبة التجريبية الثانية.

4- شعبة ضابطة درست المادة التعليمية بالطريقة الاعتيادية.

اقتصرت المادة التعليمية على وحدة الهندسة التحليلية، ووحدة الدائرة وقسمت كل وحدة إلى وحدات فرعية؛ وقدمت المادة التعليمية لكل وحدة فرعية من خلال استقصائين، ويتوصل المتعلم إلى الحقائق والاستنتاجات والتحقق من صحتها واستيعاب المفاهيم من خلال تقصي- المفاهيم الفرعية. وقد أعدت الباحثة استقصائين إثرائيين لكل وحدة من المادة التعليمية وأعدت الخطط الدراسية لتدريس الوحدتين بالطرق الموصوفة أعلاه.

ولتحقيق أهداف الدراسة أعد اختبار تحصيلي في وحدتي الهندسة التحليلية والدائرة. كما اعتمد على اختبار التفكير الرياضي الذي أعده أبو زينة والخطيب ويشتمل على المظاهر التالية:

الاستقراء، التعميم، التعبير بالرموز، الاستنتاج، التخمين، النمذجة.

أظهرت النتائج أن أداء الطالبات اللواتي درسن وفق استراتيجية الاستقصاء الموجه على اختبار التحصيل كان أفضل من أداء الطالبات اللواتي درسن وفق استراتيجية الاستقصاء الإثرائي، أو وفق الطريقة التقليدية (الاعتيادية). إلا أن أداء الطالبات اللواتي درسن وفق استراتيجية الاستقصاء الإثرائي في اختبار التفكير الرياضي كان أفضل من أداء الطالبات اللواتي درسن وفق استراتيجية الاستقصاء الموجه أو الطريقة التقليدية.

الموقف الثاني:

دراسة بعنوان

"أثـر التعليم بالمنحى الاستقصائي والعروض العملية في الاستدلال العلمي والتحصيل لدى طالبات الصف التاسع في مبحث الأحياء"

سهام صالح نصير

أطروحة دكتوراة – جامعة عمان العربية للدراسات العليا (2004)

هـدفت الدراسـة إلى تعـرف أثـر ثـلاث اسـتراتيجيات تدريسـية هـي المنحـنى الاستقصائي، والعروض العمليـة، والطريقـة الاعتياديـة في الاسـتدلال العلمـي، والتحصـيل؛ بمستوى العمليات العقلية العليا لطالبات الصف التاسع في مبحث الأحياء.

طبقت الدراسة على عينة مكونة من (87) طالبة من مدرسة المغيّر الثانوية الشاملة للبنات التابعة لمديرية تربية اربد الأولى.

وقد تم توزيع الطالبات في ثلاث شعب، درست إحداها بالمنحى الاستقصائي، ودرست الثانية المادة من خلال العروض العملية؛ أما الشعبة الثالثة فقد تم تدريسها بالطريقة الاعتيادية.

وقد نفذ المنحنى الاستقصائي وفق الخطوات التالية:

1- تحديد المشكلة وعرضها على الطالبات.

تحدد المعلمـة في هـذه الخطـوة مـا يتوقـع مـن الطالبـات أن يتعلمنـه مـن عمليـات الاستقصاء، الملاحظة، والتصنيف، ووضع الفرضيات، ... وثم مراعـاة أن تكـون المشـكلة مثيرة لاهتمام الطالبات وتتطلب البحث والتفسير، وقدمت المشكلة من خلال مناقشة صفية، أو أسئلة سابرة، أو من خلال استخدام السبورة.

2- توفير البيئة المناسبة والخلفية المعلوماتية للطالبات.

في هذه الخطوة توفر المعلمة المعلومات اللازمة المتعلقة بالموضوع من خلال المناقشة الصفية أو القراءة الفردية.

3- صياغة الفرضيات.

يتم في هذه الخطوة حث الطالبات على اقتراح الفرضية أو الفرضيات التي تمثل حلاً محتملاً للمشكلة.

4- جمع المعلومات والبيانات والتجريب لاختبار الفرضيات.

يتم في هذه الخطوة جمع المعلومات والبيانات من مصادرها، ثم التجريب من أجل التحقق من صدق الفرضيات، وإن لم تحقق هذه البيانات والمعلومات صدق الفرضية يتم اقتراح فرضية بديلة.

5- الاستنتاج والتعميم.

يتم مناقشة النتائج وتفسيرها ومن ثم التوصل إلى استنتاجات يمكن تعميمها وتطبيقها في حالات أخرى.

تم اختيار وحدة "البيئة والتكيف" من كتاب الأحياء للصف التاسع الأساسي وتم تدريسها في (16) حصة صفية خلال الفصل الأول من العام الدراسي 2004/2003.

وقد أعد اختباران لقياس أثر طرق التدريس وهما: اختبار تحصيل في الوحدة التعليمية واختبار الاستدلال العلمي (اختبار Lawson في الاستدلال العلمي) وتم التحقق من الصدق والثبات للاختبارين بالطرق المناسبة.

كان من أهم نتائج الدراسة ما يلي:

1- كان متوسط أداء الطالبات اللواتي درسن بالمنحنى الاستقصائي على اختبار الاستدلال العلمي أعلى من متوسطي أداء الطالبات اللواتي درسن بالطريقتين الأخريين.

2- كان أداء الطالبات اللواتي درسن بالمنحى الاستقصائي أو من خلال العروض العملية على اختبار التحصيل أفضل من أداء الطالبات اللواتي درسن وفق الطريقة الاعتيادية.

الموقف الثالث:

دراسة بعنوان:

"أثر استراتيجتي الاستقصاء الحر والاستقصاء الموجه في تنمية مهارات التعبير الشفوي لدى طالبات المرحلة الأساسية في الأردن"

ختام احمد درويش

أطروحة دكتوراة- جامعة عمان العربية للدراسات العليا(2007).

هدفت الدراسة إلى استقصاء أثر استراتيجيتين تدريسيتين هما: استراتيجية الاستقصاء الحر، واستراتيجية الاستقصاء الموجه في تنمية مهارات التعبير الشفوي لدى طالبات المرحلة الأساسية في الأردن.

طبقت الدراسة على عينة مكونة من (120) طالبة في الصف الثامن الأساسي في مدرسة إناث البقعة التابعة لوكالة الغوث الدولية. وقد وزعت الطالبات إلى ثلاث شعب. درست إحداها موضوعات في التعبير الشفوي مقررة في منهاج اللغة العربية باستراتيجية الاستقصاء الحر، ودرست الشعبة الثانية موضوعات التعبير باستراتيجية الاستقصاء الموجه؛ أما المجموعة الثالثة فقد درست الموضوعات بالطريقة الاعتيادية.

أما الموضوعات فكانت كما يلي: البطولة والتضحية، العدل، الحياة مدرسة، لصوص الانترنت، الانترنت، البعد والفراق بين الأهل، الوفاء بالعهد، حقوق الإنسان، بلادي، بعض المظاهر الإيجابية الاجتماعية في المجتمع الأردني.

جاءت خطوات استراتيجية التدريس **بالاستقصاء الحر** كما يلي:

1- الإحساس بالمشكلة: ويتم من خلال عرض المعلمة لموقف محير، يثير ذهن الطالبات، ويرتبط بموضوعات المحادثة.

2- تحديد المشكلة: تحدد الطالبات المشكلة بأنفسهن بشكل واضح من خلال التعبير الشفوي لصياغة المشكلة.

3- صياغة فرضيات من خلال مجموعة من الأسئلة يتم طرحها من قبل الطالبات على المعلمة، واستجابة المعلمة لأسئلة الطالبات بإجابات مقتضبة جداً، بنعم أو لا.

4- اختبار الطالبات لصحة الفرضيات، من خلال المشاركة الجماعية وبناء على ما تم جمعه من معلومات من المصادر المتاحة لهن، أو من خلال الزيارات الميدانية.

5- الاستنتاج أو التعميم ومثال ذلك: الوطن أغلى ما نملك ولا بد من التضحية من أجله.

6- دعوة الطالبات إلى شرح تفسيراتهن، والقواعد التي ارتكزن عليها (أي تقويم الاستقصاء).

أما خطوات استراتيجية التدريس **بالاستقصاء الموجه** فكانت على النحو التالي:

1- خطة البحث: تعد المعلمة خطة الاستقصاء وتشمل العنوان، والهدف العام، والإجراءات وغيرها.

2- الإحساس بالمشكلة، ويتم بعرض المعلمة للموقـف المحيّر يثير ذهـن الطالبـات ويتحدى تفكيرهن.

3- تحديد المشكلة: يـتم تحديد المشكلة بتوجيه ومسـاعدة مـن المعلمـة، وتصـاغ بشكل واضح من خلال التعبير الشفوي.

4- تكوين الفرضيات بتوجيه من المعلمة ومساعدتها.

5- اختبار صحة الفرضيات من خلال العمل الجماعي وبتوجيه المعلمة وإرشاداتها.

6- التوصل إلى الاستنتاج الصحيح بعد الاتفاق عليه.

7- توظيف ما توصـلت إليه الطالبـات مـن معلومـات وأفكار في مواقـف جديـدة للوصول إلى التعميمات المناسبة من مثل: الأم تغذي طفلها بنفسها.

8- الحديث شفوياً حول التعميمات أو الأفكار التي توصلت إليها الطالبات.

وقد أعدت الباحثة قائمة بمهارات التعبير الشفوي عـددها (40) مهارة موزعـة في (6) مجالات أو محاور هي: المضمون، المفردات، التراكيب والأنماط اللغوية، الأصوات، القواعد اللغوية، شخصية المتحدث.

جاءت النتائج لصالح استراتيجية الاستقصاء الموجه، تليها استراتيجية الاستقصاء الحـر، أما التدريس بالطريقة التقليدية فقـد حقـق أدنى الـدرجات علـى اختبار مهارات التعبير الشفوي.

الموقف الرابع:

دراسة بعنوان:

"أثر التدريس باستخدام نموذجي التدريب على الاستقصاء والمعرفة السابقة والمكتسبة في تحصيل طلبة المدرسة الأساسية في مبحث التربية الإسلامية"

أيمن عمرو

أطروحة دكتوراة- جامعة عمان العربية للدراسات العليا (2004).

هدفت الدراسة إلى معرفة أثر استخدام نموذجي التدريس: النموذج الأولي يستند إلى تدريب الطلبة على الاستقصاء باستخدام نموذج سوخمان، والنموذج الثاني يستند إلى نموذج KWL الذي يستخدم المعرفة السابقة والمكتسبة، وذلك في تحصيل طلبة الصف التاسع في مبحث التربية الإسلامية.

تكونت عينة الدراسة من (120) طالباً من الذكور، (122) طالبة اختيروا من مدرستين إحداهما للذكور والثانية للإناث من المدارس التابعة لوكالة الغوث الدولية في عمان. ووزع الذكور في ثلاث شعب: اثنتان تجريبيتان والثالثة مجموعة ضابطة؛ وكذلك وزعت الطالبات في ثلاث شعب كما في مجموعة الذكور.

واقتصرت المادة التعليمية المستخدمة على وحدة الفقه من كتاب التربية الإسلامية والمقرر تدريسه في العام الدراسي 2004/2003. وضمت الوحدة الدروس التالية: الذبائح والصيد، الأضحية، الوديعة والرهن، المزارعة والمساقاه، الشفعة، الوكالة، العقوبات في الإسلام.

ونموذج التدريب على الاستقصاء المستخدم في الدراسة هو نموذج تدريسي- طوره سوخمان (Suchman)؛ وقد سعى سوخمان في هذا النموذج إلى تغيير نمط التدريس الشائع بين المعلمين وتعليم الطلبة عمليات البحث في الظواهر وممارسة إجراءات شبيهة إلى حد ما بالإجراءات التي يمارسها العلماء في الحصول على المعرفة وتنظيمها وتوليد النظريات.

وقد سعى سوخمان في نموذجه إلى التركيز على دور المتعلم واستغلال طاقاته في الاستطلاع والاستقصاء والتساؤل لتوظيفها في استثارة التفكير لدى المتعلم، أما افتراضات نموذج التدريب على الاستقصاء فهي:

1- يتبنى النموذج مفهوم التعلم الذاتي.

2- يفترض النموذج أن الأطفال مدفوعون في معظم نشاطاتهم بحب الاستطلاع والرغبة في الاكتشاف.

3- يفترض النموذج إمكانية تطوير مهارات البحث والتساؤل عند الطلبة.

4- يفترض النموذج بأن المعرفة بجميع أنواعها ليست ثابتة، وإنما هي مؤقتة وعرضة للتطوير والتغيير والتعديل.

5- إن التعامل مع الظاهر الطبيعية ينطبق أيضاً على التعامل مع الظواهر الاجتماعية.

6- الاستقصاء بشكل جماعي وتعاوني يغني الطلبة، ويعلمهم تقدير وجهات نظر الآخرين.

وحتى يتم تنفيذ النموذج الاستقصائي بشكل فاعل يجب الاعتماد على مواقف أو مشكلات تستثير اهتمامات الطلبة وتدفعهم إلى التساؤل والبحث حول هذا الموقف وحل المشكلات. كما يعتمد هذا النموذج على طرح أسئلة من قبل الطلبة على المعلم بحيث تكون إجابة المعلم على السؤال: نعم، أو لا، أو لا أعرف. يتبع ذلك حوار ومناقشة. ويمر النموذج بالمراحل التالية:

1- عرض المشكلة أو الحدث أو الموقف ومواجهته.

2- جمع البيانات والمعلومات.

3- التجريب والاختبار والتحقق من المعلومات.

4- التفسير.

5- تعميق الاستقصاء والتقويم.

أما نموذج (KWL) فهو نموذج استقصائي يعتمد على التساؤل والحوار وفق الخطوات التالية:

1. **K** : Know ماذا أعرف؟

2. **W**: Want ماذا أريد أن أعرف؟

3. **L** : Learn ماذا تعلمت؟

وقد توصلت الدراسة إلى تفوق الطلبة الذين درسوا وفق نموذج سوخمان على الطلبة الذين درسوا وفق نموذج KWL أو وفق الطريقة التقليدية وذلك على اختبار التحصيل.

المراجــع

- أبو زينة، فريد (2003).

مناهج الرياضيات وتدريسها. الكويت : مكتبة الفلاح للنشر والتوزيع.

- أبو زينة، فريد؛ الوهر، محمود؛ حسن، محمد (2004).

المناهج وطرق التدريس العامة. الكويت: الجامعة العربية المفتوحة.

- أبو لبدة، عبد الله ؛ الخليلي، خليل؛ أبو زينة، فريد (1996).

المرشد في التدريس . دبي : دار القلم.

- أبو نبعة، عبدالله – مترجم (2003).

استراتيجبات التعليم. الكويت: مكتبة الفلاح للنشر والتوزيع.

ترجمة لكتاب Strategies of Teaching Orlich etal

- البلوشي، سليمان؛ امبو سعيدي، عبد الله (2009) .

مستوى قدرة التصـميم للتجريـب الاستقصائي لـدى الطلبـة المعلمـين في تخصص العلوم بجامعة السلطان قابوس في ضوء بعض المتغيرات.

المجلة الأردنية في العلوم التربوية، المجلد 5 ، العدد (4) ص ص 371-384.

- درويش ، ختام (2004).

اثر اسـتراتيجي الاستقصـاء الحـر والاستقصـاء الموجـه في تنميـة مهـارات التعبـير الشفوي لدى طالبات المرحلة الأساسية في الأردن .

أطروحة دكتوراه – جامعة عمان العربية للدراسات العليا.

- زيتون، كمال (2004).

تدريس العلوم للفهم: رؤية بنائية. القاهرة: عالم الكتب

- سعادة ، جودت (2003).

تدريس مهارات التفكير. عمان : دار الشروق للنشر والتوزيع.

- عبد ، إيمان رسمي (2004).

أثر استراتيجيتين تدريسيتين قائمتين على الاستقصاء في التحصيل في الرياضيات والتفكير الرياضي لدى طلبة الصف التاسع الأساسي.

أطروحة دكتوراة - جامعة عمان العربية للدراسات العليا.

- عمرو ، أيمن (2004) .

أثر التدريس باستخدام نموذجي التدريب على الاستقصاء والمعرفة السابقة والمكتسبة في تحصيل طلبة المدرسة الأساسية في مبحث التربية الإسلامية.

اطروحة دكتوراه – جامعة عمان العربية للدراسات العليا.

- المفتي، محمد أمين؛ سليمان ،ممدوح - مترجمان (1986).

طرق تدريس الرياضيات. قبرص: الدار العربية للنشر والتوزيع ترجمة كتاب Fredrick Bell.

- نصير ، سهام (2004).

أثر التعليم بالمنحنى الاستقصائي والعروض العملية في الاستدلال العلمي والتحصيل لدى طالبات الصف التاسع في مبحث الأحياء.

أطروحة دكتوراه – جامعة عمان العربية للدراسات العليا.

- Carroll, J.B. (1963)

  A Model for School Learning. Teachers, College Record, v 64, 723-733.

- Collins, Marie (2003).

  Engaging Students in Learning.

  Princeton (N.J.): Educational Testing Service (ETS)

- Despezio, M. etal (1996).

  Science Insights: Exploring Living Things Addison- Wesley Pub. Co.

- Orlich, D.; Harder, R; Challahan, R.; Gibson, H. (2001).

  Teaching Strategies. N.Y.: Houghton Mifflin Co.

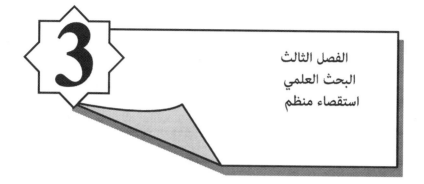

الفصل الثالث
البحث العلمي
استقصاء منظم

الفصل الثالث

البحث العلمي استقصاء منظم

الاستقصاء العلمي هو البحث عن المعرفة باستخدام منهجيات معتمـدة في جمـع البيانات وتحليلها وتفسيرها. أي أن الاستقصاء العلمي هـو مـنهج لتطـوير معرفـة صـادقة وموثوقة، يسير وفق خطوات متسلسة ومنضبطه تخضع لمعايير وشروط دقيقة ينبغي على الباحث توفيرها قبل قبول نتائج البحث أو اعتمادها .

ويعرف البحث العلمي بأنـه عمليـة منظمـة لجمـع وتحليـل البيانـات مـن أجـل تحقيق غرض ما، أو أنه عملية منظمة ودقيقة للوصول إلى إجابـات أو حلـول للمشـكلات. والبحث العلمي من هذا المنظور هو استقصاء منظم ومنضبط لأنـه يسـير وفـق خطـوات الاستقصاء التي أشرنا إليها في الفصل السابق. ويتميز البحث العلمي عن الاستقصاء بشكل عام بأن خطواته وأنشطته منظمة وهادفة ومنضبطة، ويقوم بها باحثون متمرسـون وذوي كفاءة عالية؛ إذ أنه يخضع للتدقيق والتحكيم وفق معايير متشددة حتى يمكن الوثوق من نتائجه والإفادة منها وتعميمها على مواقف أو مشكلات أخرى. والباحث يعمل على ضبط الخطوات والإجراءات لتجنب مصادر الخطأ وتأثيرها ؛ وإذا لم يتمكن من التخلص من هذه الأخطاء فإنه يأخذها بالاعتبار عن مناقشة النتائج أو التوصل إليها.

سوف نتناول في هذا الفصل خطوات البحث العلمي، مع التركيز على طرق جمـع البيانات، وتطوير أدوات البحث المناسبة لجمع البيانات، ونغلق هـذا الفصـل بالإشـارة إلى البحث الإجرائي والمرونة في إجرائه وتنفيذه ليكون أقرب إلى الاستقصاء بشكل عام .

1 : 3 البحث العلمي وتقدم المعرفة

تعددت أساليب الحصول على المعرفة وتطورت عبر القرون، واعتمد الإنسان مصادر وطرق مختلفة في سبيل ذلك، فاستطاع، وبدافع من احتياجاته المتطورة، أن يجمع رصيداً كبيراً من هذه المعرفة في شتى المجالات؛ وقد استند في جمع هذه المعرفة إلى عدد من الأساليب البدائية الى أن أصبحت إلى ما هي عليه في وقتنا الحالي، والأساليب هي :

1 - الصدفة أو عن طريق المحاولة والخطأ

وهذا يعني أن الفرد قد يصل إلى المعرفة إما عن طريق الصدفة أو المحاولة والخطأ من دون فهم أو تفسير في البداية.

2 - مرجعية السلطة أوالقدامى والعارفين أو التقاليد .

يلجأ الإنسان أحياناً إلى الحكماء أو العارفين ، أو التقاليد والأعراف السائدة أو رجال الدين أو غيرهم للوصول إلى المعرفة في مجال أو موقف ما.

3 - التجربة والخبرة الشخصية

التجربة والخبرة الشخصية مصدر معروف وشائع للوصول إلى المعرفة والإجابة عن عدد من التساؤلات التي تحتاج إلى إجابة. والخبرة تتصف بأنها ذاتية وتختلف من شخص لآخر. وقد تقوم الخبرة أو التجربة الشخصية على تفكير واع ومشاهدة منظمة فينتج عنها معرفة صحيحة ومفيدة، وقد يكتنفها الغموض والتشويش فينتج عنها انطباعات أو معرفة لا يمكن الوثوق بها أو اعتمادها.

4 - الاستدلال بالاستنتاج أو الاستنباط (Deduction)

يعد هذا الأسلوب حالة متقدمة من أساليب الحصول على المعرفة، وفيها يتم الانتقـال من مبادئ ومعرفة عامة إلى الحالة الخاصة أو النتائج التي تـنجم عنهـا، وقـد اعتمـد أقليدس الاسلوب الاستنتاجي في تنظيم علم الهندسة (هندسة أقليدس). ويعتمد هـذا الأسلوب على قواعد المنطق الشكلي المتفق عليها.

5 - الاستدلال الاستقرائي (Induction)

وهـو أسـلوب يعتمـد الملاحظـة والمشـاهدة الواعيـة للحـالات الخاصـة أو الجزئيـات، واستخلاص نمط معين للوصول إلى نتيجة عامة أو قاعدة أو تعميم ما. والمعرفة التي يتم التوصل إليها من خلال هذا الأسلوب تكون صحيحة عـلى افتـراض أن المقدمات (الحالات الخاصة) هي صحيحة أيضاً.

6 - البحث العلمي (Scientific Research)

البحث العلمي عملية منظمة لجمع وتحليل البيانات من أجل تحقيـق غـرض مـا، أو أنه عملية منظمة للوصول إلى إجابات أو حلول للأسئلة أو المشكلات التي تواجه الفرد أو مجموعة من الأفراد، ويتصدون لحلها.

وينظر إلى البحث على أنه استقصاء منظم للبحث عـن المعرفـة باسـتخدام منهجيـات معتمدة في جمع البيانات وتحليلها وتفسيرها، وهو منهج لتطوير معرفة صادقة وموثوقة، فالإجراءات فيها ليست نشاطات عشوائية أو ملاحظات عابرة، بل يتم التخطيط لهـا مـن أجل الحصول على بيانات صادقة وموثوقة عن المشكلة البحثية من خلال منهجية سليمة.

والبحث العلمي كالاستقصاء، منظم ويعتمد بشكل أساسي على الأسلوب الاستقصائي في جمع البيانات من خلال المشاهدات الواعية والدقيقة التي تمكنه من الوصول إلى تعميم، وتصبح التعميمات التي يتم التوصـل إليهـا بالاستقراء مقدمات في الاسـتدلال مـن خـلال الاستنتاجات المنطقية. وتجدر الإشارة إلى أن التعميمات الناتجة عن

الاستقراء قد تكون موقفية وغير مطلقة، لأنها تعتمد على عينة من المشاهدات، وليس جميعها.

أما أهداف البحث العلمي فتتمثل فيما يلي (الحمداني وآخرون، 2006، 34 - 35):

1 - الفهم والتفسير

أول أهداف البحث العلمي يكمن في فهم الظاهرة أو الموقف أو الفكرة، بحيث ينتج عن هذا الفهم تفسير لها، وما يترتب على هذا الفهم من قرارات أو إجراءات.

إن فهم ظاهرة المد والجزر التي تحدث علىشاطئ البحر، أو فهم رؤية البرق أولاً ثم سماع صوت الرعد، تجيب عن تساؤلات من مثل: لماذا يحدث ذلك ؟، ومتى سيحصل ثانية ؟، وماذا يترتب على ذلك ؟، وغيرها من التساؤلات.

وتستجيب مثل هذه التساؤلات لحب الاستطلاع لدى الفرد أحياناً، أو لمتابعة ما بدأه الشخص أو غيره من الأشخاص من استقصاء لفهم الظاهرة أو الموقف .

2 - التنبؤ

يلي فهم الظاهرة أو الموقف التنبؤ بما سيحصل في المستقبل. إن ظاهرة انكسار الضوء عند انتقاله من وسط مادي إلى آخر تجعلنا نتنبأ بأن العصا التي نغمر جزءاً منها في برميل مملوء بالماء سنراها مكسورة عند نقطة تلامسها مع سطح الماء في البرميل. كما أن فهم العلاقة بين معدل الطالب في امتحان الثانوية العامة وبين نجاحه وتفوقه في الدراسة الجامعية تجعلنا نقدم الإرشاد والنصح للطالب لمتابعة دراسته الجامعية والتخصص الذي سيتفوق فيه .

3 - السيطرة والتحكم

السيطرة أو الضبط في الظاهرة لتلافي حدوث أخطار أو آثار سلبية لها أو للحصول على منافع مادية هو أحد الأهداف النفعية للبحث العلمي. إن تجنب الخطر الناتج عن الرعد والبرق الشديدين تقودنا إلى وضع مانعات الصواعق على الأبنية

ليحدث فيها التفريغ الكهربائي؛ كما أن التنبؤ بحالة الطقس في الصباح الباكر، وقبل الذهاب للعمل أو المدرسة تجعلنا نأخذ الاحتياطات في اللباس والتنقل.

4 - تكوين بناء منظم للمعرفة

أحد الأهداف الأساسية للبحث العلمي تكوين بناء متماسك من المعرفة في المبحث Discipline أو المجال Field. فالبحث العلمي هو الذي أدى إلى بناء منظم من المعرفة في الفيزياء أو الكيمياء المعروفة حالياً؛ كما أن البحث العلمي في مباحث أخرى كالتاريخ أو علم النفس أو الاجتماع هو الذي أوصل المعرفة في هذه المباحث إلى مستواها الحالي. والبحث العلمي في مجالات الطب والهندسة وصناعة الأدوية وغيرها أوصلنا إلى التقدم العلمي الحاصل في عصرنا الحالي.

وتتنوع أصناف البحوث العلمية بحسب غرضها ومنهجيتها؛ فمنها البحث التجريبي والوصفي والارتباطي وغيرها. ويمكن القول أن مستوى الهدف الذي يتحقق عند اكتمال البحث يعتمد على غرض البحث وطبيعته والمنهجية المتبعة فيه، ويعتبر الوصف أساساً للوصول إلى تفسير نظري أو فهم، كما ويعتبر التفسير والفهم أساساً للتنبؤ والضبط (الكيلاني والشريفين، 2005، ص 24). فالبحث الوصفي والبحث النوعي والتاريخي يبقى في مستوى الوصف الدال على الفهم والتفسير؛ فدراسة الفروق بين الذكور والإناث في مسألة تأنيث التعليم مثلاً لا تتعدى فهم وتفسير هذه الفروق، وبحوث العلاقة أو الارتباط بين معدلات الطلبة في الثانوية العامة ومعدلاتهم التراكمية في الجامعة تنتقل إلى مستو الضبط والسيطرة. ومهما كان مستوى هدف البحث فأن هناك غاية أساسية تحققها هذه البحوث وهو بناء معرفة منظمة في مجال انتمائه أو تخصصه.

وننوه بهذا الصدد إلى نوع من البحوث، وهو ما يطلق عليه " **البحث الإجرائي** " وهو بحث ذو صبغة تقويمية أو تطبيقية، ويكون محدوداً في تنفيذه بالعادة على ممارسات أو برامج أو مؤسسات خاصة كالمدارس أو المعاهد بغرض استقصاء جوانب القصور فيها، وتطوير أساليب عمل ومقترحات أو توصيات من شأنها تحسين الأداء وزيادة فاعليته،

وبطبيعة الحال الإبقاء على جوانب القوة والممارسات الإيجابية أو التأكيد عليها(
الكيلاني والشريفين،2005، ص 25).

3 :2 مراحل البحث العلمي

تمر عملية البحث العلمي في عدة خطوات أو مراحل تبتدئ بخطوة اختيار
مشكلة البحث وتحديدها، وتنتهي بكتابة تقرير البحث. ولما كانت عملية البحث هي
عملية تفاعلية بين الباحث والموقف أو المواقف المتصلة بالبحث فأن المراحل التي يمر
فيها البحث ليست تتابعية أو متسلسلة بشكل محدد دائماً، خصوصاً في المراحل التي
تتوسط المرحلة الأولى والمراحل الأخيرة. وقد لجأ بعض التربويين لتسمية ما يزيد عن
اثنتي عشرة خطوة أو مرحلة يمر فيها البحث. إلا أن الكثيرين اقتصروها على خمس أو
ست مراحل فقط . والمراحل التي يمر بها البحث هي كما يلي :

أولاً : اختيار مشكلة البحث وتحديدها

يمكن النظر إلى مشكلة البحث على أنها :

– موقف غامض يحتاج إلى تفسير، ومثال ذلك:

عـزوف طلبـة أو خريجـي الجامعـة مـن الـذكور عـن الالتحـاق بمهنة التعليـم،
واتجاهاتهم السلبية نحوها.

– سؤال يحتاج إلى إجابة، ومثال ذلك:

كيف يتقبل الطلبة والمعلمون تدريس مباحث العلوم والرياضيات في المدارس، في
المرحلة المتوسطة، باللغة الإنجليزية ؟

‒ حاجة لم يتم تلبيتها أو إشباعها، وهل من عقبة أو عقبات أمام ذلك؟

فقد يقف المشرف أو المصمم لبرنامج تدريبي أو دورة تدريبية للمعلمين حائراً أمـام عـدم تحقيـق البرنامج أو الـدورة للأهـداف المنشـودة. أو لمـاذا لم تتحقـق أهـداف تدريس العلوم في المرحلة الثانوية بعد أن تم تطويرها وإعداد كتب مطورة؟

ويمكن الحصول على مشكلات بحثية من عدة مصادر منها :

1- الخبرة الشخصية ومحيط العمل للباحث.

2- الاطلاع على الأدبيات والأبحاث المنشورة من خلال قراءات الفرد ومطالعاته.

3- تكليف من جهة ما.

فقد تقوم جهة رسمية أو غير رسمية بتكليف باحث أو أكثر لمعالجة مشكلة معينة، أو ظاهرة تتطلب الدراسة وإيجاد الحلول المناسبة.

وعادة ما تصاغ المشكلة البحثية على شكل سؤال أو أكثر، إلا أن ذلك لا يمنـع مـن أن تصاغ المشكلة بصوره إخبارية أو تقريرية قبـل أن يـتم تحويلها إلى الصـيغة الاستفهامية، ومثال ذلك:

1- إلى أي مدى يسهم أسلوب استخدام التغذية الراجعة المرئيـة في تطوير المهـارات التعليمية للمتدربين في برامج إعداد المعلمين في الجامعات ؟

2- هل استخدام النموذج الاستقصائي في تعلم وتعليم الدراسـات الاجتماعيـة يعمـل على تنمية مهارات حل المشكلات لدى الطلبة في المرحلة الأساسية العليا بشكل أفضل من التعليم المباشر ؟

يتطلب تحديد المشكلة وصياغتها بشكل دقيق وواضح إبراز وتمييز متغيرات البحث، أو المتغيرات ذات العلاقة بالمشكلة وتحديد متغيرات البحث، بصورة إجرائية أمر أساسي لأنه يدل على وعي الباحث وقدرته على تفهم المشكلة وصياغتها بشكل دقيق، ومن ثم وضع الفرضيات (إن لزم الأمر) وإعداد خطة البحث.

ففي المثال الأول أعلاه ، هناك متغيران :

- المتغير الأول هو نمط تقديم التغذية الراجعة: تغذية راجعة مرئية، تغذية راجعة تقليدية.

- المتغير الثاني هو المهارات التعليمية للمتدربين على اختلافها .

وفي المثال الثاني أعلاه ، هناك متغيران :

- المتغير الأول هو نموذج التدريس: النموذج الاستقصائي ونموذج التعليم المباشر .

- المتغير الثاني هـو مهارات حـل المشكلات، ويمكن تحديدها مـن قبل الباحـث وقياسها.

بعد الانتهاء من صياغة مشكلة البحث وتحديد المتغيرات التي تنطوي عليها يقوم البعض بصياغة الفرضيات *.

والفرضية هي تطوير للعلاقة بين متغيرات البحث، وبعبارة أخرى هـي إجابة محتملة لسؤال البحث . والغرض من صياغة فرضيات للبحث هو وضع آليـة أو إجراءات لتحليـل النتائج واختبار الفرضية مما قد لا يتضح في الأسئلة البحثية.

وفيما يلي صياغة لفرضية البحث في المثال (1) ، والمثال (2) ، أعلاه .

---

* ليس من الضرورة أن تكون هناك فرضيات لكل بحث، فبعض البحوث استكشافية في طبيعتها لا تتطلب فرضيات بحثية، وكذلك البحوث النوعية والإجرائية.

فرضية البحث: مثال (1) .

يسهم أسلوب استخدام التغذية الراجعة المرئية بشكل أفضل من استخدام التغذية الراجعة التقليدية في تطوير المهارات التعليمية للمتدربين في برامج إعداد المعلمين في الجامعات.

فرضية البحث: مثال (2) .

يعمل النموذج الاستقصائي في تعلم وتعليم الدراسات الاجتماعية في تنمية مهارات الطلبة في المرحلة الأساسية العليا بشكل أفضل من نموذج التعليم المباشر.

ثانياً : إعداد أو تطوير أدوات البحث

معظم البحوث تحتاج إلى مواد وأدوات تستخدم خلال إجراءات تنفيذ البحث، فقد يحتاج الباحث إلى مواد تعليمية يتم تطويرها حسب الحاجة، أو إلى برامج تدريبية أو حاسوبية، أو أدوات تستخدم في المختبر، وغيرها. كما أن جميع البحوث تحتاج إلى أدوات أو وسائل لجمع البيانات مثل الاختبارات أو الاستبيانات من أفراد عينة البحث.

ففي استقصاء فاعلية طريقتين في تدريس الدراسات الاجتماعية هما: الاستقصاء الفردي، والاستقصاء التعاوني في التحصيل في الدراسات الاجتماعية، وفي القدرة على حل المشكلات وذلك بمقارنتها بالطريقة التقليدية، يمكن أن نميز الأدوات التالية:

1- المادة التعليمية (كما هو في الكتاب المقرر) لتدريسها وفق الطريقة التقليدية (أي دون إجراء أي تعديل أو تطوير عليها).

2- المادة التعليمية مطورة لتدريسها وفق طريقة الاستقصاء الفردي ووفق الاستقصاء التعاوني (إعداد خطط تدريسية للمعلم).

3- اختبار تحصيل في الدراسات الاجتماعية/ المادة التعليمية التي درست.

4- اختبار في القدرة على حل المشكلات.

وفي بحث " أثر برنامج تدريبي لاستراتيجيات حل المسألة الرياضية في تنمية القدرة على حل المسألة الرياضية وعلى التحصيل في الرياضيات لدى طلبة المرحلة المتوسطة"، كانت أدوات البحث:

1- البرنامج التدريبي لاستراتيجيات حل المسألة الرياضية الذي خضع له الطلاب .

2- اختبار تحصيلي في الرياضيات .

3- اختبار في القدرة على حل المسألة الرياضية .

إن اطلاع الباحث على الأدب النظري المتصل بمشكلة البحث، وكذلك مراجعته للدراسات السابقة المرتبطة بالبحث يساعده كثيراً في تطوير أدوات البحث. وقد يكتفي أحياناً باختيار اختبارات سابقة مناسبة للبحث.

وفيما يتعلق بالمواد التعليمية أو البرامج والبرمجيات وغيرها مما يحتاجه الباحث في تنفيذ بحثه، فإن عرضها على مجموعة من المختصين لبيان ملاءمتها للبحث هو أمر لا مفر منه، أما الأدوات التي تستخدم في جمع البيانات والمعلومات من عينة البحث فيجب توفير خصائص فيها سوف نتناولها لاحقاً في هذا الفصل .

ثالثاً : المعاينة وجمع البيانات

تتطلب معظم البحوث في مجال التربية وعلم النفس وعلم الاجتماع أفراداً أو اشخاصاً لجمع بيانات البحث. أما في العلوم الطبيعية والزراعية فتتطلب البحوث تصميم تجارب داخل المختبرات العلمية أو في الخارج لإجراء البحث والحصول على البيانات اللازمة.

والمعاينة Sampling تعني اختيار أفراد الدراسة، وتوزيعهم في مجموعات إذا تطلب البحث ذلك. وسنقدم في قسم لاحق من هذا الفصل طرق اختيار عينات البحث.

أما جمع البيانات فتتم من خلال وسائل وأدوات يمكن أن تصنف على الشكل التالي:

أ - وسائل جمع البيانات

1- الملاحظة أو المشاهدة المباشرة .

2- المقابلة وجهاً لوجه أو عبر وسيلة اتصال .

3- التجارب العلمية .

وقد تتطلب الملاحظـة أداة رصد لمـا يـتم مشـاهدته وتسـجيل ذلـك، ومثـال ذلـك تقريـر الإشراف التربوي على المعلمين.

كما قد تتطلب المقابلة دليلاً خاصاً للمقابلة يذكر فيه جميع بنود أو أسئلة المقابلة.

ب - أدوات جمع البيانات

1- الاستبيانات وقوائم التقدير الذاتي .

2- الاختبارات على اختلاف أنواعها .

3- مقاييس أخرى للأداء من خلال الملاحظة والمقابلة .

وسوف نقدم في جزء لاحق في هذا الفصل إيجازاً عن هـذه الوسـائل والأدوات والخصـائص التي يجب أن تتوفر فيها حتى تكون البيانات ذات مصداقية وثبات .

وتمر عملية جمع البيانات في عدة خطوات حسب التسلسل التالي :

1- التخطيط: من أجل وضع خطة سليمة ومحكمة لجمع البيانات لابد مـن تحليـل مشكلة البحث إلى عناصرها، وإعطاء تعريف إجرائي لمصطلحاتها من أجل وصـف وتحديد الأدوات التي يحتاجها الباحث ، وأفراد الدراسة ، والإجراءات التي ستسير فيها.

2- إعداد أو تطوير أدوات البحث كما سبق وأوردناها في مراحل البحـث، أو تصـميم التجربة أو التجارب لإجراء البحث (في البحوث العلمية).

3- اختيار أفراد الدراسة وتوزيعهم إلى مجموعات إذا تطلب البحث ذلك، أو تحديد عدد الوحدات المدروسة أو المشاهدة التي نقوم بها في تجربة ما (في البحوث الزراعية أو الطبية).

4- البدء بجمع البيانات باستخدام الوسائل والأدوات المعدة لذلك .

5- إغلاق جمع البيانات بعد اكتمالها وهي مرحلة إضافية لا يحتاجها الباحث إذا خطط لجمع البيانات بشكل جيد، ولم يواجه أية صعوبات أو عقبات، ولكن قد يصادف بعض الباحثين عدم تعاون من بعض أفراد العينة، أو عدم وصول عدد كاف من الاستبيانات أو غير ذلك؛ عليه في هذه الحالة الاستمرار في جمع بيانات إضافية.

رابعاً : تنظيم البيانات وتحليلها

بعد جمع البيانات يأتي عرضها وتنظيمها بطريقة تساعد على فهمها بشكل أولي واستخلاص بعض المؤشرات على طبيعة العلاقات المدروسة.

وفي البحث الكمي تستخدم الجداول التكرارية، والرسوم البيانية لتنظيم البيانات وعرضها بشكل يسهل على القارئ فهمها ومن ثم السير قدماً في تحليلها واستخلاص نتائجها.

ويمكن استخدام الرسوم البيانية لتمثيل البيانات بعد أن تكون قد نظمت في جداول تكرارية مناسبة. ومن الرسوم البيانية المستخدمة: القطاعات الدائرية للبيانات النوعية، والمدرجات أو المنحنيات التكرارية.

ويستخدم الإحصاء الوصفي (النزعة المركزية ، التشتت ، الأرتباط) للبيانات الكمية، كما يستخدم أيضاً الإحصاء الاستدلالي لاختبار فرضيات البحث .

أما البيانات التي جمعت بأساليب البحث النوعي (أي البيانات النوعية) فإن عرضها وتنظيمها يأتي بأنماط ثلاثة هي :

النمط القصصي الإخباري ، نمط دراسة الحالة ، النمط التحليلي.

كما أن تحليل البيانات النوعية يتخذ الشكل التالي :

بيانات ← موضوعات ← فئات ← أفكار عامة (مفاهيم) / أو أنماط

(أبو زينة وزملاؤه، 2005، ص ص: 233 – 238) .

خامساً : الاستنتاجات والتعميمات والتوصيات

ترتبط النتائج التي توصل إليها البحث بطبيعة البيانات، وما تمثله هـذه البيانات بشكل مباشر؛ فعندما نقول أن الوسط الحسـابي لنتائج الطلبـة عـلى اختبار التحصيل في العلوم هو 75% للمجموعة التي درست بالأسلوب الاستقصائي، و 68 % للمجموعة التي درست بالطريقة التقليدية، و أننا عند استخدام اختبار(t) لفحـص الفـرق بـين الوسطين الحسابين للمجموعتين، فأن ذلك هو النتيجة، أما عند قولنا أن تحصيل الطلبـة في العلوم الذي يدرسون بالأسلوب الاستقصائي يفوق تحصيل الطلبة الـذين يدرسـون وفـق الطريقـة التقليدية فإن ذلك هو استنتاج يخضـع للتفسـير مـن قبـل الباحـث. أي أن الخـروج مـن النتيجة المباشرة على اختبار التحصيل وتجاوزها لتطبيق النتيجة على التحصيل بشكل عـام فأن ذلك هو استنتاج.

ونتائج البحث بعد تفسيرها ومناقشتها تـؤدي إلى اسـتنتاجات ومـن ثـم الخـروج بتوصيات تتجاوز العينة إلى المجتمع الذي يمثل هذه العينة .

سادساً : كتابة تقرير البحث (النشر / إيصال نتائج البحث للآخرين)

إن نتائج البحث هي ذات قيمة قليلة إذا لم يتم إيصالها للآخرين للإفادة منها، أو إبداء الرأي فيها ونقدها، وهي ذات أهمية خاصة بالنسـبة لجميع الباحثين والعـاملين في الميدان ذي الصلة بمشكلة البحث.

ويقوم الباحث في تقريـر البحـث بتوضـيح المشـكلة وتحديـدها وبيـان أهميتهـا، والإجراءات المتبعة في تنفيذها وبالنتائج والاستنتاجات التي تم التوصل إليها. ولابد

للتقرير أن يكون واضحاً وموجزاً بنفس الوقت، ومكتوباً بأسلوب متفق عليه إذا ما أراد الباحث نشره في مجلة أو دورية متخصصة لنشر البحوث. وعادة ما تقوم المجلات والدوريات العلمية بوضع شروط خاصة لكتابة البحوث من أجل نشرها في هذه الدوريات، وقد تختلف الدوريات فيما بينها بالشروط الواجب اتباعها.

ولمزيد من الاطلاع يمكنك الرجوع إلى كتاب

Introduction to Research In Education: Ary, D.; Jacobs, L; Razavieh, A.

وهو كتاب مترجم بعنوان :

مقدمة للبحث في التربية

ترجمة سعد الحسيني : دار الكتاب الجامعي (العين: الإمارات العربية المتحدة)، 2004.

3 : 3 عينات البحث واختيارها

يمكن تصنيف عينات البحوث وفق أسلوب اختيارها إلى صنفين:

العينات الاحتمالية، والعينات اللاحتمالية.

والعينات الاحتمالية هي العينات التي يتم اختبارها بالطرق التي تتيح لكل فرد، من المجتمع الذي اختيرت منه، أن تكون له نفس فرصة الاختيار.

أما العينات اللاحتمالية فهي التي يتم اختيارها قصداً لتحقيق غرض الباحث في الحصول على بيانات ومعلومات ضرورية للإجابة عن أسئلة البحث. وفيما يلي إيجاز عن هذين النوعين من العينات وطرق اختيارها .

أولاً : العينات الاحتمالية

يمكن تصنيف العينات الاحتمالية إلى أربعة أنواع هي :

أ - العينة العشوائية البسيطة:

يتم اختيار العينة العشوائية البسيطة بطريقة تسمح بأن يكون لكل فرد من أفراد المجتمع نفس فرصة الاختيار، وبحيث لا يؤثر اختيار فرد ما من المجتمع على اختيار أو عدم اختيار فرد آخر. وطريقة أو أسلوب اختيار عينة عشوائية بسيطة هو أبسط وأسهل أساليب اختيار عينات عشوائية، ويتم اختيار عينة عشوائية بسيطة عندما يكون المجتمع الذي سيتم اختيار العينة منه متجانساً، وبعدد لا يتجاوز بضع مئات، كأن تكون العينة من مجتمع هو طلبة الصف السابع من الذكور في مدرسة واحدة أو أكثر بحيث لا يتجاوز عددهم مثلاً 500 أو 600 طالب. أما حجم العينة فيشكل نسبة غير محددة بحيث لا يقل عدد أفراد العينة مثلاً عن 30 أو 40 طالب .

أما إذا كان حجم المجتمع كبيراً يتعدى الألف، وكان غير متجانس بمعنى أن طلبة الصف السابع هم من الذكور والأناث مثلاً وزاد عددهم عن 1000 فأن العينة العشوائية البسيطة ليست مناسبة.

وتتلخص طريقة اختيار العينة العشوائية البسيطة في إعداد قائمة بعناصر أو أفراد المجتمع وإعطاء كل فرد أو عنصر رقماً، ثم استخدام أحد الطرق العشوائية كالسحب من صندوق أو الحاسوب بعد تحديد حجم العينة المناسب.

ب – العينة العشوائية الطبقية

إذا كان المجتمع كبيراً إلى حد ما، وأمكن تقسيمه إلى فئات أو طبقات ، أي أنه غير متجانس على خاصية أو صفة ما، كأن يتكون من معلمين ومعلمات، أو طلبة في الجامعات في تخصصات أو كليات مختلفة، أو معلمين، ومدراء مدارس، ومشرفين تربويين، فإنه يلجأ إلى اختيار عينة عشوائية طبقية. وبعد تقسيم المجتمع إلى طبقات يتم

اختيار عينات عشوائية من كل طبقة بنفس أسلوب اختيار العينة العشوائية البسيطة، مع ملاحظة أن تكون العينات الجزئية العشوائية تناسبية، تعكس النسبة بين طبقات المجتمع.

فلو تشكل المجتمع من طلبة الصف السابع من 1500 طالب منهم 900 طالب من الذكور و 600 طالبة من الإناث وأردنا اختيار عينة مؤلفة من 75 طالباً وطالبة (5 % من أفراد المجتمع)، فأن عدد أفراد عينة الذكور هي 45 طالباً وعدد أفراد عينة الإناث هي 30 طالبة يتم اختيارهم عشوائياً، وتكون العينة في هذه الحالة تناسبية أي تعكس نفس النسبة في المجتمع.

إن لجوء الباحث إلى اختيار عينات عشوائية طبقية يكون بهدف تحقيق أعلى درجة ممكنة من تمثيل العينة للمجتمع الذي اختيرت منه .

ج - العينة العشوائية العنقودية

إذا توزع أفراد المجتمع على مناطق واسعة وأمكن تمييزها، فإن طبقات المجتمع في هذه الحالة تشبه العناقيد، إذ يمثل العنقود أو الطبقة منطقة جغرافية معينة، فالمدارس قد تمثل عناقيد، والأحياء السكنية قد تمثل عناقيد. أي أن المجتمع يقسم إلى مناطق جغرافية، وليس إلى طبقات لها خصائص أو سمات تميزها عن بعضها البعض.

وبعد تقسيم المجتمع إلى عناقيد يتم اختيار عينات عشوائية بسيطة من كل عنقود، ويفضل أن تكون العينات هنا تناسبية.

ومن الواضح أنه في المجتمعات الكبيرة والتي تتوزع على مناطق جغرافية، واسعة فأن العينة المناسبة والممثلة التي يتم اختيارها هي العينة العشوائية الطبقية/ العنقودية، كأن يقسم المجتمع إلى ذكور وإناث. يتوزعون على مناطق تعليمية متعددة (مثلاً 4 مناطق تعليمية في مدينة عمان) .

د- العينة العشوائية المنتظمة

يتم اختيار عينة عشوائية منتظمة من مجتمع غير محدد تماماً، أي أنـه متحـرك؛ فالطلبة الذين يرتادون مقاهي الإنترنت أو المكتبة، أو السيارات التي تسير في طريق مـا في وقت محدد لا يمكن تحديدها سلفاً، وبالتالي لا يمكن اختيـار عينـة عشوائيـة بالمواصفـات السابقة. ويمكن تقدير حجم المجتمع وتحديد حجم العينة المختارة. فلو فرضنا أن عـدد الذين يرتادون مكتبة الجامعة من الطلبة في ساعات ما بعد الظهر مثلاً هـو 1800 طالـب، ورغبنا في اختيار عينة من 120 فرداً، فإننا نلجأ إلى قسـمة $\frac{1800}{120} = 15$، ونختار عشوائيـاً أحد الأرقام: 1، 2 ، 3 ، ..... ، 13، 14 ، 15. ولنفرض أن الرقم المختار هـو 8، فتكـون العينـة المنتظمة مكونة من الأفراد الذين ترتيبهم على التوالي 8 ، 23 ، 38 ، 53 ....

ثانياً : العينات اللااحتمالية

يلجأ الباحث إلى اختيار عينة غير عشوائية في الحالات التي يصعب فيهـا تحديد عناصر المجتمع، أو الوصول إليها، وكذلك في البحوث التي لا تتطلب عينات عشوائية، مـع العلم بأن البحوث المسحية مثلاً تتطلب عينات عشوائية يتم اختيارهـا بالطرق السـالفة الذكر. أما البحوث التجريبية أو البحوث النوعية أو البحوث الإجرائية فلا تتطلـب عينـات عشوائية. ومن أنواع العينات غير العشوائية (اللااحتمالية) العينات التالية:

أ - العينة المتاحة أو العرضية Available Sample

تعتمد بعض البحوث على عينات متاحة أو متيسرة يسـهل الوصـول إليهـا بحكـم الموقع أو إمكانية التجريب مع الباحث، أو التواجد في موقع إجـراء البحـث، كالمدرسـة أو المستشفى أو المكتبة. وكثيراً ما يجد الباحث نفسه مجبراً على التعامل مع العينات المتاحة. ويندرج تحت هذا النوع من العينات تلك العينات التي يختارها الباحث وتشكل المجتمع ككل نظراً لصغر تعداده وإمكانية الوصول إلى جمع عناصرها تقريباً.

ب - العينة الحصصية Quota Sample

العينة الحصصية هي عينة تناسبية يتم اختيارها من مجتمع يمكن تجزئته إلى طبقات أو عناقيد، ولكن لا يمكن استخدام الأسلوب العشوائي في اختيار أفراد العينة من كل طبقة أو عنقود. وعليه فأن درجة تمثيل العينة الحصصية لمجتمع الدراسة أقل من درجة تمثيل العينة العشوائية على اختلاف مستوياتها، وبناءً عليه يصعب تعميم نتائجها على المجتمع.

ج - العينة القصدية/ الهادفة Purposeful Sample

يتم اختيار أفراد العينة القصدية على أساس أن أفراداً معينين يتم اختيارهم يحققون أهداف البحث، فقد يكون هؤلاء الأفراد هم مجموعة من المختصين أو الخبراء ويمثلون رأي المجتمع الذي ينتمون إليه، وقد يكونون طلبة في صفوف معينة في عدد من المدارس التي تمثل أقرانهم في مدارس أخرى. وجميع البحوث التجريبية لا تتطلب أكثر من هذا النوع من العينات شريطة أن يكون حجم العينة مناسباً للبحث. وأخطر ما في هذا النوع من العينات هو تحيزها وابتعادها عن المجتمع الذي تمثله. يجب على الباحث في هذه الحالة بيان وتوضيح خصائص أفراد العينة أو الموقع الذي اختيرت منه العينة .

ثالثاً: العينات المقصودة في البحث النوعي

يمكن تمييز أربعة أنواع من العينات في البحث النوعي هي:

1- **العينة الشاملة (Comprehensive Sample)**

اللجوء إلى العينة الشاملة يتم في الحالات التي يكون فيها عدد الأفراد الذين يتصفون بالخصائص المدروسة صغيراً نسبياً، ويتواجدون في موقع واحد أو مواقع قريبة يسهل الوصول إليها. فالأطفال الموهوبون بالرسم أو الموسيقى في مدرسة ما، أو معلمو أو مشرفو مبحث ما في منطقة تعليمية يمكن اختيارهم جميعهم عينة البحث.

2- **عينة الفروق القصوى (Maximum Variation Sample)**

يتم اختيار عينـة الفـروق القصـوى مـن مجموعـة مـن الأفـراد غـير المتجانسـين في الخصائص بحيث يتم تمثيل الوحدات الفرعية لمجموعـة مـن الأفـراد في موقـع مـا. وتختلف عينة الفروق القصوى عن العينة الطبقية العشوائية في أن مجتمع الدراسة هنا يكون محدوداً بالمقارنة مع حجم المجتمع الـذي اختـيرت منـه عينـة عشوائية طبقية، إذ يمكن مثلاً تقسيم المعلمين في مدرسة ما إلى ثلاث فئـات حسـب سـنوات الخبرة لديهم أو مؤهلاتهم العلمية.

3- **العينة الشبكية (Network Sample):**

وتسمى أحياناً كرة الثلج، إذ يتم فيها اختيار الأفراد بناءً على توفر المعلومات لديهم للمشاركة في البحث، وذلك عن طريق اقتراح كل فرد تم اختياره لفرد أو مرشح آخر تنطبق عليه مواصفات الاختيار. وتستخدم العينة الشبكية في الدراسات التاريخيـة أو البحوث المبنية على المقابلات.

4- **عينة نمط الحالة (عينات الحالات الخاصة Case Type Sample):**

بعض الحالات الخاصة: الحالـة المتطرفـة، الفريـدة، الحرجـة، لا تتضمن إلا عـدداً محدوداً مـن الأفـراد، وبالتـالي فـإن اختيـار هـذا العـدد المحدود (وقـد يكـون فـرداً واحـداً فقط) هو المتبع في البحوث النوعية لدراسة هذه الحالات الخاصة.

3 : 4 أدوات البحث وخصائصها

أداة البحث هي وسيلة أو أسلوب لجمع البيانات بالملاحظة أو القياس. وفي البحوث النفسية والاجتماعية والتربوية تجمع بيانات عـن سـمات وخصائص سـلوكية ذات صـلة بالأفراد، وتصنف هذه الخصائص والصفات على أنها متغيرات، وعليه فإن

أداة البحث هي وسيلة لجمع بيانات عن متغيرات (خصائص أو صفات لأشخاص) (الكيلاني والشريفين، 2005، ص. 83).

والبيانات التي نجمعها في البحث يمكن أن تكون نوعية تقتصر على وصف وقائع أو أفعال أو خصائص، يمكن تصنيفها ضمن فئات أو أنماط، أو كمية تعبر عن تقدير سمة أو خاصية لدى الفرد كمياً (قيمة عددية).

أولاً: الأساليب النوعية في جمع البيانات:

جمع البيانات النوعية، أو بيانات البحث النوعي، يتم بثلاثة أساليب أو وسائل هي:

1- الملاحظة الميدانية:

وهـي ملاحظـة الظواهـر أو السـلوكات في مواقـف طبيعيـة عـلى امتـداد فـترة زمنيـة معقولة، وتشمل الملاحظات التفصيلية لوصف ما تم مشاهدته؛ وقد تستخدم وسائـل تسجيل كالكاميرات لتسجيل هذه الأحداث أو المشاهدة الميدانية للأشخاص.

وأسلوب الملاحظة في البحث النوعي يتطلب مشاركة الباحث في القيـام بالملاحظـة الميدانية الواقعية، ولا يتطلب أداة ملاحظـة مقننـة كـما هـو الحـال في جمـع بيانـات البحث الكمي.

2- المقابلة المعمقة:

تتطلب المقابلة المعمقة في البحث النوعي دليلاً عاماً لإجراء المقابلـة مـا بـين الباحـث والشخص الذي تجري مقابلته، وغالباً ما تكون وجهاً لوجه، ولا تتطلب مقابلـة مقننـة بأسئلتها، أو محددة بعدد الأسئلة التي توجه نفسها لجميع من تتم مقابلتهم.

3- الوثائق والسجلات

وهي سجلات لأحداث ماضية، وقد تكون مطبوعـة، أو مكتوبـة، أو شـواهد ماديـة أو عمرانية تمثل أحداثاً أو حضارة سابقة.

وتتطلب هذه المصادر من الباحث تحديد أماكنها وتطبيق أساليب نقدية صارمة لتتأكد من مصداقيتها، كما يتطلب تصنيفها إلى مصادر ثانوية وأصلية (لمزيد من الاطلاع ارجع إلى أبو زينه وآخرون، 2005).

ثانياً: الأساليب الكمية في جمع البيانات:

تصنف الأساليب الكمية في جمع البيانات في فئتين هما: الأساليب الاختبارية التي يتقرر في ضوئها ما يستطيع الفرد أن يقوم به في ظروف اختبارية، أي أن يقدم في الموقف الاختباري ما يستطيع أن يقوم به أي يعمل بأقصى ما يستطيع. ويشمل ذلك اختبارات التحصيل، واختبارات القدرات العقلية المختلفة. أما الفئة الثانية في جمع البيانات فهي المقاييس اللااختبارية، التي يتقرر في ضوئها ما يستطيع الفرد أن يقوم به في الظروف الاعتيادية، ودون أن يشعر بأنه في موقف اختباري. ويشمل ذلك أساليب التقدير الذاتي من خلال الاستبيانات أو المقابلات، أو ما يقوله الآخرون عن الفرد من خلال مقاييس أو سلالم التقدير؛ وما يلاحظ عن سلوك فعلي للفرد من خلال المشاهدة أو الملاحظة.

ويمكن حصر أدوات جمع البيانات الكمية في أربعة أدوات أو وسائل هي:

الملاحظة، المقابلة، الاستبيانات، الاختبارات، وفيما يلي تعريف مختصر لكل منها:

أ-   الملاحظة:

تعد الملاحظة واحدة من أقدم الوسائل أو الأساليب المستخدمة في دراسة الظواهر الطبيعية وسلوك الأفراد، وأكثرها شيوعاً، وحتى وقتنا الحالي. وهي الوسيلة الرئيسة في دراسات الاستقصاء، بل وتعتبر العملية الأساسية الأولى في عمليات الاستقصاء. وقد تطورت أساليب وأدوات الملاحظة من ملاحظة مباشرة تعتمد على حاستي البصر والسمع المباشرتين إلى الملاحظة غير المباشرة باستخدام أدوات كالكاميرات، والمناظير وأدوات مخبرية أخرى.

وتستخدم الملاحظة للمساعدة في وصف وفهم وتقييم سلوك الأفراد الذين تتم مشاهدتهم. فمثلاً يقوم المدير أو المشرف التربوي بمشاهدة المعلم في حصة صفية لتقديم تغذية راجعة له لتحسين أدائه أو إعطائه تقديراً ما؛ ويمكن للمعلم أن يشاهد نفسه بعد تسجيل مرئي لدرس قدمه للطلاب.

والملاحظة قد تكون مباشرة، وفيها يكون الملاحظ أو المشاهد جزءًا من الموقف الذي تتم فيه الملاحظة، ويعلم الذين تتم ملاحظتهم بوجوده، ودوره أو علاقته بالموقف وبالمشاهدين.

أما الملاحظة غير المباشرة فتقوم على ملاحظة السلوك بطريقة غير مباشرة، بمعنى أن الملاحظ لا يكون جزءاً من العملية أو الموقف، فهو يلاحظ السلوك ملاحظة خارجية، وربما باستخدام أدوات خاصة كالكاميرات أو الزجاج النافذ من جهة واحدة.

ولجمع بيانات كمية موثوقة من خلال الملاحظة لا بد من توفير نموذج خاص، أي نموذج تسجيل لكل البنود التي يهتم بها الملاحظ وإعطاء تقدير كمي لكل منها؛ علماً بأن الخصائص التي يجب توفيرها في هذا النموذج هي نفس الخصائص التي يجب أن تتوفر في أدوات القياس الأخرى.

ب- المقابلة:

المقابلة هي نوع من الحديث الهادف أو الحوار مع بعض الأشخاص الذين لديهم المعلومات، أو هم في مواقع معينة، أو هم مجال اهتمام الباحث، يحاول أن يجمع منهم البيانات عن أحداث أو سلوكات أو حقائق أو اتجاهات معينة، ويمكن أن تجري المقابلة وجهاً لوجه، أو من خلال الهاتف، أومن خلال الأقمار الصناعية.

ويتطلب استخدام أسلوب المقابلة قيام الشخص الذي يجري المقابلة إعداد دليل مكتوب للمقابلة يتناول فيه الأسئلة التي سيوجهها للشخص الذي تتم مقابلته وبترتيب معين (المقابلة المقننة). إلا أنه وفي كثير من الأحيان لا تأتي الأسئلة بنفس الترتيب الذي

وضعه المقابل، كما قد يحذف أسئلة مـن هـذا الـدليل، أو يضيف أسـئلة أخـرى حسـب مقتضيات الوضع. ومع أن ظروف المقابلة المقننة هي نفسها لجميع الأشخاص، إلا أن كثيراً من المواقف التي تتطلب جمع معلومات وبيانات من خلال المقابلة لا تتم وفق متطلبـات المقابلة المقننة.

ج- الاستبيان:

يعتبر الاستبيان أكثر أدوات البحث استخداماً، ويتميز عن غـيره مـن الأدوات بجمـع عدد أكبر من البيانات عن أفراد في وقت قصير مقارنة بالملاحظة الميدانية أو المقابلـة، كمـا أنه لا يتطلب الجهد والدقة في جمع البيانات الـذي تتطلبـه الاختبارات. وغالبـاً لا يسـترد الباحث جميع البيانات التي أرسلها، ولكن على أية حـال يجب أن يسـترد مـا لا يقل عـن 70% من الاستبيانات التي أرسلها وذلك من خلال جهود الباحث. والاستبيان وسيلة جيدة للتقدير الذاتيّ قبل المستجيب.

يشتمل الاستبيان على عدد كبير مـن الأسـئلة التـي يجيـب عنها الشـخص، وعنـدما يكون الاستبيان مقنناً فإن أسئلته تكون محددة من حيـث العـدد وطريقـة الاسـتجابة، إذ يختار المستجيب الإجابة من بين عدة بدائل تقدم له. وقد تكون الأسئلة مفتوحة بمعنى لا تلزم المستجيب باختيار إجابة محددة؛ وقد يشتمل الاستبيان على أسئلة من النوعين.

ويتطلب الاستبيان توفير الخصائص التي تتطلبها الاختبارات مـن حيـث الصدق والثبات، وأحياناً اتفاق المصححين على تقييم الإجابات خصوصاً في الأسئلة المفتوحة.

د- الاختبارات:

تعد الاختبارات مـن أكـثر أسـاليب جمـع البيانـات شـيوعاً في البحـوث التربويـة والنفسية، وتتعدد من حيث غرضها؛ فهناك اختبارات التحصيل التي تصمم لقيـاس نـواتج التعلم في المواد الدراسية المختلفة، وهناك اختبارات الذكاء أو القابلية العامة أو الاستعداد العام، وهناك اختبارات القابليات أو القدرات الخاصة أو اختبارات التصنيف أو القبول.

والاختبار هو أداة قياس يتم إعدادها وفق خطوات منظمة ودقيقة، وتتضمن عينة من المثيرات (أو الأسئلة) من بين عدد كبير جداً من الأسئلة التي يمكن وضعها لقياس الصفة الخاصة أو المحددة.

وأسئلة الاختبار قد تكون مقيدة الإجابة بحيث يختار المفحوص إجابته، أو مفتوح الإجابة بحيث ينشئ المفحوص إجابته. والاختبار هو الأداة المناسبة التي تقيس ما يستطيع الفرد القيام به إذا بذل أقصى حد ممكن لديه. والاختبارات قد تكون مقننة وذات خصائص ومعالم معروفة، وقد تكون من إعداد الباحث أو المعلم، إلا أنها جميعها يجب أن تتصف بخصائص عديدة سنورد أهمها لاحقاً.

خصائص أدوات القياس:

إن الهدف من استخدام أدوات القياس في الحصول على البيانات الضرورية في البحوث العلمية هو أن تكون هذه البيانات دقيقة وصادقة وتعكس بأقصى قدر ممكن من الدقة ما يمتلكه الشخص أو الشيء من الخاصية التي نقيسها. إن قياس الخصائص الفيزيائية للأشياء باستخدام المتر أو الميزان تعكس بشكل دقيق هذه الخصائص.

إن أي مقياس اختبار لا يتسم بالجودة إلا إذا توفرت فيه عدة خصائص أو شروط من أهمها خاصيتا الصدق والثبات Validity and Reliability.

وفيما يلي توضيح موجز لهاتين الخاصتين:

صدق المقياس (الاختبار):

يشير الصدق إلى المدى الذي تقيس فيه الأداة (الاختبار أو المقياس) ما يراد قياسه، أي إلى أية درجة تصلح هذه الأداة لقياس الغرض أو الوظيفة التي يقيسها؟ بحيث لا يقيس شيئاً آخر إلى جانبها أو غيرها. إن مفهوم صدق الاختبار يشير إلى أن الاختبار يقيس ما أردنا له أن يقيس، وليس شيئاً آخر أو إضافة إليه.

أي أن صدق الاختبار يمكن أن ينظر إليه على أنه الدقة في الاستنتاجات التي يمكن أن نصل إليها من الأرقام المستخلصة من عملية القياس.

ويمكن التحقـق مـن دلالات صدق الاختبار مـن خـلال واحد أو أكـثر مـن دلالات الصدق التالية:

1- صدق المحتوى   Content Validity

2- صدق المحك   Criterion Validity

3- صدق البنـاء   Construct Validity

وصدق المحتوى تتطلبه اختبارات التحصيل بشكل خـاص، وهـو ذو صلة وثيقـة بإعداد جدول مواصفات الاختبار، ووضع فقرات أو أسئلة تناظر جدول المواصفات. ويتم التحقق من صدق المحتوى بعرضه على مجموعة مـن المحكمـين، ولـذا يشار إليه أحيانـاً بصدق المحكمين.

وهناك صدق المحك للاختبار :

ويمكن أن نميز بين نوعين من **صدق المحك؛** أولهـما الصـدق التنبؤي، وهـو الصـدق الذي يستخدم فيـه الاختبار للتنبـؤ بسـلوك الفـرد عـلى مقيـاس آخـر هـو المحـك؛ فمـثلاً تستخدم اختبارات الثانوية العامة للقبول في الجامعات على افتراض أنها صادقة في التنبـؤ بنجاح الطالب في الدراسة الجامعية وفي التخصص الذي قبل فيه الطالب. أما النـوع الثـاني من الصدق فهو الصدق التلازمي. وفيه يقاس صدق الاختبار بدلالة محك هو اختبار آخـر تم التحقق من صدقه سابقاً.

أما **صدق البناء**، وأحياناً يشار إليه بصدق المفهوم (الكيلاني والشريفين، 2005) فهـو الصدق الذي ننشده في الأدوات المخصصة لقياس سـمات خاصـة كالقـدرات العقليـة، أو جوانب في الشخصية مثل القلق أو الاتجاهات نحو الأشياء أو الأشخاص.

وصدق البناء للاختبار أو المقياس هنا يشير إلى أية درجة يظهر الاختبار أو يكشف عن وجود هذه السمة في الشخص. ويتم التحقق من صدق البناء أو المفهوم بطرق تجريبية تستخدم تحليلات إحصائية متقدمة.

ثبات المقياس (الاختبار):

يشير الثبات إلى درجة الاستقرار أو الاتساق في قياس السمة أو الخاصية موضوع القياس مع مرور الزمن وذلك من خلال الدرجات المتحققة من الأداة. فالاختبار الذي تكون الدرجات عليه مستقرة ومستمرة (كما في العلوم الطبيعية) أو متسقة تضع الفرد في نفس الفئة من التصنيف (كما في العلوم الإنسانية والاجتماعية) في مرات القياس المختلفة هو الاختبار الذي يتمتع بدرجة ثبات عالية (البطش و أبو زينه، 2007، ص 134).

ويمكن الحصول على معامل الثبات للاختبار بطرق مختلفة لكل منها معنى. وفيما يلي أكثر هذه الطرق شيوعاً واستخداماً.

1- **الثبات بالإعادة (Test Retest Reliability):**

وهو الثبات الذي يشير إلى درجة اتساق القياسات أو الدرجات المتحققة على أداة القياس من مرة لأخرى عند إعادة التطبيق، ويقاس معامل الثبات من خلال معامل الارتباط بين درجات الأفراد في مرتي التطبيق، ويلجأ إليه الباحثون في اختبارات الاستعدادات والشخصية والاتجاهات.

2- **الثبات بطريقة التجزئة النصفية (Split Half Reliability):**

يعبر الثبات النصفي لأداة القياس عن الاتساق الداخلي للاختبار من خلال الارتباط بين الدرجات المتحققة على نصف الاختبار الأول (في العادة الفقرات الفردية) وبين الدرجات المتحققة للأفراد على النصف الثاني للاختبار (الفقرات الزوجية). وتعتبر هذه الطريقة بديلاً عن طريقة الثبات بالإعادة في معظم الحالات.

3- **ثبات التجانس (Homogeneity Reliability):**

وهو الثبات الناتج عن الاتساق بين فقرات الاختبـار وفيما إذا كانـت جميـع هـذه الفقـرات ترتبط بالخاصية أو الصفة التي تقيسـها الأداة أو الاختبـار. أي أن الاتسـاق هنا ليس بين نصفي الاختبار كما في الطريقة السابقة، بل بين جميع فقرات أو أسئلة الاختبار. فإذا كان الاختبار مصمماً لقياس صفة أو خاصية واحدة فإن ثباته يجب أن يكون مرتفعاً.

ولقياس ثبات التجانس يستخدم إما معادلة $KR(20)$ أو كرونباخ (α).

ويشير البعض إلى ثبات المصححين أو المقدرين، وإلى ثبات الصـور المتكافئـة. ويمكـن الرجوع إلى مصادر عدة للاستزادة عن هذه الخصائص منها:

رجاء أبو علّام (2005).

تقويم التعلم. عمان: دار المسيرة للنشر والتوزيع والطباعة.

3 : 5   البحث الإجرائي

تصنف البحوث حسب أغراضها إلى ثلاثة أصناف (McMillan & Schumacher, 2001) :

1- **البحث الأساسي:**

الغرض الرئيسي من البحث الأساسي هو التوصل إلى نظرية أو تعمـيم أو علاقـة بـين ظاهرتين أو أكثر أو اختبارها.

وهذا النوع من البحوث لم يصمم أصلاً لحل المشكلات، بل الغرض منه توليد معرفة قد لا تستخدم أو تطبق في المدى القريب.

2- **البحث التطبيقي:**

في البحث التطبيقي تختبر النظريات أو التعميمات في مجال معين، أو يتم فيه استقصاء تطبيقات واستخدامات المعرفة النظرية التي تم التوصل إليها في البحث الأساسي في ميادين مهنية كالتربية أو الطب أو الهندسة وغيرها. إن إنتاج معرفة بغرض تطبيقها والتوصل إلى المشكلات في الميادين المهنية هو الوظيفة الرئيسية للبحث التطبيقي.

3- **البحث التقويمي:**

يركز البحث التقويمي على ممارسة معينة في موقع ما، ويعمل البحث التقويمي على تقدير ميزة وقيمة ممارسة في موقع ما ومن ثم تطويرها وتحسينها إذا تطلب الموقف ذلك.

أما **البحث الإجرائي** فهو ذلك النوع من البحوث الذي يتم في موقع واحد أو أكثر لدراسة مشكلة أو قضية تخص ذلك الموقع بالذات. وموضوع البحث هو الممارسة في موقع أو مواقع محددة بهدف تطوير هذه الممارسة، والمساعدة في صنع أو اتخاذ القرار المتعلق بهذا النشاط أو الممارسة في هذا الموقع. لذا فإن الغرض من البحث الإجرائي يتفق مع الغرض من البحث التقويمي، لذا يمكن اعتبار البحث الإجرائي شكلاً من أشكال البحث التقويمي. ومن الأمثلة عليه:

- الوقوف على الأسباب التي أدت إلى تدني فاعلية مجلس الآباء والمعلمين في مدرسة ما، والبحث عن الوسائل التي من شأنها أن ترفع من مستوى تلك الفاعلية واتخاذ الإجراءات الكفيلة بذلك.

- التعرف إلى العوامل التي تؤدي إلى تسرب الطالبات الملحوظ من المدرسة في منطقة تعليمية، ومحاولة إيجاد وسائل للتخفيف من هذه الظاهرة.

− التعرف إلى المعيقات التي تقف في وجه تطور النشاط اللامنهجي في مدرسة ما وإيجاد الحلول المناسبة للنهوض بهذا النوع من النشاط وإيصاله إلى المستوى المنشود.

ومن ميزات البحث الإجرائي أنه يعالج قضايا محددة في مواقع معينة، ولا يهدف إلى تعميم النتائج وإنما إيجاد الحلول المناسبة للقضايا أو المشكلات في موقع محدد. ومن ميزاته أيضاً أن العاملين على البحث يكونون من بين الأفراد الموجودين في الموقع. ويكونون ذوي دراية جيدة بظروف الموقع وبظروف العاملين فيه، الأمر الذي يساعدهم كثيراً في الوصول إلى أعماق المشكلات القائمة وإيجاد الحلول المناسبة لها.

ويمكن النظر إلى البحث التقويمي بشكل عام، والبحث الإجرائي بشكل خاص من منظورين متباينين. فهو إما أن يكون بحثاً علمياً تتضح فيه إجراءات وخصائص البحث العلمي كاستقصاء منظم ومنضبط من حيث الجوهر والشكل وقابليته للنشر ـ في مجلة علمية محكمة، ويقوم به باحثون خبراء، أو بحث يسير وفق إجراءات أو منهجية علمية سليمة، أي استقصاء منظم، ينفذه المشاركون في الممارسة أو النشاط بالموقع، وربما يساعدهم خبراء آخرون، ولكنها لا تتطلب الشكلية والإجراءات الصارمة التي تتطلبها البحوث العلمية التي يتم نشرها وتعمم نتائجها (أبو زينه، 2005، ص 332).

وتتضح الفروق بين البحث الإجرائي والبحث العلمي الرسمي في النقاط التالية:

● **غرض البحث وأهدافه:**

البحث الإجرائي يهدف إلى تطوير ممارسة أو نشاط في موقع محدد، ولا يهدف إلى تعميم النتائج أو توسيعها أو إلى الوصول إلى علاقة أو نظرية ما كما هو الحال في البحث العلمي الرسمي. وعليه فإن تحديد المشكلة في البحث الإجرائي لا يتطلب كل ذلك التحديد والصياغة والتعريفات الإجرائية التي تتطلبها البحوث العلمية.

● **الأدب المتصل بالمشكلة:**

تتطلب البحوث الرسمية مراجعة واسعة ومتعمقة لأدب المشكلة البحثية بشقيه النظري والتطبيقي، في حين لا يتطلب البحث الإجرائي هذا التوسع أو العمق.

● **التصميم والمنهجية:**

يتطلب البحث العلمي الرسمي أحد التصاميم المعروفة والمتفق عليها، بما في ذلك اختيار أفراد الدراسة، وأدوات البحث التي ستستخدم في جمع البيانات، وضرورة توفر الخصائص الأساسية في هذه الأدوات، أما البحث الإجرائي فلا يتطلب كل هذا الانضباط والصرامة.

● **تحليل النتائج:**

يهتم البحث الإجرائي بالنتائج المباشرة والتي قد لا تتطلب استخدام الإحصاء الاستدلالي (أي اختبار الفرضيات) لأن المهم هو تفسير النتائج في ضوء الممارسة المحدودة في الموقع.

● **إيصال النتائج (تقرير البحث):**

ما يهم في البحث الإجرائي أن تكون نتائجه، من خلال التقرير الذي يعد، هو التوصيات التي تنبثق عن البحث، وأن يكون التقرير مكتوباً بشكل واضح لدى المسؤولين أو المعنيين بالموقع لاتخاذ القرار والخطوات المناسبة.

ويمكن النظر إلى خطوات أو مراحل البحث العلمي التي أوردناها سابقاً بعد تعديلها، هي خطوات البحث الإجرائي، وهي كما يلي:

1- تعريف المشكلة وتحديدها.

2- إعداد أو تطوير أدوات البحث.

3- جمع البيانات وتنظيمها.

4- تحليل البيانات وتفسيرها.

5- كتابة تقرير البحث والتوصيات.

3 : 6 دراسات وبحوث في الاستقصاء

الموقف الأول:

دراسة بعنوان:

"تطور عمليات الاستقصاء العلمي وعلاقتها بمستوى التعليم الصفي ونمط التعلم والتحصيل العلمي لدى طلاب المرحلة الأساسية"

رافع مساعده

أطروحة دكتوراة- جامعة عمان العربية للدراسات العليا (2003).

هدفت الدراسة إلى استقصاء تطور عمليات الاستقصاء العلمي لدى طلاب مرحلة التعليم الأساسي في الصفوف: السادس، الثامن، العاشر، وعلاقتها بمستوى التعليم الصفي. ونمط التعلم، والتحصيل العلمي. وبشكل محدد كانت هناك أربعة أسئلة أجابت عنها الدراسة.

تكونت عينة الدراسة من (1505) طالباً على النحو التالي:

الصف السادس:	(507) طالباً
الصف الثامن :	(552) طالباً
الصف العاشر :	(446) طالباً

تم اختيار الطلبة من المدارس الحكومية التابعة لمديرية تربية اربد الأولى في العام الدراسي 2003/2002، وقد أعد الباحث اختباراً في عمليات الاستقصاء العلمي؛ كما تم تحديد أنماط التعلم باستخدام اختبار أعد في بيئة أجنبية وتمت ترجمته إلى اللغة العربية: وقد تحقق الباحث من توفر الصدق والثبات لهذين الاختبارين وكانت النتائج مقبولة لأغراض البحث العلمي.

اشتملت عمليات الاستقصاء العلمي على:

الملاحظة، التصنيف، التنبؤ، القياس ، استخدام الأرقام، الاستنتاج، ضبط المتغيرات، التعريفات الإجرائية، صياغة الفرضيات، تفسير البيانات (10 عمليات أساسية).

وتألف اختبار عمليات الاستقصاء من (30) فقرة من نوع الاختبار من متعدد بحيث غطى عمليات الاستقصاء العلمي السابقة.

وكان أداء الطلبة على الاختبار (ممثلاً بالأوساط الحسابية) كما يلي:

الصف السادس:	(14.52)
الصف الثامن:	(15.97)
الصف العاشر:	(18.06)

علماً بأن العلامة القصوى على الاختبار هي (30).

وبعد إجراء التحليلات الإحصائية المناسبة تبين أن هناك تطوراً تدريجياً ومتصاعداً في عمليات الاستقصاء العلمي عبر الصفوف من السادس وحتى العاشر.

وصنف الطلبة لتحديد نمط التعلم لديهم كما يلي:

النشط ، المتأمل ، النفعي ، النظري .

وكان التفوق في الأداء على اختبار عمليات الاستقصاء العلمي لصالح الطلبة ذوي النمط النظري يليهم الطلبة ذووا النمط المتأمل.

كما وجد أثر للتفاعل الثنائي بين مسـتوى التعلـيم الصـفي ومسـتوى التحصيل العلمـي في اكتسـاب الطلاب في المرحلة الأساسية لعمليـات الاستقصاء العلمـي، في حـين لم يكن هنـاك تفاعل بين مستوى التعليم الصفي، ونمط التعلم، أو نمط التعلم ومستوى التحصيل العلمي وذلك على اختبار عمليات الاستقصاء العلمي.

الموقف الثاني:

دراسة بعنوان:

"اثر استراتيجيتي الاستقصاء الفردي والاستقصاء التعاوني في اكتساب مهارات الاتصال والتحصيل في الرياضيات لدى طالبات المرحلة الأساسية المتوسطة في الأردن"

امال كمال البعجاوي

أطروحة دكتوراة- جامعة عمان العربية للدراسات العليا (2006).

يعتبر الاستقصاء من الطرق التدريسية التي تعمل على تكوين بيئة صـفية تشجع الطلبـة علـى التعبـير اللفظـي والمشـاركة والحـوار والتواصل، وتعمـل علـى تعزيـز الفهـم وتعميقه. وتمثلت مشكلة الدراسة في الاجابة عن السؤالين التاليين:

1- هـل توجـد فـروق جوهريـة في التحصـيل بـين طالبـات الصـف السـادس تعـزي لاستراتيجية التدريس المستخدمة (الاستقصاء التعاوني، الاستقصاء الفردي، الطريقـة الاعتيادية)؟

2- هل توجد فروق جوهرية في اكتساب مهارات الاتصال الرياضي بين طالبات الصـف السادس الأساسي تعزى لاستراتيجية التدريس المستخدمة (الاستقصـاء التعـاوني، الاستقصـاء الفردي، الطريقة الاعتيادية)؟

والاستقصاء الفردي استراتيجية تدريسية تتضمن مجموعة من المهام توظف في الموقف التعليمي التعلمي، وتتضمن إعادة صياغة الموقف التعليمي على شكل أنشطة استقصائية بحيث يتكون كل نشاط من مجموعة من الأنشطة التعلمية الرئيسية التي يتخللها مجموعة من المهام الفرعية، حيث يقوم الطالب منفرداً بفحصها وتقصيها واستنتاج الأفكار وتنظيمها ثم التحقق من صحتها وتطبيقها في المواقف الحياتية وغير الحياتية.

أما في الاستقصاء التعاوني فيقوم الطلبة على شكل مجموعات غير متجانسة بالمهام والأنشطة التي يقوم بها الطالب منفرداً في الاستقصاء الفردي.

تكونت عينة الدراسة من (99) طالبة في مدرسة أم أيمن الثانوية الشاملة للبنات في مأدبا وزعّن في (3) مجموعات متكافئة شكلت مجموعات الدراسة الثلاث. أما الأدوات فكانت اختباراً تحصلياً في الرياضيات تناول المادة الدراسية في الموضوعات التالية: الكسور العادية، الأشكال الهندسية، القياس، المساحة. أما الأداة الثانية فكانت بطاقة مقابلة خاصة بمهارات الاتصال الرياضي، وشملت: مهارة التعبير اللفظي، مهارة التعبير الكتابي، القراءة والاستيعاب، مهارة التمثيل في الرياضيات.

استغرق مدة تطبيق الدراسة (13) أسبوعاً بواقع (5) حصص اسبوعياً. بينت نتائج الدراسة أن تحصيل طالبات المجموعتين التجريبيتين (الاستقصاء الفردي، والاستقصاء التعاوني) أعلى من تحصيل طالبات المجموعة التي درست بالطريقة الاعتيادية. كما أظهرت النتائج أن أداء المجموعتين التجريبيتين على بطاقة الملاحظة كان أفضل من نتائج المجموعة الضابطة . وأشارت النتائج أيضاً أن استراتيجية الاستقصاء التعاوني ساعدت على اكتساب مهارات الاتصال بشكل أفضل من استراتيجية الاستقصاء الفردي.

الموقف الثالث:

دراسة بعنوان:

"اثر التدريس باستخدام التعلم الفردي والتعلم التعاوني القائمين على استراتيجية الخرائط المفاهيمية في التعبير الكتابي واتجاهات طالبات المرحلة الأساسية في الأردن نحوه"

يوسف عبد الله الحباشنه

أطروحة دكتوراة- جامعة عمان العربية للدراسات العليا (2006).

تحددت مشكلة الدراسة في استقصاء فاعلية التـدريس باسـتخدام الـتعلم الفـردي، والتعلم التعاوني القائمين على استراتيجية الخرائط المفاهيمية في التعبير الكتابي واتجاهـات طالبات المرحلة الأساسية في الأردن نحو التعبير الكتابي.

والخرائط المفاهيميـة هـي اسـتراتيجية تدريسية تقـوم عـلى عـرض مجموعـة مـن المفاهيم المنتمية لموضوع معين ضمن تركيب هرمي لتلك المفاهيم بحيـث يأتي المفهوم الرئيسيّ في أعـلى الرسـم التخطيطي، ويـربط بـين تلك المفـاهيم جمل وعبـارات توضـح العلاقات بينها. وفي نطاق الـتعلم التعـاوني ثم تقسـيم الطالبـات إلى مجموعـات تعاونيـة تتكون كل مجموعة من (4) طالبات من مستويات تحصيلية مختلفة توكل اليهم مهمات من قبل المعلمة لاعداد الخرائط المفاهيمية المرتبطة بموضوعات التعبير، في حين أن التعلم الفردي تقوم به كل طالبة لوحدها في انجاز المهمات المطلوبة.

تكونت عينة الدراسة من (77) طالبة من طالبات الصف العاشر تم اختيـارهن مـن مدرسة بنات المزار الثانوية التابعة لمديرية لواء المزار الجنوبي. وقد وزعت الطالبات في (3) شعب درست كل واحدة منها باحدى الطرق الثلاثة:

تعلم فردي، تعلم تعاوني ، الطريقة الاعتيادية

اعتمدت الدراسة على اختبار التعبير الكتابي الذي اعده الباحث، يتناول كتابة مقالة وصفية حول واحد من الموضوعين التاليين:

- عين سارة: عطاء وبقاء
- ما أجمل بزوغ الشمس على هضاب مؤاب

كما اعد الباحث مقياساً للاتجاهات نحو التعبير الكتابي تكون من 33 فقرة من نوع مقياس ليكرت الخماسي.

أظهرت النتائج تفوق المجموعتين التجريبيتين : الفردي والتعاوني على المجموعة الضابطة التي درست بالطريقة الاعتيادية في التعبير الكتابي، ولم يظهر تفوق أي من هاتين المجموعتين على الأخرى في التعبير الكتابي.

كما أظهرت النتائج أيضاً تفوق المجموعتين التجريبيتين على المجموعة الضابطة في الاتجاهات نحو التعبير الكتابي، ولم يظهر تفوق أي منهما على الأخرى.

المراجـــع

- أبو علام، رجاء محمود (2005).

  تقويم التعلم. عمان: دار المسيرة للنشر والتوزيع.

- أبو زينة، فريد؛ وآخرون (2005).

  طرق البحث النوعي. جامعة عمان العربية للدراسات العليا.

  عمان: دار المسيرة.

- بعجاوي، آمال (2007).

  أثـر اسـتراتيجتي الاستقصـاء الفـردي والاستقصـاء التعـاوني في اكتسـاب مهـارات الاتصـال والتحصـيل في الرياضـيات لـدى طالبـات المرحلـة المتوسطة.

  اطروحة دكتوراه ، جامعة عمان العربية للدراسات العليا.

- البطش، محمد؛ أبو زينه، فريد (2007).

  تصميم البحث والتحليل الإحصائي، جامعة عمان العربية للدراسات العليا.

  عمان: دار المسيرة.

- الحباشنه، يوسف (2006).

  أثر التدريس باستخدام التعلم الفردي والـتعلم التعـاوني القـائمين عـلى اسـتراتيجية الخرائط المفاهيمية في التعبير الكتابي واتجاهات طلبة المرحلة الأساسية في الأردن نحوه.

  اطروحة دكتوراه، جامعة عمان العربية للدراسات العليا.

- الحمداني، موفق؛ الجادري، عدنان وآخرون (2006).

أساسيات البحث العلمي. جامعة عمان العربية للدراسات العليا.

عمان: مؤسسة الوراق للنشر والتوزيع.

- الشايب، عبد الحافظ (2009).

أسس البحث التربوي. عمان: دار وائل للنشر والتوزيع.

- الكيلاني، عبد الله زيد؛ الشريفين، نضال (2005).

مدخل إلى البحث في العلوم الاجتماعية والتربوية.

عمان: دار المسيرة للنشر والتوزيع.

- مساعدة، رافع (2003).

تطور عمليات الاستقصاء العلمي وعلاقتها بمستوى التعليم الصفي ونمط التعلم والتحصيل العلمي لدى طلاب المرحلة الأساسية.

أطروحة دكتوراه- جامعة عمان العربية للدراسات العليا.

- Ary, D.; Jacobs, L.; Razavieh, A. (5th ed.).

Introduction to Research in Education.

مترجم : سعد الحسني

مقدمة للبحث في التربية (2004).

العين – الإمارات العربية المتحدة: دار الكتاب الجامعي.

- McMillan, J.; Schumacher, S. (2001).

  Research in Education.

  N.Y., London: Longman.

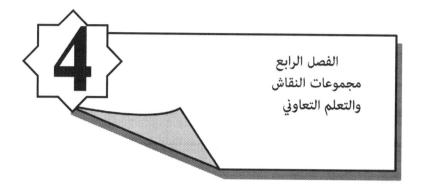

الفصل الرابع
مجموعات النقاش والتعلم التعاوني

4 : 2 مجموعات النقاش

4 : 3 أشكال مجموعات النقاش

4 : 4 التعلم التعاوني

4 : 5 أنماط التعلم التعاوني

الفصل الرابـع
مجموعات النقاش والتعلم التعاوني

لم يعد التعليم الجمعي، بالرغم من بعض مزاياه، يلاقي تأييداً مـن المـربين والتربـويين في وقتنـا الحالي؛ ومع أن أسلوب العرض المباشر باستخدام المنظمات المتقدمة لاقت تأييداً من بعض علمـاء الـنفس التربويين أمثال أوزوبل، إلا أن عيوب التدريس على هـذا الـنمط، ومـن أبرزهـا التنافس والأنانيـة، قـادت التربويين إلى البحث عن تنظيمات جديدة للتنظيم الجمعي؛ وبـدأت محـاولات تفريـد التعلـيم باستخدام الرزم التعليمية والتعليم المبرمج واستخدام الحاسـوب، وهـذا التنظـيم لاقـى صـعوبات وانتقـادات جمة لتنفيذه.

يعد أسلوب تنظيم الصف في مجموعـات صـغيرة أو مـا يعـرف بـالتعليم الزمـري، أحـد أفضـل الأساليب لتنمية الاعتماد الإيجابي والتحصيل الأكاديمي والمهارات الاجتماعيـة، وذلـك مـن خـلال اسـتخدام النموذج الاستقصائي في التعلم والتعليم؛ فقد يجد بعض الأفراد أن استخدام النموذج الاستقصائي إذا عملـوا أفراداً قد لا يأخذ بيدهم للاستمرار في المهمة لأن الاعتمادية وعدم الاستقلالية مازالـت متأصلة لـديهم في أنماط تعلمهم وتعليمهم. وتوفر المجموعات التعاونية لأعضائها الجو الصيفي والبيئـة الملائمـة للانخـراط في العمل الاستقصائي لإنجاز المهمات التعليمية المطلوبة.

وقد يقتصر عمل المجموعات على المناقشات والتساؤل، أو إنجاز مهمات بسـيطة داخل الغرفـة الصفية؛ وقد تتعدى المهمات المطلوبة المناقشات والتساؤل لتصل إلى استقصـاءات ميدانيـة أو مشـاريع أو مهمات واسعة تتجاوز المنهاج الدراسي المقرر، قد ترقى لأن تصل إلى مستوى البحوث العلمية.

1 : 4   التعليم الزمري

التعليم الزمري أو تعليم المجموعات الصغيرة واحد من ثلاثة تنظيمات تستخدم في المدارس للتعليم والتعلم. فهناك التعليم الجمعي الوجاهي، وهو الأكثر شيوعاً، فيه يجلس الطلبة في مقاعدهم يواجهون معلمهم الـذي يقوم بشرـح الـدرس وعرض الأفكار وتوضيحها مستخدماً السبورة وتقنيات تعليمية ووسائل إيضاح سمعية وبصرية، وغيرها. وفي أحيان أخرى قد يستخدم أسلوب الحوار والمناقشة. والمعلـم في هذا التنظيم يكون المصدر الرئيس في المعرفة وإيصالها للطلبة، إذ يقع على عاتقه الـدور الـرئيس في التعليم، ويصغي إليه الطلبة باهتمام أحياناً، وبدون مبالاة أو اكتراث أحياناً أخرى. والتدريس الـذي يناسب هذا التنظيم هو العرض المباشر بأشكاله المختلفة، وقد يستخدم أسلوب الحوار والمناقشة أحياناً. وهناك عـدة متطلبات حتى يكون التعليم فعالاً ومنتجاً في التعليم الجمعي، منها إثارة الدافعية والحفز لدى الطلبة، والتحقق مـن تـوفر المتطلبات السابقة للتعلم الجديد، ومراعاة الفروق الفردية، والتقويم المستمر، وغيرها.

وعلى الطرف الآخر يستخدم التعليم المفرد (الفردي)؛ وقـد بـرزت الحاجـة إليـه كضرورة تربوية لمراعاة الفروق الفردية بين المتعلمين. ويشـير مصطلح تفريد التعليم إلى ذلك النمط من التعليم والتعلم الموجه نحو حاجات الفرد بشكل يتيح الفرصة للمتعلم أو الفرد أن يتعلم بالسرعة والطريقة التي تناسب قدراته وإمكاناته. أي أن الغرض الأساسي للتعليم المفرد يكمن في توفير تعلـيم يراعـي الفـروق الفرديـة بـين المتعلمـين، ويتيح لهـم الاستقلالية في التعلم كل حسب قدراته الخاصة وسرعته في إنجاز المهـمات التعليميـة المطلوبة. ويمكن أن يتم تفريد التعلـيم مـن خـلال التعليم المبرمج، أو الرزم والحقائب التعليمية. كما يعتبر الحاسوب أداة تعليمية مناسبة لتفريد التعليم مـن خـلال البرمجيات التعليمية المعدة لاستخدامها في الحاسوب.

ومن المآخذ على التعليم المفرد أنه لا يسمح بتكـوين علاقـات تبادليـة أو تعاونـاً بين أفراد الصف الواحد، ويشجع على ظهور الأنانية والتنافس بـين الطلبـة، ويضـعف مـن تحقيق النتاجات الخاصة بالتواصل اللفظي والحوار. كما أن التعليم الجمعـي الوجـاهي لا يعمل على إشغال فعال للطلبة في التعلم، إذ لا يـوفر فرصـاً كافيـة للمتعلمـين للمسـاهمة والتفاعل أو الانشغال في عملية التعلم.

وبين التعليم الجمعي والتعليم المفرد يبرز التعليم الزمري، وفيه يتم تجزئة الصف الواحد إلى عدد من المجموعات الفرعية يتراوح عدد كل مجموعة، ما بين ثلاثة إلى خمسة* يعملون معاً، ويقومون بنشاط موجه لإنجاز مهمة ما، أو تحقيـق هـدف أو غايـة مـا. وفي غالب الأحيان تكون المجموعة الواحدة غير متجانسة أي أنها تضـم أفـراداً مـن مسـتويات مختلفة في التحصيل الأكاديمي. والتعليم الزمري يتم تحت إشراف المعلم نفسه، وفي نفـس الوقت وداخل الغرفة الصفية نفسها في معظم الأحيان؛ ويتضمن مهاماً وأنشطة تسـتهدف علاوة على تعلم المحتوى، تنمية التعاون والمشاركة الفعالة من قبل جميع أفراد المجموعة، وبالتالي جميع أفراد الصف وذلك من خلال الاستقصاء أو المشروعات أو حل المشكلات.

ويتم الانتقال من التعليم الجمعي إلى التعليم الزمري بالتدريج، فقد يبدأ المعلـم بتخصيص مجموعـة صـغيرة مـن الطلبـة (أو مجموعـات) وتكليفهـا بمهمـة اختارتهـا هـي لنفسها، أو اختارها المعلم للمجموعة، وتحدد طبيعة المشاركة لكل فرد في المجموعة برضـا واتفاق أعضاء المجموعة (أبو زينة، الوهر، وحسن، 2004، ص. 288). ويقوم المعلم بإعداد مهمات قصيرة الأمد تقوم بها كل مجموعة من المجموعات التي يتشكل منها الصف، وقـد لا تستغرق كل مهمة من هذه المهمات إلا جزءًا يسـيراً مـن وقـت الحصـة الصـفية قد لا يزيد عن (20-30) دقيقة في البداية، يمكن زيادتها تـدريجياً فـيما بعـد. ويمكـن أن تشـمل هذه المهمات حلول مسائل أو تمارين، أو قراءة نص والتعليق عليه، أو

* هناك من يقول بأن العدد يمكن أن ينزل إلى اثنين ويرتفع إلى ما يزيد عن (10) أفراد.

استخراج معاني كلمات أو مصطلحات. كما قد تشمل هـذه المهمات إجراء تجـارب في المختبر، أو في الميدان، أو جمع معلومات وبيانات من مصادرها.

وهناك حاجة مهمة لجو ودي يسوده الوئام والمحبة إذا أريد للطلبة أن يتحدثوا ويشاركوا ويتفاعلوا مـع بعضهم البعض دون تـردد أو خـوف أو خجـل. ويتطلب المناخ الصفي المناسب عدداً من الأمور المرتبطة بترتيبات الجلوس، وحجم المجموعـة الواحدة، ودور المعلم لإحداث التفاعل والمشاركة الفعالة. وسوف نتناول متطلبات التعليم الزمري في الفقرات والبنود التالية.

حجم المجموعات وترتيبات الجلوس:

السؤال الذي يثار دوماً: ما الحجم المثالي للمجموعة الواحدة في التعليم الزمري أو التعلم التعاوني؟ إن حجم المجموعـة الواحدة هـو متغير هـام يـؤثر في مشاركة المتعلم وتفاعله مع المجموعة؛ وهناك من يطرح حداً أدنى هـو (2)، وحداً أعـلى يصل إلى (15)، وربما أعلى من ذلك. ونقترح أن يكون الحد الأمثل للمجموعة ما بـين (4-7) أفراد. وهذا الاقتراح مرده تصنيف أفراد الصف الواحد في ثلاث فئات؛ الفئة العليا، والمتوسطة، ودون الوسط، على اعتبار أن الفئة العليا تضم في الغالب 25% مـن العـدد الكـلي، وبالمثـل دون الوسط؛ أما الفئة الوسطية فتضم 50% من أفراد الصف.

ومن الضروري أن يكون في كل مجموعة فرد واحد أو أكثر مـن الفئـة الواحـدة؛ إذ أن هناك اتفاقاً على أن تكون الفئات غير متجانسة في تكوينها. وعندما يقل العـدد عـن الثلاثة في المجموعة الواحدة فإن تمثيل الفئات كلها لا يتحقق؛ أما إذا زاد العدد عـن سبعة أو ثمانية أفراد في المجموعة الواحدة فإن عدداً قليلاً من المجموعة سوف يستأثرون بإنجاز المهمة ويبقى الآخرون سلبيون أو غير متفاعلين، ربما لأن الفرصة لم تتح لهم بسبب العـدد الكبير في المجموعة. وبشكل أكثر تحديداً فإن حجم المجموعة الواحدة، وعـدد المجموعـات التي يمكن تكوينها من الصف الواحد يعتمد على طبيعة المهمة أو المهمات الموكولة

للمجموعة، وعدد طلبة الصف الواحد، والحيز المكاني المتوفر للقيـام بالمهمـة أو المهـمات الموصوفة لكل مجموعة.

وترتيبات جلوس أفراد المجموعة الواحدة مهمة جـداً، فالمكـان والجلـوس بحاجـة لأن تجعل الجو حمـيماً وباعثاً عـلى دفء العلاقـة والتفاعـل بـين أفراد المجموعة، ومـن التنظيمات الممكنة ما يلي (بعارة والخطايبة/ مترجمان، 2000، ص 233):

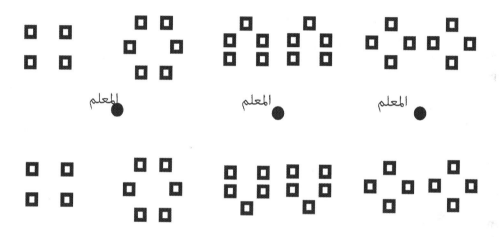

وتقدم ترتيبات الجلوس الدائرية أو شبه الدائرية عدة فوائد لتفاعل المجموعة منها:

● تقليل سلطة المعلم وسيطرته.

● تدعم فكرة أن الجميع متساوون.

● تقلل من إمكانية تجاهل بعض أفراد المجموعة.

● يشجع هذا الترتيب أفراد المجموع على الاستماع والمشاركة في النقاش.
(أبو نبعة/مترجم، 2003، ص. 416).

2 : 4 مجموعات النقاش وأشكالها

تتم العملية التعلمية التعليمية في المجموعات الصغيرة ضمن شكلين أساسيين هما:

1- مجموعات النقاش Discussion Groups

2- مجموعات العمل (المهمات) Activity Groups

ومجموعات العمل أو المهمات هي مجموعات التعلم التعاوني Cooperative Learning Groups وتأتي في مستويين:

أ- مستوى النشاط الموجه Mediated Activity

ب- مستوى النشاط المستقل (الحر) Independent Activity (Matiru, Mwangi, & Schlette, 1995, P. 200).

وسوف نخصص البند التالي للتعلم التعاوني؛ وفي هذا البند سوف نتناول مجموعات النقاش.

المناقشة هي تبادل الأفكار بمشاركة جميع أفراد المجموعة، وتديرها المجموعة نفسها من خلال تنظيم معين، ويكون لكل عضو في المجموعة دور يقوم به تحدده له المجموعة بعد أن تتضح لديها المهارات المطلوبة والمسؤوليات التي تقع على عاتقها. ولكل مجموعة قائد وموجه بالإضافة إلى مقرر؛ ويترك توزيع الأدوار حسب الحاجة بحيث يتم تبادل هذه الأدوار لإعطاء الفرصة للجميع لإتقانها.

وهناك أربعة أفكار أساسية لتكوين مجموعات النقاش هي:

1- العملية (Process): التفاعلات التي تتم ضمن المجموعة الواحدة.

2- الأدوار (Roles): المسؤولية المحددة لكل عضو في المجموعة.

3- القيادة (Leadership): القدرة على قيادة وتوجيه الآخرين داخل المجموعة.

4- التماسك أو التعاضد (Cohesion): دعم كل عضو في المجموعة للأعضاء الآخرين (Orlich,2001,P. 264).

يرتبط مفهوم العملية بالتفاعل اللفظي داخل المجموعـة؛ إذ أن جـوهر الطريقـة المسـتخدمة في مجموعـة النقـاش هـو التفاعـل اللفظـي، وأحـد أركـان الاتصـال والتفاعـل اللفظي هو الاستماع؛ وأن يكون الفرد مستمعاً جيداً هو اتجاه في جانـب منـه، ومهـارة في الجانب الآخر (أبو نبعة/مترجم، 2003، ص 409).

أن مناقشة وحواراً ذا معنى وفعـال لا يمكـن أن يحـدث دون مسـتمعين جيـدين. وينبغي تدريب الطلبة على الاستماع لبعضهم البعض؛ فالاستماع سلوك مكتسب، يمكـن أن يتم التدريب عليه وتعلمه، ويمكن أن يتم ذلك من خلال خطوات تتابعية (سعادة، 2003، ص357).

ويتطلب التفاعل اللفظي داخل المجموعـة، بالإضـافة إلى مهـارة الاسـتماع، مهـارة خاصة بطرح الأسئلة وصياغتها بأسلوب يحفز على المشاركة الفعالة. وطرح الأسـئلة كانـت دوماً من جانب المعلم. ولمـا كـان دور المعلـم في مناقشـات المجموعـة الصـغيرة قـد أخـذ يضمحل كان لزاماً أن تنتقل مهمة طرح الأسئلة إلى أعضاء الفريق أو المجموعة؛ وقد تكون من مهمة رئيس الفريـق أو أي عضـو منـه. ومهـارة طـرح الأسـئلة يمكـن التـدريب عليهـا واكتسابها كمهارة الإصغاء أو الاسـتماع (سـعادة، 2003، ص. 367). وتقـود أهميـة مهـارة طرح الأسئلة لكونها أداة تعلمية لجمع المعلومات والبيانات وتقصيها وتنقيحها؛ كما سـبق وأن أشرنا لذلك في فصل سابق. وخـلال العمليـة التفاعليـة بـين أفـراد المجموعـة الواحـدة يعمل المعلم ميسراً ومسهلاً للعمليـة، يتجـول في غرفـة الصـف، يلاحـظ ويراقـب ويشـجع الجميع على المشاركة بتوليد اهتمام مستمر لدى الطلبة.

وهناك دور لكل عضو في المجموعة يقوم به وتحدده له المجموعة نفسها. وبهذا الدور يتحدد لكل فرد في المجموعة مسؤوليات وصلاحيات. ولكل مجموعة قائد أو موجه، ومقرر. ويترك توزيع الأدوار حسب الحاجة بحيث يتم تبادل هذه الأدوار لإعطاء الفرصة للجميع لإتقانها.

يعد دور القائد أهم الأدوار في المجموعة، فهو صاحب السلطة والمتحدث باسم المجموعة، وعلى المعلم أن يقدم نموذجاً لطلبته كيف يفتتح القائد النقاش، ويخاطب أعضاء مجموعته، ويطالب كل عضو بالمشاركة، وينظم عمل المجموعة ويدير النقاش، وينسق الواجبات الفردية. وتتطور القيادة من خلال الخبرة، وتقع على عاتق المعلم تطوير سلوكيات وكفايات القيادة؛ من مثل مهارات الاستماع، وطرح الأسئلة، والعدالة في توزيع الواجبات، والدعم للجميع، وفيما يلي وظائف قائد مجموعة النقاش (أبو نبعة/ مترجم، 2003، ص. 421):

- **المبادرة:** تقديم أفكار للبدء بالمهمة أو حلول لمشكلات تطرأ.

- **التنظيم:** توزيع الأدوار وتحديد المسؤوليات والواجبات.

- **الإخبار:** تزويد المجموعة بما يستجد من معلومات.

- **الدعم:** مساعدة أعضاء المجموعة على القيام بمهامهم الموكولة إليهم.

- **التقييم:** مساعدة المجموعة في تقييم أدائها بالمقارنة مع الأهداف.

أما التماسك فهو ميل المجموعة أن تتوحد أو تتكامل وتدعم أعضاءها إلى الانتماء للمجموعة والاعتزاز بها. إن مسؤوليات المعلم أن يؤسس الجو الصفي الملائم لأن يطور اتجاه الـ (نحن)، والتخلي عن الـ (أنا) والفردية، والعمل على أن تكون البيئة الصفية داعمة لجميع الأفراد، وتحويل الغرفة الصفية إلى مجتمع تعلمي دائم (أبو نبعة/ مترجم، 2003، ص. 421).

أما الفوائد التي يجنيها المتعلم من النقاشات والحوار في المجموعات الصغيرة فهي:

1- زيادة وتعميق فهم المتعلم واستيعابه لمحتوى المادة التعلمية.

2- إثارة دافعية المتعلم مما يزيد من انشغاله في تعلم المحتوى.

3- تطوير اتجاهات إيجابية نحو المادة الدراسية.

4- تطوير مهارات حل المشكلات الخاصة بالمادة الدراسية.

5- تزويد المتعلم بتطبيقات عملية / حياتية للمفاهيم والمعرفة المتضمنة في المحتوى (Orlich,etal, 1998, P. 263).

دور الأسئلة في المناقشات الصفية

لقد تناولنا الفصل الثاني دور الأسئلة الصفية في التفاعل الصفي، وكيف تعمل استراتيجية المساءلة على إثارة تفكير الطلبة وتحفزهم على مواصلة النشاط في عملية تعلم وتعليم منتج وفعال. وإذا كان التواصل بين المعلم وطلبته يتم من خلال طرح الأسئلة الصفية بالاتجاهين؛ فإن دور طرح الأسئلة والمساءلة هي لب وجوهر التعلم والتعليم في مجموعات النقاش.

إن النموذج المقترح للتفاعل الصفي من خلال الأسئلة يأتي على الشكل التالي:

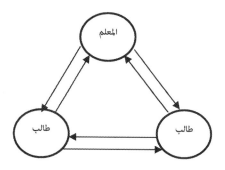

الشكل (1): المناقشة الصفية

يوضح الشكل (1) أن المعلم قد يكون مبادئاً في طرح الأسئلة التي يستجيب إليها الطلبة، كما أن الطالب قد يكون مبادئاً لطرح الأسئلة على زملائه من الطلبة أو على المعلم، أو قد يوجه المعلم سؤال الطالب على زملائه الطلبة وعليهم أن يجيبوا عن سؤال زميلهم الطالب (الشكل 12).

وفي مجموعات النقاش في التعليم الزمري يأخذ قائد المجموعة مكان المعلم، وبالتالي فإن النموذج السابق يعبر عن تبادل النقاش في داخل المجموعة الواحدة.

أ: قائد المجموعة أو المنسق
ب: طالب في المجموعة

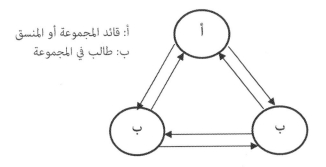

الشكل (2): المناقشة داخل المجموعة

وللأسئلة السابرة دور بارز في عملية النقاش والحوار الصفي؛ سواء جاءت في الشكل الوارد أعلاه ضمن المجموعات أو ضمن الشكل الجمعي؛ إذ تستخدم في إثارة أنواع التفكير المختلفة، وفي الوصف الذهني، وتوفر جواً من الحيوية والتفاعل الصفي؛ وغير ذلك من الفوائد الأكاديمية (قرقز، 2004).

ومع أن التربويين تناولوا الأسئلة السابرة في التعلم الصفي الجمعي، إلاّ أن استخدامها سيكون فعالاً في حالة المجموعات؛ وخصوصاً في مجموعات العصف الذهني الذي سنتناوله لاحقاً.

3 : 4 أشكال مجموعات المناقشة

هناك عدة أشكال لتنظيم عملية تعلم وتعليم مجموعات المناقشة، ومن هذه التنظيمات: العصف الذهني، المحاكاة، لعب الأدوار، البحث والاستقصاء، المهمات الصغيرة، الدرس الخصوصي، حلقة البحث، طشت السمك، وغيرها. وفيما يلي ملخص لأبرز هذه التشكيلات:

العصف الذهني (Brain Storming)

يستخدم هذا التشكيل لتوليد الأفكار حول موضوع ما، ويفضل أن لا يزيد عدد أفراد المجموعة الواحدة عن خمسة أفراد، وذلك لتمكين كل فرد من أفراد المجموعة تقديم الأفكار ومشاركة النشاط بشكل فعال.وقد تتشكل مجموعات العصف الذهني لتقديم أفكار حول موضوع يطرحه المعلم أو التعليق على فكرة أو موضوع ما، أو قد يسبق هذا النمط من مجموعات النقاش مهمة استهلالية تتبعها بعض الأنشطة الأخرى التي ستقوم بها المجموعة.

يبدأ قائد المجموعة بعرض الموضوع أو طرح المشكلة أو الفكرة موضوع النقاش بشكل واضح قبل بدء المناقشة، ويتم تسجيل الأفكار من قبل مقرر المجموعة.

وفيما يلي بعض القواعد العامة التي يحسن مراعاتها:

- قبول جميع الأفكار التي يطرحها أفراد المجموعة.
- عدم توجيه أي نقد لأي اقتراح أو فكرة أو رأي يقدمه أي فرد في المجموعة.
- تشجيع الأعضاء على تفعيل أفكار الآخرين، والبناء عليها، أو تأكيدها.

- الخلاصة أو الأفكار النهائية التي تخرج بها المجموعة هي لجميع الأفراد في المجموعة دون تحديد.
- استخراج الأفكار أو آراء أو مقترحات من الأعضاء الذين لم يشاركوا، وتعزيزهم إيجابياً، وهو دور رئيس لقائد المجموعة.
- الاستماع الجيد لما يقوله الآخرون وعدم مقاطعتهم عندما يتحدثون.
- استخدام أسلوب معين والاتفاق عليه في تنظيم عملية المناقشة.
- نوعية الأفكار أقل أهمية من الكم، مع الإشادة بالأفكار الإبداعية.

لعب الأدوار والمحاكاة (Role Playing & Simulation)

لعب الأدوار تشكيل لمجموعات صغيرة موجه نحو التفاعل والتركيز على الطريقة أو الأداء أكثر منه على النتائج؛ يشارك فيه ويتفاعل مجموعة صغيرة من الطلبة، إذ تقوم فيه المجموعة بتمثيل موقف حياتي حقيقي؛ وقد يؤديه أي عدد من الطلبة، ولكن لا يفضل أن يزيد العدد عن سبعة أو ثمانية. وعلى المشاركين أن يمتنعوا عن التعليق أو النقد أثناء لعب الدور، وقد تجري مناقشة وتقييم ذاتي، ومن الآخرين لجميع مجريات النشاط. ويمكن استخدام هذا التشكيل في تدريب المعلمين الجدد على مهارات التدريس المختلفة.

وفيما يلي عدد من القواعد التي يحسن استخدمها في تشكيل لعب الأدوار:

- توضيح الموقف كاملاً لأعضاء المجموعة ودور كل فرد فيها.
- القيام بتأدية الدور المنوط بكل فرد، وتمثيله كما يتطلب هذا الدور.
- المناقشة لاحقاً، وتحليل كيف لعبت الأدوار، واستخراج ملخصات وأفكار مستخلصة من الموقف.

أما المحاكاة فهي تصوير لواقع مشكلة أو حدث أو موقف ما بتمثيله أو إعادة بنائه؛ يتفاعل فيه الفرد ويؤدي دوره المحدد. والمحاكاة هي حالة خاصة من لعب الأدوار، وفيها يتم

تقويم الأداء وفق معيار معين. ويمكن استخدامها في الطب والتعليم والتدريب على الطيران وغيرها. وفيما يتطلب لعب الأدوار تبادل الأدوار المختلفة بين أعضاء الفريق الواحد، فإن المحاكاة يمكن أن تحدد لكل فرد في المجموعة دوراً واحداً فقط دون غيره من الأدوار؛ فقد يلعب القائد دور رئيس البلدية، والأعضاء الآخرون هم مجلس البلدية؛ أو يقوم قائد المجموعة بدور القاضي، وآخر بدور المتهم، وثالث بدور المدعي العام ورابع بدور المحامي وهكذا.

مجموعة المهارات السريعة/ الصغيرة

وهو تشكيل لمجموعات صغيرة أقل تعقيداً من التشكيلات الأخرى، ويمكن أن يؤدى خلال فترات قصيرة داخل الصف أو خارجها. تحدد مهام واضحة لكل عضو في المجموعة، فقد توزع المجموعة الأدوار على أعضائها بحيث يقوم كل منهم بمهمة محددة يقبل بها، كأن يحل مسائل محددة في واجب الرياضيات، أو يجمع بيانات من زملائه أو الآخرين، أو يعد مجسماً أو يحضر مواد أو مطبوعات لاستخدامها.

وقد تسبق هذه الأدوار مهمة أكثر تعقيداً تتابعها المجموعة كإعداد مشروع متكامل أو بحث أو تجربة علمية. وإذا تعددت أنشطة المجموعة وأوكل إليها عدة مهمات سريعة أو صغيرة يتبادل أفراد المجموعة المهمات التي أوكلت إليهم.

أما المناقشة في مجموعة المهمات السريعة فقد تبدأ أولاً قبل توزيع الأدوار، وبعد الانتهاء من الأدوار تعود المجموعة لتناقش ما تم إنجازه وتقدمه بشكل جاهز، إذ أن التركيز هنا هو في الناتج وليس في الفاعلية أو العملية.

التدريس الخاص (Tutorials) وحلقات البحث (Seminars)

في التدريس الخاص أو حلقة البحث تتم لقاءات مجموعات صغيرة لتناول ومناقشة موضوعات محددة سلفاً. وفي معظم الأحيان يكون قائد المجموعة هو المعلم نفسه أو فرد من الطلبة أوكل إليه إعداد الموضوع وتحضيره، وهما شكلان شائعان في التدريس

الجامعي، أو في بعض المدارس التي تقدم برامج تعليمية خارجية يقل فيها عدد الطلبة عن عدد طلبة الصف التقليدي.

مجموعات الاستقصاء والمشاريع

تتعدى المهام الموكولة لهاتين المجموعتين المهام الصغيرة أو السريعة التي أشير إليها سابقاً، لتشكل مهاماً متقدمة؛ تحتاج وقتاً طويلاً نسبياً، ويتم أداء الأدوار في الحصص الصفية وخارجها. وتعمل هذه المجموعات ضمن تنظيمات أو تشكيلات التعلم التعاوني الذي سنتناوله لاحقاً.

 4 : 4 التعلم التعاوني/ مجموعات العمل التعاونية

التعلم التعاوني هو شكل من أشكال التعلم والتعليم في مجموعات صغيرة يقوم على فكرة أن التعلم يكون أجدى عندما يحصل أو يتم من خلال العمل الجماعي للأفراد، في التعلم التعاوني يتم تقسيم الطلبة إلى مجموعات صغيرة تعمل معاً من أجل تحقيق هدف أو أهداف تعليمية محددة. والتعاون هو موقف تكون فيه العلاقة بين أهداف الفرد وأهداف الجماعة علاقة إيجابية، وبالتالي فإن تحرك الفرد نحو هدفه يسهل ويدعم تحرك الآخرين نحو تحقيق أهدافهم، حيث تكون أهداف الفرد هي نفسها أهداف الجماعة؛ أي تتآلف أهداف الفرد مع أهداف زملائه في المجموعة.

والتعلم يكون تعاونياً إذا ما أدرك كل فرد أن عليه أن يعمل بجد لإنجاز المهمة الموكولة للمجموعة من خلال تفاعله مع الآخرين في مجموعته، ويتحمل كل فرد

مسؤولية أداء المهمة الموكولة إليه، ويعمل جاهداً لإنجاح مجموعتـه في المهمـة الموكولـة للمجموعة، ويتسم التعلم التعاوني بالمظاهر التالية: *

-   يستخدم مجموعات تعلميـة صغيرة تعمـل معـاً كفريـق (وغالبـاً مـا تكون غـير متجانسة).

-   يتم توزيع المهمات الفردية والأعمال بين أفراد المجموعة.

-   يركز على المهمات الجماعية ويحتفل بإنجازها.

-   يتطلب تفاعلاً وتعاوناً بين أفراد المجموعة لإنجاز المهمة بنجاح.

-   يركز على المسؤولية الفردية والمساءلة في التعلم .

-   يقيِّم عمل المجموعة ككل وتوزع الجوائز على الفرق الفائزة.

لقد سبق وأن ذكرنا أن العدد الأمثل في مجموعات التعليم الزمري يتراوح مـا بـين (4-7) أفراد، وهو العدد الذي يناسب معظم أشكال مجموعات العمل التعاونيـة. وبطبيعـة الحال فإن العدد المناسب يـرتبط بطبيعـة المهمـة أو المهـام الموكولـة للمجموعـة، وحجـم الصف الكلي، وموقع تنفيذ المهمة أو المهام المطلوبة.

وتشكل العناصر الخمسة التالية مرتكـزات التـعلم التعاوني التـي تميـزه عـن التعليـم الزمري بشكل عام(جونسون وجونسون وهوليك، 1995)، وهي:

1- المساندة البيئية الإيجابية (Positive Interdependence)

يكون هناك مساندة إيجابية متبادلة بين أفراد المجموعة الواحدة عندما يدرك كل فرد أنه مرتبط مع زملائه في المجموعة بشكل لا يمكن أن يحقق أهدافه أو ينجح في المهمة ما لم يجد المساندة والدعم من زملائه؛ وإن نجاحه هو نجاحهم لا

---

* نشرة مركز التعلم التعاوني بجامعة مينسوتا في الولايات المتحدة الأمريكية

إدارة : روجر جونسون ، وديفيد جونسون .

بالعكس، وإن عليه أن ينسق جهوده مع جهود أقرانه في المجموعة لينجزوا المهمة الموكولة إليهم؛ ولا مكان للمنافسة بين أفراد المجموعة الواحدة، ويمكن أن تكون هناك منافسة ما بين المجموعات وليس بين أفراد المجموعة الواحدة.

وهناك مسؤوليتان تواجهان المجموعة التعاونية هما تعلم المادة المخصصة في المهمة التعلمية المعهودة للمجموعة، والتأكد من أن كل فرد في المجموعة تعلم المادة وحقق الأهداف التعليمية المتضمنة في المهمة التعلمية.

إن الطلبة يحققون نجاحاً معاً أو فشلاً معاً (هم يسبحون معاً أو يغرقون معاً) من خلال المساندة الإيجابية المتبادلة بين أفراد المجموعة الواحدة.

2- **التفاعل المباشر وجهاً لوجه (Face to Face Promotive Interaction)**

يتطلب التعلم التعاوني مواجهة وتفاعلاً بين الطلبة في المجموعة الواحدة ابتداءً، فمن خلال العمل المباشر مع بعضهم البعض، وتبادل الأفكار والآراء، والعمل معاً كفريق واحد يؤمن النجاح لكل عضو في المجموعة. إن أنماط التفاعل اللفظي وغير اللفظي الذي يدور بين الطلبة يعزز الاعتماد الإيجابي المتبادل بينهم ويسهم في نجاحهم في أداء المهمة. وهذا النجاح هو للمجموعة كفريق ولكل عضو في المجموعة.

إن التفاعل بالمواجهة يوفر فرصاً لظهور علاقات اجتماعية مرغوبة، وتعاوناً بين أعضاء الفريق، كما يوفر تغذية راجعة لأداء كل عضو في المجموعة، ويعمل على التعزيز الإيجابي لأداء المهمات وتحقيق الأهداف.

3- **المساءلة الفردية (Individual Accountability)**

في التعلم التعاوني يتحمل كل فرد في المجموعة مسؤولية تقدمه وإنجازه المهمة الموكولة إليه، فضلاً عن إنجازات المجموعة ككل. فالتعلم التعاوني يتطلب تحديد مهام لكل فرد في المجموعة، وهذا بدوره يتطلب التزام كل فرد بالمهمة التي

أوكلت إليه والقيام بتقويم ذاتي لإنجازاته وتقويم أقرانه لـه. وتتطلب المواقـف التعاونية التزام الأفراد بالمهمات التي توكل إليهم وتقويم الجهد الـذي يقـوم بـه الفرد تقويماً ذاتياً، وتقويماً مـن الأقـران. وفي الـتعلم التعـاوني يـتم التقـويم في مستويين؛ في مستوى الفرد وفي مستوى المجموعة ككل.

4- تطوير المهارات البينشخصية والزمرية (الاجتماعية)

(Interpersonal & Small Group Skills)

يوفر التعلم التعاوني للطلبة فرصاً لتطوير مهاراتهم الشخصية والتي يحتاجونها في المدرسة، والمجتمع، والعمل مستقبلاً. ومن ضمن هذه المهارات التواصل الفعـال مع الآخرين، فهم وتقدير الآخرين، اتخاذ القرارات، حـل التناقضـات أو النزاعـات بين الأشخاص وغيرها. إن تطوير هذه المهارات لا يأتي دفعة واحدة وبسرعة؛ وعلى المعلم أن يدرك أن التحصيل الأكاديمي ليس الناتج الوحيد الـذي تسعى المدرسـة إلى تحقيقه، بل إن اكتساب المهارات الاجتماعية هو أحد أهداف التربية المدرسية التي يمكن تحقيقها من خلال المواقف التعلمية التعاونية.

5- تقييم المجموعة والفرد (Individual & Group Assessment)

إن الغـرض مـن تقيـيم عمل المجموعة لأدائها هـو تحسـين فعاليـة الأعضـاء في إسهامهم في الجهود المبذولة لتحقيق أهداف المجموعة، واقتراح الإجراءات اللازمة التي تؤدي إلى زيادة التفاعل ؛ ويـتم ذلـك مـن خـلال النقاش داخل المجموعـة نفسها، وكذلك إشراك جهة خارجية كالمعلم أو المدرسة. كـما يجب تقويم الفرد لأدائه في تحقيق الأهداف التعلمية المحددة في المنهاج لكل متعلم.

ملاحظــة:ورد هـذا العنصر ـ تحـت اسـم معالجـة عمـل المجموعـة(Group Processing). إذ أن التركيز في هذا الاسم على متابعـة ومراقبـة عمل المجموعـة وتقديم التغذية الراجعة والإرشاد اللازم.

ويمكن القول بأن أية مهمة تعلمية في أية مادة دراسية أو منهاج يمكن أن تبنى أو يخطط لها بشكل تعاوني، كما أن أية متطلبات لأي مقرر دراسي أو مهمة يمكن أن تعاد صياغتها لتتلاءم مع أحد أشكال أو نماذج التعلم التعاوني التي سنأتي على ذكرها. أو سنوردها في بعض الأمثلة اللاحقة. ويمكن أن يقتصر زمن المجموعة التعلمية على فترة قصيرة لا تزيد عن حصة صفية واحدة وقد يدوم عمل المجموعة الواحدة إلى عدة أسابيع وخصوصاً في مجموعات المشاريع الطلابية. وهناك إمكانية لأن تسند المهمة نفسها لجميع المجموعات في الصف الواحد، أو تسند مهمات مختلفة للمجموعات بحيث تغطي مجالاً واسعاً من الأنشطة أو الموضوعات في المقرر أو المحتوى الدراسي. والمهمات الواسعة أو المتعددة وذات المدى الطويل تصلح لمجموعات للتعلم التعاوني في المراحل العليا من التعليم وعلى وجه الخصوص في التعليم الجامعي.

ومع أن التعلم التعاوني يقوم أساساً على إشراك الطالب بشكل مباشر في عملية التعلم، إلا أن التأكيد على دور المتعلم لا يقلل من أهمية الدور الذي يقوم به المعلم، ويتمثل دور المعلم في التخطيط والإعداد لتنظيم الصف وإدارته، وتنظيم المهمات التعليمية والملاحظة الواعية لمشاركة أفراد المجموعة فهو يزيد من حماس الطلاب للتعلم ويوفر لهم الحوافز لتحقيق النجاح للمجموعة في المهمة الموكولة إليها.

وقد حدد جونسون وجونسون المشرفان على مركز التعلم التعاوني بجامعة مينسوتا بالولايات المتحدة الأدوار التالية للمعلم:

1- اتخاذ قرارات قبل البدء بالتدريس، وتشمل:

- تحديد الأهداف الأكاديمية والاجتماعية.
- تحديد حجم المجموعة الواحدة وتعيين الطلاب في المجموعات.
- ترتيب الغرفة الصفية لتناسب عمل المجموعات.
- إعداد المواد المطلوبة لتنفيذ المهمات.

– تعيين الأدوار للمجموعات والأفراد: قائد المجموعة، المسجل،......

2- **الإعداد للدروس والمهمات المطلوبة، وتشمل:**

– شرح المهمة/ المهمات الأكاديمية.

– توفير وبناء ما يتطلبه الاعتماد الإيجابي المتبادل والمساءلة الفردية.

– توضيح معايير النجاح والأنماط السلوكية المتوقعة.

– بناء التعـاون والعلاقـات الاجتماعيـة بـين أفـراد المجموعـة الواحـدة وبـين المجموعات.

3- **الإشراف والمتابعة والتدخل أثناء التنفيذ، وتشمل:**

– ترتيب وتنظيم التفاعل داخل المجموعة الواحدة وجهاً لوجه.

– مراقبة سلوك الطلاب.

– تقديم المساعدة لأداء المهمات.

– التدخل لتعليم المهارات الاجتماعية والتعاونية.

4- **تقييم التعلم ومعالجة عمل المجموعة، وتشمل:**

– تقييم تعلم الطالب.

– تقييم عمل المجموعة ككل.

– معالجة عمل المجموعـة مـن قبـل المجموعـة نفسـها، ومـن قبـل المجموعـات الأخرى، أي تقديم تقييم ذاتي وخارجي للمجموعة.

– إتمام وغلق النشاط للمهمة وتبادل المعلومات والنتائج.

المرجع:

- نشرة المركز

The Cooperative Learning Center, Univ. of Minnesota Minneapolis, MN. USA.

- جونسون وجونسون وهوليك (1995) .

وتظهر فعالية التعلم التعاوني في تحقيق الأهداف التعليمية المرتبطة بالمحتوى الدراسي لدى الطلبة في جميع المقررات الدراسية وفي جميع مراحل التعليم، وفي تنمية قدراتهم على التفكير الناقد وحل المشكلات، وتطوير علاقات إيجابية بين الطلبة واحترام الفرد للآخرين، والتفاعل الإيجابي والتعاون والمساندة للآخرين، وتنمية الاتجاهات الإيجابية نحو المدرسة (أبو زينة، 1993؛ Slavin, 1995; Johnson, 1991).

4 : 5   أنماط التعلم التعاوني

تتباين الأشكال أو الأنماط التي تتخذها مجموعات التعلم التعاونية حسب عدد من المعايير أو الأبعاد من أبرزها:

1- **المهمة أو المهمات المنوطة بالمجموعات ،**

فقد تعمل المجموعات المختلفة على مهمة واحدة، أو قد يناط بكل مجموعة مهمة مختلفة عما يسند للمجموعات الأخرى.

2- **الزمن المخصص لإنجاز المهمة ،**

فقد يتراوح الزمن ما بين حصة صفية واحدة، أو عدة حصص صفية خلال فترة زمنية محددة، وقد لا يتحدد الزمن بحصص صفية مبرمجة، ولكن يتم إنجاز المهمة خلال فترة زمنية محددة قد تطول لعدة أسابيع.

3- موقع أو مكان تنفيذ المهمة،

فقد تقوم المجموعات بتنفيذ المهمة أو المهمات المطلوبة داخل الغرفة الصفية، وقد تتطلب المهمة جمع بيانات أو معلومات أو إجراء تجارب خارج الغرفة الصفية، وقد يتم الجمع بين هذه الأمكنة أو المواقع في بعض المهمات.

4- المركزية بالنسبة للمنهاج،

بعض المهمات تتناول المنهاج بشكل مباشر وقد تتقيد به ولا تتجاوزه، وبعض المهمات تتناول المنهاج وتتجاوزه إلى أبعد ما يتطلبه المنهاج لتحقيق نواتج تعلمية عليا، ومن المهمات ما يكون على هامش المنهاج ولا يرتبط به بشكل مباشر أي يتناول أنشطة لا منهجية.

5- تقويم الأداء والحوافز المادية،

يقتصر تقويم الأداء في بعض المهمات على الأداء الفردي للأشخاص، وقد يكون تقويم الأداء للمجموعة ككل، وفي بعض الأحيان يكون التقويم للفرد والمجموعة معاً. وعندما يكون التقويم للمجموعة ككل. تقدم حوافز مادية أو جوائز للفرقة أو المجموعة الفائزة.

وبناءً على ما تقدم يمكن تمييز أربعة أنماط يمكن أن تصنف فيها مجموعات التعلم التعاونية (الطنطاوي 2002؛ Collins, 2003)، وهي:

أ- فرق التعلم معاً (Learning Together)

في هذا النمط يتم تشكيل المجموعات التعاونية غير المتجانسة لتعلم المحتوى التعليمي، وعدد أفراد المجموعة الواحدة يتراوح ما بين (4-6) أفراد، ويعمل الطلبة معاً ووجهاً لوجه، ويتحمل كل فرد منهم المسؤولية الفردية عن تعلمه وتعلم زملائه في المجموعة. وفي معظم الحالات تكون المهمة التعلمية هي نفسها لجميع المجموعات، بحيث تنجز المهمة الموكولة إليها داخل الغرفة الصفية، وقد

يمتد عملها لعدة حصص صفية؛ ويستخدم هذا النمط في معظم المواد الدراسية وعلى وجه الخصوص في الرياضيات.

يكون التقييم في هذا النمط على مستويين: على مستوى الفرد، وعلى مستوى المجموعة، وتنال المجموعة الفائزة حوافز مادية على أدائها. وفي حالات نادرة تجزأ المهام التعلمية بحيث تعطى كل مجموعة مهمة تعلمية خاصة بها، وتختلف عن المجموعات الأخرى؛ وتقدم كل مجموعة عملها للمجموعات الأخرى، ويتم التقويم بشكل فردي في هذه الحالات.

يتمثل دور المعلم في هذا النمط علاوة على التخطيط والإعداد شرح المهمة التعلمية المطلوبة. وعند الانتهاء منها يتم غلقها، وتداول أو مناقشة ما تم إنجازه من جميع الفرق.

ب-   الفرق المتشاركة Gig saw (Collins, 2003)

يتم تشكيل المجموعات التعاونية في هذا النمط لإنجاز المهمة نفسها من قبل جميع المجموعات، وتجزأ المهمة إلى مهمات فرعية، ويكون عدد أعضاء المجموعة مساوياً لعدد المهمات الفرعية للمهمة الكلية. وبعد توزيع الأدوار في المجموعات التعاونية يلتقي الأفراد الذين أسندت إليهم نفس المهمة الفرعية من جميع المجموعات وينجزوها معاً. وبعد ذلك يعود الأفراد إلى مجموعاتهم الأصلية لإنجاز المهمة وتقديم تقرير عنها؛ ويكون التقويم للمجموعة ككل. والمهمات التي تؤديها المجموعات في هذا النمط هي مهمات منهجية في الغالب وقد تتعداها إلى ما أبعد من المنهاج.

يكون دور المعلم في هذا النمط شرح المهمة في البداية وتجزئتها لتوزيعها على الطلبة بالطريقة التي يراها مناسبة.

ج- فرق التقصي والمشاريع (Investigation & Projects)

تتشكل المجموعات في هذا النمط لإنجاز مهمة ما قد تختارها المجموعـة نفسها من بين عدة مهمات قد يسندها لهم المعلم؛ وكل مجموعة تقـوم بمهمـة تختلـف عن المهمات التي تقوم بها الفرق الأخـرى: وقد تكـون المهمـة القيـام بمشـروع منهجي (كما سنوضح في الفصل القادم)؛ وقد تكون حل مشكلة واقعية أو حياتية تهم الطلبة أو المجتمع المحلي. وقد يكون بحثاً ميدانياً في مستوى الطلبة.

ويتطلب العمل في هذه المهمات لقـاءات صـفية وجمـع بيانـات أو معلومـات أو القيام بمهام خارج المدرسة؛ وقـد يستغرق العمل عـلى إنجاز هـذه المهمـات وقتـاً طويلاً نسبياً (عدة أسابيع).

تعد كل مجموعة تقريراً عن المهمة التي أنجزتها، وتقدم هـذه التقارير وتناقش أمام الطلبة الآخرين، ويكون التقويم في هذا النمط للمجموعـة ككل؛ وغالبـاً مـا تدور المهمات في هذا النمط حول محتوى المنهاج الدراسي وتطبيقاتـه الحياتيـة.أي أن جوهر المهمة هـو المنهاج الـدراسي؛ ويكتسـب الطلبـة مـن القيـام بالمهمات مهارات البحث والاستقصاء وحل المشكلات.

د- فرق الألعاب والمباريات

تتناول أنشطة هذا النمط مهمات لا منهجية، ولكنها مرتبطة بشكل غـير مبـاشر بالمنهاج، وتجري مسابقات بين الفرق التـي تقوم عـادة بـنفس المهمة بـدلاً مـن الاختبارات، والفوز أو الجوائز تمنح للفريق الذي حصل عـلى أعـلى النقـاط؛ ومـن أمثلتها مسابقات الشعر، والمعلومات العامة، وحفظ معاني الكلمات، والعمليات الحسابية، وغيرها. وهي تشبه إلى حد كبير فرق الألعاب الرياضية الجماعية التـي تتشكل في المدرسة. ويمكن إجراؤها على مسـتوى الصـف الواحـد أو الصـفوف أو المدارس، كما قد يشارك فيها مجموعـة مـن المعلمـين أو المسـؤولين عـن النشـاط المدرسي.

ويبين الجدول التالي أنماط مجموعات التعلم التعاونية وكيفية الإفادة منها واستخدامها.

*	نوع المهمة	الزمن المخصص للمهمة	مكان تنفيذ المهمة	المركزية بالنسبة للمنهاج	التقويم
1- التعلم معاً	- مهمة واحدة - مهام مختلفة	حصة صفية واحدة أو أكثر	الصف المدرسي	مقيدة بالمنهاج ولا تتجاوزه	فردي، وقد يكون للمجموعة ككل أيضاً (مع حوافز للمجموعة)
2- الفرق المتشاركة	مهمة واحدة لكل المجموعات	حصة صفية واحدة أو أكثر	الصف أو داخل المدرسة	مقيدة بالمنهاج	فردي
3- التقصي والمشاريع	مهام مختلفة للمجموعات	غير مقيدة بحصص صفية، لأيام أو أسابيع	خارج المدرسة واجتماعات داخل المدرسة	تطبيقات حياتية على المنهاج	للمجموعة ككل
4- الألعاب والمباريات	مهمة واحدة للفرق أو المجموعات	أيام وأسابيع	خارج الغرفة الصفية وداخل المدرسة في الغالب	ارتباط غير مباشر بالمنهاج أو نشاطات لا منهجية	تقدم جوائز للفريق الفائز

4 : 6 مواقف تدريسية

الموقف الأول :

دراسة بعنوان:

"فاعلية برنامج تدريبي مقترح لتطوير كفاية معلمي التربية الإسلامية في استخدام الأسئلة السابرة في تحصيل طلبة المرحلة الأساسية في الأردن واتجاهاتهم نحوها"

نائل محمد قوقز

أطروحة دكتوراه- جامعة عمان العربية للدراسات العليا (2004).

هدفت الدراسة إلى بناء برنامج تدريبي لتطوير كفاية معلمي التربية الإسلامية في استخدام الأسئلة السابرة في التدريس واستقصاء فاعليته في زيادة تحصيل طلبة المرحلة الأساسية واتجاهاتهم نحو استخدام المعلم للأسئلة السابرة في تدريس التربية الإسلامية.

أعد الباحث المادة التدريبية للبرنامج وهي عبارة عن (4) وحدات تدريبية، وهي:

الوحدة الأولى: الأسئلة في العملية التعليمية التعلمية: أنوعها وصياغتها .

الوحدة الثانية: الأسئلة السابرة: خصائصها وأنواعها.

الوحدة الثالثة: دور المعلم في استخدام الأسئلة السابرة والمهارات الأساسية اللازمة، ودور الطالب في الأسئلة السابرة والتعامل مع أسئلة الطلبة.

الوحدة الرابعة: أساليب السبر المختلفة (أنواع الأسئلة السابرة): التشجيعية، التوضيحية، التبريرية، الترابطية، المحولة.

وقد تم تدريب معلمين اثنين: معلم ومعلمة على البرنامج ليقوما بالتدريس وفق استراتيجية استخدام الأسئلة السابرة.

اختيرت مدرستان، واحدة للذكور وأخرى للإناث في محافظة اربد، وطبقت الدراسة على شعبتين من الذكور في الصف التاسع، إحداهما تجريبية والأخرى ضابطة؛ كما طبقت الدراسة على شعبتين من طالبات الصف التاسع، واحدة تجريبية والأخرى ضابطة؛ بلغ عدد أفراد المجموعتين التجريبيتين (82) طالباً وطالبة، وعدد أفراد المجموعتين الضابطتين (81) طالباً وطالبة.

أعد اختبار تحصيلي في وحدة السيرة النبوية من كتاب التربية الإسلامية للصف التاسع، مكون من (50) فقرة، كما أعد مقياس لاتجاهات الطلبة نحو استخدام الأسئلة السابرة مكون من (30) فقرة من نوع مقياس ليكرت الخماسي.

دلت النتائج على وجود فروق جوهرية بين متوسطي تحصيل المجموعتين التجريبية والضابطة لصالح المجموعة التجريبية (الذكور والإناث معاً)، كما كانت اتجاهات الطلبة نحو استخدام الأسئلة السابرة إيجابية بدرجة مرتفعة.

وفيما يلي مثالان على الأسئلة السابرة المستخدمة:

مثال (1): السبر التشجيعي (تم إجراء تعديلات على المثال)

المعلم: ما الفرق بين الوصية والوقف؟

طالب: لا أعرف

المعلم : من يعرّف الوصية؟

طالب: تبرع من الإنسان في حياته إلى جهة من جهات الخير..

المعلم: ما حكم رجوع الموصي عن وصيته؟

طالب: يصح للموصي أن يرجع عن وصيته قبل مماته.

المعلم: ما هو الوقف؟

طالب: (يعطي إجابة/ سبق وأن درسه الطلاب)

المعلم: ما حكم رجوع الواقف عن وقفه؟

طالب: لا يجوز رجوع الواقف عن وقفه.

المعلم: لماذا لا يجوز الرجوع؟

طالب: لأن الوقف يسري نفاذه بمجرد وقوعه في حياة الواقف.

المعلم: إذن ما الفرق بين الوصية والوقف؟

طالب: الوصية تنفذ بعد وفاة الموصي؛أما الوقف فيكون في حياة الواقف ويستمر بعد وفاته.

المعلم: هل هناك فرق أو فروق أخرى؟

طالب: نعم الوصية يجوز الرجوع عنها؛ أما الوقف فلا يجوز الرجوع عنه.

المعلم: هل هناك فروق أخرى؟

الطلبة: لا

المعلم: نعم هذا صحيح.

مثال (2): السبر التبريري (مع تعديل)

المعلم: ما رأي أبو بكر في التعامل مع أسرى غزوة بدر؟

طالب: يؤخذ منهم فدية من المال مقابل إطلاق سراحهم.

المعلم : ما رأي عمر بن الخطاب مع أسرى بدر؟

طالب: أن يقتلوا.

المعلم: ما حجة كل منهما فيما ذهبا إليه؟

طالب: حجة أبو بكر تقوية المسلمين، ورغبة في إسلام هؤلاء؛ أما حجة عمـر فلأنهـم رمـوز وأعمدة الكفر.

المعلم: ما سبب اختلافهما في الرأي (عدا عن الحجة التي أورداها)؟

طالب: (ربما لا تكون الإجابة في المحاولات الأولى صحيحة!)

عدم نزول الحكم الشرعي المبين لحكم الأسرى في الإسلام.

المعلم: يغلق الحوار (نعم هذا صحيح).

الموقف الثاني :

دراسة بعنوان:

"أثر استراتيجتي العصف الـذهني والـتعلم التعـاوني في تنميـة مهـارات التعبـير الكتابي والتفكير الناقد لدى طلبة المرحلة الثانوية"

عبد الرحمن عبد الحافظ الحطيبات

أطروحة دكتوراه- جامعة عمان العربية للدراسات العليا (2007)

هدفت هذه الدراسة إلى تعرف أثر استراتيجتي العصف الـذهني والـتعلم التعـاوني في تنمية مهارات التعبير الكتابي والتفكير الناقد لدى طلبة المرحلة الثانوية في الأردن.

اختيرت مدرستان إحداهما للذكور والأخرى للإنـاث مـن المـدارس الثانويـة في مدينـة الكرك، وتكوَّن أفراد الدراسة من (89) طالبة من طالبات الصف الأول الثانوي، و(87)

طالباً، وزعوا في ثلاث مجموعات: درست إحداهما موضوعات في التعبير الكتابي من ضمن منهاج اللغة العربية للصف المذكور باستخدام استراتيجية العصف الذهني، ودرست الأخرى المادة باستخدام إحدى نماذج التعلم التعاوني، أما المجموعة الثالثة فقد درست المادة بالطريقة الاعتيادية. واعتمد هذا التوزيع لأفراد الدراسة نفسه على عينة الذكور والإناث.

تمثلت استراتيجية العصف الذهني بالبدء بطرح الأسئلة، ومناقشة الطلبة، وتلقي الإجابات منهم، وتشجيع المعلم لكل طالب على المشاركة دون مقاطعة أو تصويب من الآخرين؛ وبعد أن يتأكد المعلم من أن الطلبة قد أصبح لهم إدراك ووعي كافٍ بالمهمة المطلوبة (التعبير الكتابي أو كتابة مقال عن الموضوع) يقوم الطلبة بإنجاز المهمة بشكل فردي. ومن موضوعات التعبير الكتابي:

— فضل العلم وتطور الحركة الثقافية والعلمية في الأردن.

— حوار بين شخصين: أحدهما يؤمن بحرية الرأي والآخر متشرد.

أما استراتيجية التعلم التعاوني المستخدمة فكانت من نوع التعلم معاً، وتمت بتقسيم الطلبة إلى مجموعات غير متجانسة كل منها من (4-6) أفراد، يعملون معاً للإجابة عن أسئلة زودهم بها المعلم جاءت في صحائف خاصة؛ وبعد أن تعمل المجموعة معاً، يقوم مقررها بتقديم الإجابات على صحيفة العمل أمام الآخرين، وهكذا حتى تنتهي المهمة المطلوبة ، علماً بان الموضوعات أو المهمات هي نفسها التي أعطيت للمجموعة الأولى.

استخدم في الدراسة اختبار التعبير الكتابي، فيه كلف الطلبة بكتابة مقال وصفي عن تطور الحركة الثقافية في الأردن، وأعد له معيار تصحيح مكوَّن من (4) مجالات. كما استخدم اختبار التفكير الناقد المطور عن اختبار واطسون بلير، وتكوَّن من خمسة أبعاد هي: معرفة الافتراضات، التفسير، تقويم المناقشات، الاستنباط، الاستنتاج شكلت في مجموعها (75) فقرة لكل بعد (15) فقرة.

كانت نتائج الدراسة في مهارات التعبير الكتابي لصالح استراتيجية التعلم التعاوني، يليها استراتيجية العصف الذهني، إذ تفوقت هاتان الاستراتيجيتان على الطريقة التقليدية.

كما أن نتائج الدراسة كانت لصالح استراتيجية العصف الذهني يليها استراتيجية التعلم التعاوني على اختبار التفكير الناقد، وتفوقت هاتان الاستراتيجيتان على الطريقة التقليدية.

الموقف الثالث :

دراسة بعنوان :

أثر التعلم التعاوني على تحصيل الطلبة في الرياضيات واتجاهاتهم نحوها

فريد أبو زينة　　　محمد خطاب

مجلة كلية التربية - جامعة الإمارات ، العدد 11 ، 1995 ، ص ص233-324

تمثلت مشكلة الدراسة في الإجابة عن الأسئلة التالية :

1- ما أثر أسلوب التدريس بالتعلم التعاوني على تحصيل طلبة الصف السابع في الرياضيات؟

2- ما أثر أسلوب التدريس بالتعلم التعاوني على تحصيل طلبة الصف الثامن في الرياضيات؟

3- ما أثر أسلوب التدريس بالتعلم التعاوني على اتجاهات الطلبة في الرياضيات؟

اختيرت (4) شعب من الصف الأول الاعدادي (الصف السابع) (113 طالباً)، و(4) شعب من الصف الثامن (122 طالباً) من مدرسة مالك الاعدادية في مدينة العين.

وقد شكلت شعبتان من كل من الصفين المجموعة التجريبية، وشعبتان المجموعة الضابطة، وتم التحقق من تكافؤ المجموعة التجريبية والمجموعة الضابطة بناءً على نتائج الطلبة في الاختبارات المدرسية.

وقد اختيرت وحدة من كتاب الصف السابع هي وحدة الأعداد الصحيحة، ووحدة من كتاب الصف الثامن هي وحدة الأعداد النسبية لتدريسهما للطلبة.

وباستخدام نموذج التعلم التعاوني لتدريس طلبة المجموعتين التجربيتين في الصفين، وقد تمثل هذا النموذج بتقسيم الطلبة إلى مجموعات صغيرة غير متجانسة (5 في المجموعة الواحدة) وكان المعلم يقدم الأفكار الرئيسة في الدرس في بداية الحصة (الدقائق العشر الأولى)، ويقوم الطلبة متعاونين بأداء الواجبات والمهمات المطلوبة منهم، ويختتم المعلم الحصة بخلاصة شاملة للدرس (5 دقائق). وقد عين لكل مجموعة مقرراً أو قائداً.

أعد اختباران في التحصيل احدهما لطلبة الصف السابع (الأعداد الصحيحة) والآخر لطلبة الصف الثامن (الأعداد النسبية) كما استخدم مقياس الاتجاهات الذي أعده أبو زينة والكيلاني، وتكوَّن المقياس من 25 فقرة من نوع ليكرت، وتقيس هذه الفقرات: صعوبة الرياضيات، والاستمتاع بدراسة الرياضيات، وأهمية الرياضيات للفرد والمجتمع، ومن فقراتها:

- مهما حاول المدرس تبسيط الرياضيات تبقي صعبة علي.
- تساعدني دراسة الرياضيات في تنظيم أمور حياتي الخاصة.
- يجب تقدير الأشخاص العاملين في مجال الرياضيات بمن فيهم المعلمون.

كانت نتائج الطلبة على اختباري التحصيل في كلا الصفين للمجموعتين التجريبتين أعلى من نتائج طلبة المجموعتين الضابطتين المناظرتين. ولم تسجل الدراسة أفضلية للتعلم التعاوني على التعليم التقليدي في الاتجاهات. ربما لقصر المدة (4 أسابيع) التي استغرقتها الدراسة. ومن الجدير بالذكر أن المجموعات الفائزة نالت حوافز مادية ومعنوية.

المراجـــع

- أبو زينة، فريد (1993).

تدريس الرياضيات ما بين التعلم الفردي والتعلم الجمعي. مـؤتمر مسـتقبل تعليم العلوم والرياضيات وحاجات المجتمع العربي، بيروت: ص ص : 408-414.

- أبو زينة، فريد ؛ الوهر، محمود؛ حسن، محمد (2004) .

المناهج وطرق التدريس. برنامج التربية- الكويت: الجامعة العربية المفتوحة.

- أبو زينة ، فريد وخطاب ، محمد (1995).

أثر التعلم التعاوني على تحصيل الطلبة في الرياضيات واتجاهاتهم نحوهـا. مجلـة كلية التربية – جامعة الإمارات ، العدد 11 ، ص ص 233-324 .

- أبو لبدة، عبد الله؛ الخليلي، خليل؛ أبو زينه، فريد (1996).

مهارات التدريس. دبي: دار الأرقم.

- أبو نبعة، عبد الله (مترجم) (2003).

استراتيجيات التعليم: الدليل نحو تدريس أفضـل. الكويـت: مكتبـة الفـلاح للنشر والتوزيع.

- بعارة، حسين؛ الخطايبه، ماجد (2000) مترجمان

الأساليب الإبداعية في التدريس الجامعي. عمان: دار الشروق للنشر والتوزيع.

● الحطيبات، عبد الرحمن (2007).

أثر استراتيجتي العصف الذهني والتعلم التعاوني في تنمية مهارات التعبير الكتابي والتفكير الناقد لدى طلبة المرحلة الثانوية

أطروحة دكتوراه- جامعة عمان العربية للدراسات العليا.

● جونسون وجونسون وهوليك (2008).

التعلم التعاوني- مترجم (مدارس الظهران الأهلية)- ترجمة الطبعة السابعة

الدمام: دار الكتاب التربوي للنشر والتوزيع

● سعادة، جودت (2003).

تدريس مهارات التفكير. عمان: دار الشروق للنشر والتوزيع.

● الطنطاوي، عفت مصطفى (2002).

أساليب التعليم والتعلم وتطبيقاتها في البحوث التربوية. القـاهرة: مكتبـة الانجلـو مصرية.

● قرقز، نائل (2004).

فاعلية برنامج تدريبي مقترح لتطوير كفاية معلمي التربية الإسلامية في استخدام الأسـئلة السـابرة في تحصـيل طلبـة المرحلـة الأساسـية في الأردن واتجاهـاتهم نحوها.

أطروحة دكتوراه- جامعة عمان العربية للدراسات العليا .

- Matiru, B.; Mwangi, A.; Schlette, R. (edrs) (1995).

  Teach Your Best: A Handbook for University Lecturers.

  Germany: German Foundation of Int. Der.

- Orlich, D; Harder, R.; Challahan,R ; Gibson, H (2001).

  Teaching Strategies. Boston: Houghton Mifflin Co.

- Collins, M. (2003).

  Engaging Students in Learning: Pathwise. Princeton : ETS.

- Johnson, D.; Johnson, R. (1991) .

  Learning Together and Alone: Cooperation, Competition and Individualization (3rd ed.) : Prentice Hall .

- Slavin, R. (1995).

  Cooperative Learning: Theory, Research and Practice (2nd ed.), Allyn & Bacon.

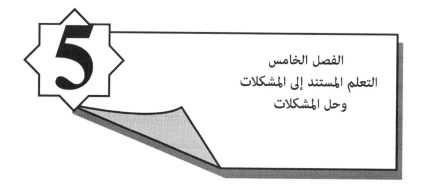

الفصل الخامس
التعلم المستند إلى المشكلات وحل المشكلات

5 : 2 التعلم المستند إلى المشكلات

5 : 3 دور المعلم في التعلم القائم على المشكلات

5 : 4 حل المشكلات

5 : 5 حل المشكلات في الرياضيات

الفصل الخامس

التعلم المستند إلى المشكلات وحل المشكلات

حل المشكلات مطلب أساسي في حياة الفرد، فكثير من المواقـف التـي تواجهنـا في الحياة اليومية مواقف تتطلب حل المشكلات. ويعتبر حل المشكلات أكـثر أشـكال السـلوك الإنساني تعقيداً وأهمية، إذ أنه الهدف النهائي للتعلم المدرسي أو النتاج النهائي في النتاجات التعلمية التي تسعى المدرسة إلى تحقيقها لدى المتعلمين. وبهـدف تعلـيم حـل المشـكلات تمكين الطلبة من اتخاذ القرارات السليمة في حيـاتهم، فالحيـاة التـي نعيشـها ليسـت ذات طبيعة ثابتة أو روتينية، ولو كانت كذلك لأصبح من السهل تـدريب الأفـراد والطلبـة عـلى تأدية أدوار محددة لهم. ولكن الحياة متغيرة ومعقدة وتتطور باستمرار ، ولن تكون الحال في المستقبل على ما هي عليه اليوم. في عالم كهذا تغـدو تنميـة قـدرة الفـرد عـلى التكيـف وحل المشكلات أمراً بالغ الأهمية.

وحـل المشـكلات هـو نتـاج تعلمـي (Learning Product) يتمثـل في اكتسـاب الطلبـة مهـارات عقليـة عليـا، كـما أنـه عمليـة (Process) تسـتخدم كطريقـة مـن طـرق التدريس غير المباشر في معظـم المـواد الدراسـية، وبشـكل خـاص في العلـوم والرياضـيات والدراسـات الاجتماعيـة. ويتطلـب التـدريس بطريقـة حـل المشـكلات تصـميم الوحـدات التدريسية للمادة التعليمية بحيث تقوم عـلى مشـكلات حياتيـة واقعيـة تـرتبط بموضـوع الوحدة الدراسية. ومن خلال العمل على حل هـذه المشـكلات يكتسـب الطلبـة المفـاهيم والحقائق والمعرفة والمهارة في حل المشكلات.

سـوف نتنـاول في هـذا الفصـل حـل المشـكلات بشـكل عـام، وحـل المشـكلات في الرياضيات، كما سنتناول التعلم المستند إلى المشكلات.

5 : 1   المشكلة ومستوياتها

يأخذ مصطلح المشكلة معانٍ مختلفة بحسب المواقف والأشخاص والسياق. فالمشكلة بالنسبة للمواطن العادي؛ قد تعني تدبير المال اللازم لتأمين نفقات دراسة إبنه في الجامعة، وتعني بالنسبة لربة البيت تحضير وجبة غذائية من الطعام المتوفر في المطبخ لها وللعائلة، وقد تعني لمتعهد بناء حساب تكلفة بناء مدرسة وتقديم عرض بذلك في العطاء المطروح، وقد تعني لباحث متخصص في أساليب تدريس الرياضيات استقصاء فاعلية التعلم الإتقاني التعاوني في تحصيل الطلبة في الرياضيات واتجاهاتهم نحو مادة الرياضيات، وبالنسبة لطفل قد تعني المشكلة عمل طائرة ورقية مربوطة بخيط تطير في الهواء؛ وقد تعني بالنسبة لتلميذ في الصف الثالث تعلم جدول الضرب وإيجاد جواب للمسألة الكلامية التالية:

اشترى خالد 5 أقلام رصاص سعر القلم الواحد 6 قروش، و7 دفاتر سعر الدفتر الواحد 9 قروش، فكم يدفع ثمناً لها؟

إن كل موقف من المواقف السابقة هو مشكلة بالنسبة لصاحبها أو الشخص المعني، ولكنها قد لا تكون مشكلة بالنسبة لشخص آخر، فالمشكلة التي تواجه الأم ليست مشكلة بالنسبة لأبنائها، والمشكلة التي تواجه التلميذ في الصف الثالث ليست مشكلة بالنسبة لتلميذ في الصف الخامس أو السادس، والمشكلة التي تواجه الباحث ليست مشكلة بالنسبة لمعلم الرياضيات؛ كما أن المشكلة التي واجهت التلميذ الآن لن تكون مشكلة له إذا ما واجهها في وقت لاحق من هذا العام أو العام القادم.

وحتى يتصف الموقف بالنسبة لفرد ما بأنه مشكلة يجب أن تتوفر فيه ثلاثة شروط (Rudnik, 1987) هي:

1- القبول (Acceptance)

ينبغي أن يكون للشخص اهتمام وهدف واضح ومحدد، يشعر أو يحس بوجود المشكلة (الإحساس بالمشكلة)، يتقبلها باهتمام ويتفاعل معها، ويسعى جاهداً لحلها أو التغلب عليها.

2- الحاجز (Blockage)

وجود ما يمنع الفرد من تحقيق هدفه، وقد يفشل في محاولته الأولى التوصل إلى الحل حيث لا تسعفه عادات الشخص أو ردود فعله التقليدية أو الفورية في حل المشكلة، فتسد عليه الطريق نحو الحل ولو لفترة وجيزة.

3- الاستقصاء (Exploration)

يتضح الموقف أمام الشخص وينشط الحافز الذاتي في استقصاء سبل ووسائل جديدة للتصدي للمشكلة وحلها، وقد أوردنا سابقاً الخطوات والإجراءات المتبعة في عملية الاستقصاء لحل المشكلات.

تعددت التعريفات التي أعطيت للمشكلة من حيث اتساعها وارتباطها بمواقف الحياة المختلفة والأشخاص الذين يواجهونها، ولكننا سنستخدم هذا المصطلح بشكل أضيق، وسنتحدث عن المشكلات المرتبطة بالمواد الدراسية المختلفة في المناهج المدرسية: في الرياضيات والعلوم والدراسات الاجتماعية وغيرها. ونقدم التعريف التالي للمشكلة:

المشكلة موقف تعليمي جديد يواجه الفرد (المتعلم) أو مجموعة من الأفراد (الطلبة أو المتعلمين) ويطلب منه إيجاد الحل؛ و لما كان هذا الموقف جديداً على الفرد فإنه لا يبصر ـ طريقاً واضحاً ولو لبرهة من الزمن للتوصل إلى الحل، فيستخدم معرفته السابقة للتوصل إلى الحل (وقد لا يوفق في ذلك).

ليست كل المواقف التي يواجهها الفرد تمثل مشكلات بالنسبة له، وما هو مشكلة بالنسبة للفرد اليوم قد لا يكون مشكلة له في الغد أو بعد حين، كما قد لا تكون هذه مشكلة بالنسبة لشخص آخر.

إن الحصول على قرض من البنك بقيمة 20.000 دينار لثلاث سنوات، وبفائدة 6.5 % تحسب شهرياً؛ تشكل الدفعة الشهرية لطالب القرض مشكلة بالنسبة له، ولكنها للموظف المسؤول في البنك ليست مشكلة، إذ أن احتساب الدفعة الشهرية سيتم فورياً دون أية عقبة تذكر. كما أن مسألة في الرياضيات لطالب في الصف الخامس مثلاً قد لا تكون مسألة بالنسبة لطالب في الصف السابع أو الثامن، ومشكلة ما عرضت إجراءات حلها بالنسبة للمتعلم ليست مشكلة بالنسبة إليه إذا واجهها في موقف لاحق.

يمكن تمييز أربعة مستويات للمشكلات عامة كما يلي:

1- المستوى الأدنى / البسيط

تعبر المشكلة في هذا المستوى عن موقف بسيط يتطلب في حله استخدام مفهوم أو أكثر، أو تعميم أو تعميمات تم تعلمها، أو مهارة مكتسبة لدى الفرد. وبعض المشكلات في هذا المستوى لا تستغرق إلا وقتاً قصيراً في إيجاد الحل لها قد لا يتعدى دقائق معدودة، وقد لا يتطلب الموقف جمع بيانات إضافية. ومن الأمثلة على هذا المستوى:

- حساب كمية البلاط من الأنواع المختلفة للأرضية وجدران الحمامات والمطبخ في فيلا أو شقة سكنية معروفة الأبعاد والقياسات.

- مشكلة التزاحم في ملعب المدرسة أثناء الفسح بين الحصص في مدرسة فيها تلاميذ من الصف الأول وحتى الصف السادس.

- تحديد نوع الطعام والعصير الذي يوفره مقصف المدرسة للتلاميذ خلال اليوم الدراسي.

2- المستوى المتوسط

المشكلات في هـذا المستوى مواقـف أكـثر تعقيداً وتتطلب قـدراً مـن التأمـل والملاحظة الواعية وتحديداً لأبعاد المشكلة، وقد يتطلب جمع مزيد مـن البيانـات والأدلة قبل أن يتضح للفرد بأن هناك حـلاً ممكناً للمشكلة، ويتوقع أن تحتاج المسائل في هـذا المستوى وقتـاً أطـول لحلها والسـير في خطـوات حـل المشكلة بتسلسل وانتظام، ومن أمثلة هذا النوع من المشكلات:

- قريتان تقعان على جانب واحد مـن نهـر يمـر بالقرب مـنهما، كـما يتضح في الشكل. أين يمكن اختيار موقع على جانب النهر لضخ الماء منه بحيث نحتاج إلى الحد الأدنى من الأنابيب لنقل الماء للقريتين؟

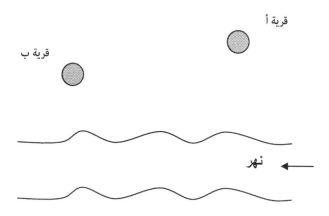

- للجامعة الأردنية (4) بوابات لـدخول الأسـاتذة والمـوظفين بسـياراتهم داخـل الجامعـة، ولـدخول بعـض الطلبـة بسـياراتهم في مواقـف خاصـة، وبعضهم يضعون سياراتهم على جانب الشارع الذي يحيط بالجامعة. كيف يمكـن حـل الأزمة المرورية في الصباح ووقت الظهيرة وفي المساء؟

- ما كميات الحديد والإسمنت والحجر التي تحتاجها بناية وضع المهندس مخططاً تفصيلياً لها؟

3- المستوى المتقدم

يشير هذا المستوى إلى تلك المواقف والمشكلات التي تتطلب صياغة فرضيات وجمع بيانات وتقديم الأدلة أو البراهين على الحلول المطروحة والتحقق أو التثبت من جدواها و فاعليتها. ومن أمثلتها:

- مشكلة ضعف الطلبة في بعض المهارات الأساسية في الرياضيات في التعامل مع الأعداد من ثلاثة منازل فأكثر؛ أو قسمة عدد من ثلاثة منازل أو أكثر على عدد آخر من منزلتين. هذه المشكلة تواجه عدداً غير قليل من طلبة الصف الرابع. ما الإجراءات المقترحة لمواجهة هذه المشكلة؟

- يجد الطلبة في الصف العاشر مثلاً صعوبة في التواصل الشفوي والكتابي في اللغة الانجليزية. كيف يمكن مواجهة هذا الموقف وتنمية مهارات الطلبة في التحدث والكتابة؟

- يواجه معلم اللغة العربية للصف الرابع صعوبات كبيرة في تدريس منهاج اللغة العربية للطلبة، إذ أن بعض الطلبة جاؤوا من أصول إثنية غير العربية كالشيشان أو الشركس الذين لا يستخدمون اللغة العربية في البيت، كما أن بعض الطلبة جاؤوا من مدارس في الخارج ولم يدرسوا اللغة العربية كلغة الأم، وهناك طلبة رفعوا تلقائياً مع عدم تمكنهم من المهارات اللغوية في الصفوف السابقة. والمشكلة التي يواجهها المعلم هي كيف يدرس المنهاج لصف متعدد الثقافات والخلفيات والاستعدادات؟

4- **المشكلات البحثية**

وهي المشكلات التـي يتناولها البـاحثون في بحـوثهم العلميـة وتهـدف إلى تقدم المعرفة الإنسانية في نطاق المشكلة و تسير في خطـوات البحـث العلمـي التي أوردناها سابقاً.

ويلجأ الباحثون في الغالب إلى صياغة المشكلة البحثية على شـكل سـؤال واحـد أو أكثر، إلا أن ذلك لا يمنع أن تصاغ المشكلة البحثيـة بصورة إخباريـة أو تقريريـة تحول بعد ذلك إلى صياغة استفهامية وهو مـا يـتم في معظم الحـالات (البطش وأبو زينة، 2007، ص. 26).

وفيما يلي عدد من المشكلات البحثية:

● تطور الحذاقة التعليمية عند معلمي العلـوم، أي تطور معرفتهم بالمحتوى البيداغوجي، وعلاقته بمعتقداتهم وتصوراتهم عن التعليم والـتعلم وطبيعـة العلم. وتحديداً فإن مشكلة البحث تتمثل في الأسئلة التالية:

1- ما أشكال معرفة المحتوى البيداغوجي التي توجد عند معلمـي الكيميـاء في المستويات المختلفة من الحذاقة التعليمية؟

2- مـا الـسياقات والأحـداث الـتي لهـا أثـر في تشكيل معرفـة المحتـوى البيداغوجية عند معلمي الكيمياء؟

3- كيف تأثرت معرفة المحتوى البيداغوجية بمعتقدات المعلمين عن الـتعلم والتعليم وطبيعة الكيمياء؟(غنيم،2005).

● مقدرة الطلبة على حل المشكلات كانـت ومـا زالـت دون المسـتوى المطلـوب لأنهم لم يواجهوا إلا بالقليل من المسائل الحقيقية والجيـدة أثنـاء دراسـتهم، لذا تدعو الحاجة إلى التغيير في البنـاء المنهجـي للكتـب (الرياضيات) حتـى تكون منسجمة مع أهمية حل المشكلات. وتأتي هذه الدراسـة لتلبيـة حاجـة ملحة

عند الطلبة ومدرسيهم، إذ توفر لهم طريقة منظمة لتنمية مقدرتهم على حل المشكلات وذلك من خلال تقديم بناء المعرفة الرياضية من خلال مشكلات تم إعدادها. وتحديداً فإن الدراسة تسعى للإجابة عن الأسئلة التالية:

1- ما أثر تقديم مادة تعليمية مستندة إلى بناء المعرفة الرياضية من خلال المشكلات في تحصيل طلبة الصف الأول الثانوي في الرياضيات؟

2- ما أثر تقديم مادة تعليمية مستندة إلى بناء المعرفة الرياضية من خلال المشكلات في تنمية قدرة طلبة الصف الأول الثانوي على حل المشكلات؟ (خشان، 2006).

● المشكلة البحثية في البحث بعنوان:

استخدام استراتيجية التعلم التعاوني لدى طلبة معلم الصف عند حلهم المسائل الهندسية وأنماط التواصل اللفظي المستخدمة (مقدادي، 2006).

تمت صياغتها على النحو التالي:

هدفت الدراسة إلى الوقوف على أبرز المزايا والصعوبات التي تواكب استخدام استراتيجية التعلم التعاوني في تعليم الهندسة لدى طلبة معلم الصف، بالإضافة إلى ما يدور بين الطلبة داخل المجمعات التعاونية من أنماط التواصل اللفظي أثناء حلهم للمسائل الهندسية.

وبعد هذه الصياغة التقريرية (الإخبارية) صيغت المشكلة بثلاث أسئلة بحثية.

5 : 2 التعلم المستند إلى المشكلات

التعلم القائم على المشكلات هو استراتيجية تعليمية تقوم على تصميم الوحدات الدراسية لمبحث ما بحيث تدور (أو تنطلق) حول عدد من المشكلات (الواقعية أو الحياتية) التي ترتبط بموضوع الدرس وتهم الطلبة وتستثير تفكيرهم. ومن خلال العمل على حل هذه المشكلات يكتسب الطلبة المفاهيم والحقائق والمعرفة، ويمارسون مهارات التفكير المختلفة (Bridges, Hallinger & Holly, 1996, 1999) ، فالمادة الدراسية ليست هدفاً للتعلم، وإنما هي وسيلة من الوسائل العديدة التي يمكن أن يتحقق من خلالها نمو الفرد والتطور المعرفي من خلال الخبرات الحقيقية له، كما أن تعلم الفرد يتم بشكل أفضل إذا استند إلى مشكلات حقيقية يبحث لها عن حل (ابو لبدة، 1996، ص. 144).

وتعود جذور التعلم المستند إلى المشكلات إلى الحركة التقدمية التي ترأسها جون ديوي، وأسس بناء عليها المدرسة التجريبية في شيكاغو عام 1896. والطلبة عموماً يتعلمون بشكل أفضل من خلال العمل ومن خلال التفكير في حل المشكلات، كما أن الكبار من الطلبة أو من خارج المدرسة يبنون معرفتهم ومهاراتهم من خلال حلهم لمشكلة حقيقية، أو إجابتهم على سؤال أو عدد من الأسئلة والاستفسارات، لا من خلال المواقف أو التمارين النظرية.

وقد اعتمدت بعض كليات الطب التعلم المستند إلى مشكلة بهدف تدريب الأطباء على كيفية معالجة المشكلات الطبية وحلها. فقد كانت كليات الطب تركز على تقديم المعرفة للطلاب، إلا أن هاورد باروز (Howard Barrows) أدرك أن تقديم المعرفة للطلبة وحده لا يكفي للتعلم واكتساب المهارات، وأكد على ضرورة توفير:

1- هيكل أساسي من المعرفة.

2- القدرة على استخدام المعرفة بفاعلية في تقييم المشكلات الصحية للمرضى والعناية بها.

3- القدرة على التوسع في تلك المعرفة أو تحسينها وتوفير الاهتمام المناسب بالمشكلات الصحية التي سيواجهونها مستقبلاً (ديليسل؛ 2001، مترجم) .

وقد صمم Barrows مجموعة من المشكلات متمثلة في مواقف تتيح للطلبة جمع المعلومات ووضع الأسئلة المناسبة وخطة لحل المشكلة، وسمي الأسلوب الجديد التعلم المستند إلى مشكلة ويعني "التعلم الذي ينتج عن عملية العمل على حل المشكلة". ويتم ذلك وفق الأسلوب التالي:

1- يواجه الطالب المشكلة أولاً في السياق التعلمي مثل تقديم أية مادة تعليمية لهم، أي مثل التدريس.

2- تقدم المشكلة للطالب بنفس الطريقة التي تحدث فيها في الواقع.

3- يعمل الطالب(أو الطلبة) على المشكلة بطريقة تسمح لتحدي وتقييم قدرته على التفكير وتطبيق المعرفة على نحو يتناسب مع مستوى تعلمه.

4- تحدد نواحي التعلم اللازمة لعملية حل المشكلة وتستخدم كدليل أو موجه للدراسة الذاتية.

5- يعاد تطبيق المهارات والمعرفة المكتسبة عن طريق هذه الدراسة على المشكلة بغية تقييم فاعلية التعلم وتعزيزه.

6- يتم تلخيص ودمج التعلم الذي نتج عن العمل على المشكلة مع المهارات المعرفية الحالية للطالب.

ملاحظة: الأفكار الـواردة أعـلاه لـ Ballous & Tamblyn, 1980 ومشار إليهـا في كتـاب روبرت ديليسل، مترجم: مدارس الظهران الأهليـة/المملكة العربيـة السـعودية، 2001، ص 40.

يقدم التعلـم المستند إلى مشكلة للمعلمـين في مختلف المـواد الدراسية طريقة منظمة لمساعدة طلبتهم على تطوير مهارات التفكير وحل المشكلات، بينما يـتعلم الطلبة محتوى المادة الدراسية وبأسلوب بنائي وذي معنى. ويتـيح هـذا الأسلوب تنظيم وعـرض المادة الدراسية للطلبة مزيداً من الحرية والدافعية، وينقل الدور النشط في غرفة الصـف إلى الطلبة من خلال المشكلات التي ترتبط بحياتهم والإجراءات التـي تتطلب مـنهم أن يجدوا المعلومات اللازمة، وأن يفكروا في موقف ما ويحلوا المشكلة أو يساهموا في حلها. ومهارات حل المشكلات تتطلب أيضاً معرفة بالمحتوى والعمليات للمادة الدراسية، وعمومـاً فإن الطلبة في مختلف المراحل الدراسية يحتاجون إلى:

- تعلـم (معرفـة وممارسـة وتطبيـق ، و..) مجموعـة مـن المعلومـات الأساسـية في المباحث والموضوعات المختلفة: الرياضيات، العلوم، اللغات،..

- القدرة على استخدام المعرفة بفاعليـة في مواقـف تنطـوي عـلى مشكلات داخـل المدرسة وخارجها.

- القدرة على التوسع في تلك المعرفة وإثرائها وتطوير استراتيجيات لمعالجة المشاكل المستقبلية (الاستخدام النشط للمعرفة).

ويكتسب التعلم المستند إلى المشكلات أهميته فيما يلي:

1- يعالج الـتعلم المستند إلى مشكلات المشكلات القريبـة مـا أمكـن مـن المواقـف الحياتية الحقيقية، ويجد الطلبة ذلك في محاولاتهم لفهم وتطبيق المعرفة عنـدما يرون العلاقة بين المادة الدراسية والحياة الحقيقية.

2- التعلم المستند إلى المشكلات يزيد من المشاركة النشطة للتعلم لدى للطلبة مما يجعل التعلم فعالاً وأكثر إنتاجية.

3- يعزز التعلم المستند إلى المشكلات التكامل والتداخل بين الموضوعات المختلفة وترابطها مع بعضها البعض.

4- التعلم المستند إلى المشكلات يعزز العمل التعاوني بين الطلبة، إذ أن الطلبة الذين يمرون بخبرات هذا التعلم ينمون مهارات العمل الجماعي أثناء عملهم معاً لحل المشكلات.

5- يساعد التعلم المستند إلى المشكلات في ربط الطلبة وتواصلهم مع المجتمع خارج غرفة الصف والمدرسة، ويجعل مصادر التعلم تخرج عن نطاق الكتب الدراسية المقررة عليهم، من خلال تركيز هذا التعلم على المشكلات الحقيقية الحياتية.

يعتقد البعض أن تدريسهم يستند إلى مشكلات يصممونها وفق المنهاج الذي يدرسونه، وبأسلوب حل المشكلات والذي سنتناوله لاحقاً في هذا الفصل، لكن هذا غير صحيح، حتى في بعض البحوث التي أجريت في هذا المجال تناولت مشكلات لا تتوفر فيها خصائص المشكلة الجيدة، فلكي يكون الدرس الذي يستند إلى المشكلات ناجحاً يجب أن يشعر الطلبة يأن المشكلة مهمة بالنسبة لهم وتستحق وقتهم واهتمامهم، لذا يجب أن يختار المعلم أو يصمم مشكلات لها صلة بحياتهم اليومية أولاً، وتتلائم مع المرحلة العمرية ثانياً، وغير ذلك من الخصائص. وتحديداً فإن المشكلة الجيدة تتصف بما يلي:

1- أن تكون المشكلة ذات صلة مباشرة بحياة الطلبة: تجاربهم وخبراتهم.

يجب أن تكون المشكلة متصلة بتجارب الطلبة وخبراتهم، وقد تأتي هذه الخبرات بشكل مباشر من البيت أو الأقران، أو بشكل غير مباشر من التلفاز أو الأفلام، كما قد ترتبط بتجاربهم أو خبراتهم المدرسية. وكلما كانت المشكلة أكثر صلة بحياة الطلاب اليومية وبشيء يهتمون به، زاد اهتمامهم بها والاجتهاد لحلها.

2- **توافق المشكلة مع المرحلة العمرية للطلبة.**

يجب أن يأخذ اختيار المشكلة أو تصميمها بالاعتبار مرحلة النمو العقلي والاحتياجات العاطفية للطلبة، أي الأخذ بالاعتبار المستوى الصفي للطلبة والنمو العقلي والبيئة الاجتماعية المحيطة (الاحتياجات الاجتماعية والعاطفية).

3- **استناد المشكلة إلى المنهج أو المقرر الدراسي.**

يجب أن تمكن المشكلة التي تم اختيارها أو تصميمها إكساب الطلبة المعرفة والمهارات التي تتضمنها المناهج والمقررات المدرسية، ويمكن أن تزيد هذه المشكلات من اكتساب المهارات العقلية العليا للطلبة وتثري المخزون المعرفي والمهارات الأخرى لديهم.

4- **تنطوي المشكلة على تنوع في الأساليب والاستراتيجيات التعليمية-التعلمية.**

لدى المعلمين والطلبة أساليب واستراتيجيات مختلفة للتعليم والتعلم، لذا يجب إعداد مشكلات يمكن تناولها بنجاح من قبل المعلمين، وتقبلها من الطلبة والانخراط في حلها، بحيث تتوافق مع هذا التنوع والاختلاف. ويمكن أن تنطوي المشكلة على مجموعة من الأنشطة التي تسمح للطلبة ذوي المستويات المختلفة من الإسهام في الحل وإسناد أدوار مناسبة لهم، وقد يتم ذلك من خلال استراتيجيات التعلم التعاوني.

5- **توافق المشكلة مع المصادر والإمكانات المتوفرة في إطار زمني متاح ومناسب.**

إن استخدام التعلم المستند إلى مشكلة يحرر المعلم من محدودية الكتب ومصادر التعلم المدرسية، ومع ذلك لا بد من توفر المعلومات والمصادر الضرورية للاجتهاد في حل المشكلة. كما أن الزمن المتاح لانخراط الطلبة في النشاط أو الأنشطة المرتبطة بالمشكلة يجب أن يكون مناسباً. وفيما عدا المشكلات الصفية في

الرياضيات (المسائل الرياضية) قد تتطلب أنشطة المشكلة وقتاً أطول مما تسمح به الحصة الصفية الاعتيادية.

أمثلة على مشكلات تعليمية.

فيما يلي عدد من المشكلات المقترحة أو التي استخدمت فعلاً:

مثال (1):

الدرس: مبدأ العد – الصف العاشر

المشكلة:

ازداد عدد السيارات في إحدى الدول زيادة كبيرة، لذا فكرت دائرة السير في هذه الدولة بأن تحمل لوحة كل سيارة ثلاثة من أحرف الهجاء العربية متبوعة بثلاثة من الأرقام (1،2،3،4،5،6،7،8،9). هل يفي هذا الإجراء إذا بلغ عدد السيارات الآن حوالي 10.000.000 سيارة؟ وإذا كانت الزيادة السنوية في عدد السيارات 1.000.000 سيارة، فإلى متى يفي هذا الإجراء لإعطاء أرقام للسيارات غير مكررة؟ ماذا تقترح بعد ذلك؟ (خشان، 2005).

ملاحظة: تم تعديل المشكلة الأصلية.

مثال (2):

الدرس: التوافيق – رياضيات – الصف العاشر

المشكلة:

مهندس كيماوي يعمل في أحد مصانع الدهانات، يريد أن يستخدم (9) ألوان مختلفة في تجارب لمزج الألوان بهدف الحصول على ألوان جديدة أو درجات جديدة من غمق اللون. إذا كان المهندس يستخدم في كل تجربة ثلاثة ألوان مختلفة بنسب متساوية، فكم عدد الألوان التي يستطيع الحصول عليها؟ (خشان، 2005).

مثال (3):

الدرس: علوم /تغذية - الصف الثامن

المشكلة:

مع تقديم الهرم الغذائي الجديد ظهر جدل واسع حول تغيير برنامج الوجبات الغذائية التي يعدها المقصف في المدرسة، إذ يريد العديد من الطلبة أن يجعلوا الوجبات الغذائية مشتملة على أكثر العناصر الغذائية فائدة، بينما يريد آخرون أن يعودوا إلى الوجبات الغذائية القديمة. والمطلوب أن تتم المقارنة بين الوجبات الغذائية الجديدة والوجبات الغذائية القديمة من حيث القيمة الغذائية والقبول لدى الطلبة، وأن يعد تقرير لإدارة المدرسة حول الوضع الحالي والتغييرات التي يجب إحداثها (ديليسل، 2001، ص. 127).

مثال (4):

الدرس: علوم/كيمياء - المرحلة الثانوية

المشكلة:

هناك عدد من الأشخاص لديهم مشاكل في الهضم، بعضهم ذهب إلى الطبيب الذي أخبرهم أن عسر الهضم لديهم سببه زيادة إفراز حامض المعدة، ووصف لهم مضادات للحموضة كعلاج، ومع ذلك فالبعض يشعر بالارتباك والحيرة فهم لا يعرفون الحامض ومضاده وأنواع الغذاء الذي يجب أن يأكلوه أو يتجنبوه، وأي المنتجات العلاجية يختارون. والمطلوب من كل مجموعة تعاونية فهم ما يجري عند هضم الطعام في المعدة، واختيار الغذاء والعلاج المناسبين.

الموضوعات التعليمية في المشكلة أعلاه:

حموضة المعدة، مضادات الحموضة، الهضم وعسر الهضم، كيف تساعد مضادات الحموضة في تخفيف الحوضة، ما هي الحرقة وما الذي يسببها، الأطعمة التي يوصى بها المصابون بالحموضة أو عسر الهضم أو الحرقة (ديليسل، 2001، ص 65).

مثال (5) :

الدرس: علوم/فيزياء - السقوط الحر للأجسام - تسارع الجاذبية الأرضية - الصف التاسع

المشكلة:

طائرة إنقاذ مزودة بالغذاء والدواء والأمتعة في مهمة طارئة لإنقاذ مجموعة من الخبراء في منطقة باردة جداً (أو صحراوية)، تسير الطائرة بسرعة معينة وعلى ارتفاع 100 م عن سطح الأرض في تلك المنطقة. حدد الموقع الذي تسقط فيه الطائرة الأمتعة والغذاء والدواء، مع التفسير، بحيث تسقط الحمولة في مكان قريب جداً من مكان تواجد الخبراء (ابراهيم ، 2004).

3 : 5 دور المعلم في التعلم القائم على المشكلات

تندرج مهارات التدريس الفعال في ثلاثة مجالات هي:

1- التخطيط للتدريس وتنظيم المحتوى استناداً إلى المنهاج الدراسي المقرر.

2- إدارة الصف وتنظيم التعلم بتنفيذ طريقة أو استراتيجية تدريسية ما.

3- تقويم تعلم الطلبة وفاعلية الأنشطة التعليمية المستخدمة.

ويتعين على المعلم الذي يستخدم التعلم المستند إلى المشكلات أن يؤدي أدواراً مختلفة في كل مجال من هذه المجالات عن الأدوار التي يؤديها في التعليم التقليدي. وأول

اختلاف في أدواره يكمن في انتقال التركيز على دور المعلم ليصبح دور المتعلم هو الدور المحوري، كما أن الحرية والمرونة التي يقدمها التعلم المستند إلى مشكلة للمعلم تجعله في موقع يلزمه بالتخطيط المبكر والتوجيه الواعي والاتصال المستمر مع المصادر المختلفة لعملية التعليم والتعلم. وفيما يلي وصف لأدوار المعلم في إطار هذا النوع من التعليم والتعلم:

أ- المعلم مصمم (مشارك) للمنهاج

إن استخدام التعلم المستند إلى المشكلات يحرر المعلم من محدودية الكتاب المقرر والمواد التعليمية المدرسية، ويبدأ دور المعلم بمراجعة مضمون المنهاج قبل بدء العام الدراسي، ويتعين عليه أن يقرر ما إذا كان أسلوب التعلم المستند إلى المشكلات سيستخدم بشكل رئيس، أو أنه سيستخدم في أوقات محدودة وفي بعض موضوعات المقرر أو المنهاج.

وعندما يقرر المعلم أي جوانب المنهاج سيستخدم فيها هذا النوع من التعلم، تكون الخطوة التالية هي اختيار مشكلة معدة مسبقاً، أو إعداد وتصميم مشكلة بالمواصفات المطلوبة، وقد ينتظر حدثاً أو مناسبة ما، سواء جرت خارج المدرسة أو داخلها لإعداد المشكلة. وسواء تم اختيار مشكلة ما مما يتوافر عند المعلم أم تم إعدادها وتصميمها من قبل المعلم في مرحلة المراجعة والتخطيط، فإنها يجب أن تتصف بالخصائص والصفات التي أسلفناها. ويتعين على المعلم عندئذ تحديد المصادر المتوفرة التي يحتاجها الطلبة أثناء قيامهم بحلها.

وتجدر الإشارة إلى أن بعض المشكلات ترتبط أو تتداخل مع عدة موضوعات أو مباحث، ولا تقتصر على مبحث أو مقرر واحد من المقررات المدرسية، في هذه الحالة لابد من تعاون المعلمين المعنيين في هذه المهمة.

ب - المعلم موجه ومرشد للطلبة

يتعين على المعلم الذي يستخدم التعلم المستند إلى المشكلات تهيئة الجو ومساعدة الطلبة وتوجيههم أثناء العمل، ويتضمن التوجيه مساعدة الطلبة على تفقد المشكلة والتمعن فيها وكيفية إرتباط المشكلة بخبراتهم وتجاربهم، وتحديد ما يعرفونه وما يتعين عليهم معرفته. وأثناء قيام المعلم بالبحث وحل المشكلة يقدم لهم الاقتراحات عندما لا يستطيعون مواصلة العمل. وخلال كل هذا النشاط يتفقد المصادر المتوافرة والمتاحة للطلبة.

جـ- المعلم مقيِّم للمشكلة ولأداء الطلبة

يتناول دور المعلم كمقيِّم لفاعلية المشكلة المدروسة وجودة عمل الطلبة وأدائهم، ونجاحه في إعداد المشكلة وتسهيل العمل عليها.

1- تقييم فاعلية المشكلة

يجب على المعلم أن يحدد مدى نجاح المشكلة في تنمية مهارات الطلبة ومعرفتهم حسب الأهداف المتوخاة، ويمكن طرح أسئلة مثل:

– هل حققت المشكلة الأهداف الرئيسة في المنهاج أو الموضوع ذي العلاقة؟

– هل تتناسب المشكلة مع مستويات الطلبة؟ وهل تنبثق من اهتماماتهم وتثير اهتمامهم؟

– هل ساعدت المشكلة على تطوير وتنمية مهارات التفكير العليا ومهارة حل المشكلات لدى الطلبة؟

– هل كانت المصادر المتاحة كافية وتم استخدامها في الوقت والمكان المحددين؟

– هل هناك من تغييرات ضرورية يجب اجراؤها قبل استخدام المصادر مرة ثانية؟

2- تقييم المعلم لأدائه

يجب على المعلم أن يتفقد نجاحه في اختيار المشكلة أو تصميمها، ومدى فاعليتها، وفيما إذا قدم الدعم والتوجيه المناسبين دون أن يبخل عليهم أي الطلبة أو يحجب عنهم ما يتطلبه الموقف لمتابعة النشاط والبحث عن الحل، ودون أن يقحم نفسه في التدخل في استقلالية الطالب ونشاطه وسرعته في إنجاز العمل. فبعد أن يكون المعلم قد اختار المشكلة أو أعدها يجب أن يبين للطلبة ارتباطها بحياتهم وخبراتهم وأهميتها بالنسبة إليهم، وبعد ذلك عليه أن يضع المشكلة في إطار أسئلة أو تساؤلات تحفزهم على تقبل التحدي للتصدي للمشكلة، وتنير لهم طريق الحل من خلال أنشطة يمرون بها.

3- تقييم تعلم الطلبة : الأداء الناتج

مع نهاية نشاط التعلم المستند إلى مشكلة يكون المعلم قد شاهد الطلبة وهم يتحاورون ويتبادلون الأفكار، ويراجعون معرفتهم، ويحددون الأسئلة الرئيسة، ويطورن أساليب البحث عن الحقائق، ويولدون ناتجاً نهائياً يمكن تقديمه أو مناقشته مع بقية الطلبة.

ويتم تقييم تعلم الطلبة من خلال صحيفة تقييم ذاتي يعدها المعلم لهذا الغرض ليقوم الطالب بتقييم نفسه بنفسه، ويتركز التقييم الذاتي على أداء الطالب ونشاطه مع زملائه واسهاماته في حل المشكلة حسب الدور الذي أسند إليه. كما يتم أيضاً تقييم أداء الطالب ونشاطه ومساهمته في حل المشكلة من قبل المعلم، ويمكن إعداد صحيفة خاصة بذلك من قبل المعلم. كما يتم تقييم الناتج النهائي وذلك من خلال مؤشر أداء خاص يعد لهذه الغاية، وسوف نقدم نموذجاً لمؤشر أداء في مثل هذه الحالات في الفصل التالي.

5 : 4 حل المشكلات

ينظر إلى مصطلح حل المشكلات من منظورين مختلفين، ويقدمهما التربويون أحياناً بشكل يوحي بأن لهما معنىً واحد، ولكن ذلك ليس دقيقاً تماماً، فقد قدم جانييه مثلاً حل المشكلات على أنه ناتج تعليمي؛ ففي النسق الهرمي لأنماط التعلم يأتي تعلم حل المشكلات في أعلى الهرم المكون من ثمانية أنماط، تبتدئ بتعلم الإشارات، وتتدرج ليأتي في المرتبة السادسة تعلم المفاهيم، يليها تعلم القواعد والمبادئ، وفي المرتبة الثامنة أي في أعلى قمة الهرم يأتي تعلم حل المشكلات.

وتعلم المفاهيم هو ذلك النوع من التعلم الذي يجعل بمقدور الفرد أن يستجيب لمجموعة من المواقف والحوادث أو الأشياء (مادية كانت أم حسية) وكأنها صنف واحد. والمبدأ أو القاعدة هي علاقة بين مفهومين أو أكثر، وأساس تعلم المبادئ هو تعلم المفاهيم المكونة للمبدأ أو القاعدة.

أما حل المشكلات فما هو إلا امتداد طبيعي لتعلم المبادئ والقواعد، ومن المؤكد أن احد الأسباب الرئيسية لتعلم المبادئ هو استعمالها في حل المشكلات. ومع أن حل المشكلات نشاط يقوم به الفرد ويستخدم المفاهيم والمبادئ والمهارات المتعلمة، إلا أنه ينتج تعلماً جديداً(Gagne, 1970).

إن محتوى أية مادة دراسية تتكون من ثلاثة أشكال رئيسة هي: الحقائق، والمفاهيم، والتعميمات أو المبادئ. والحقائق هي الجزء الأساسي من المعلومات أو محتوى المادة الدراسية وتكون في العادة معروفة أو متفق عليها. فعمَّان مثلاً عاصمة الأردن؛ يقع لبنان شمال فلسطين؛ يوم عرفة هو اليوم التاسع من ذي الحجة، حقائق جدول الضرب، هي أمثلة على الحقائق والمعلومات المتضمنة في محتوى المادة الدراسية.

أما المفاهيم فهي مفردات تصنيفية تستخدم لتجميع الأشياء كأفكار. ومعظم التعليم المدرسي في مادة دراسية ما يتألف من المفاهيم؛ أما التعميمات أو المبادئ فهي عبارات تعبر عن علاقة بين مفهومين أو أكثر (أبونبعة، 2003، مترجم،ص ص. 240-251).

ونحن لا نريد من طلابنا أن يتعلموا محتوى المقرر فقط، بل نريدهم أن يتعلموا التعميمات أو المهارات العقلية المختلفة في حل المشكلات المرتبطة بذلك المقرر أيضاً، ومن هنا يجب أن ننظر إلى المقرر الدراسي على أنه محتوى يتكون من بنية معرفية منظمة، ومشكلات مرتبطة بالمحتوى تعمل على تنمية القدرات والمهارات العقلية العليا ومنها حل المشكلات.

إن حل المشكلات من المنظور السابق يركز على تعليم الطلبة مهارات عقلية نذكر منها: صياغة الفرضيات، اختبار صحة الفرضيات، تقديم الأدلة وتقييمها، وعمل الاستنتاجات (وهي مهارات فرعية في حل المشكلات).

أما حل المشكلات من المنظور الثاني فهو استخدامها في العملية التعليمية التعلمية كطريقة من طرق التدريس غير المباشر. ويشار في الأدب التربوي إلى طريقة حل المشكلات في تدريس معظم المواد الدراسية كطريقة مفضلة على طريقة المحاضرة أو الشرح، وبمستوى طريقة التدريس بالاكتشاف أو الاستقصاء أو الحوار. وحل المشكلات في هذا المنظور يركز على دور الطالب في عملية التعلم ويجعله محور العملية التعليمية التعلمية. والذي يدقق في خطوات طريقة حل المشكلات يخرج بالانطباع أن طريقة حل المشكلات هي طريقة أو استراتيجية تعلم أكثر منها طريقة تدريس، ودور المعلم فيها يتلخص في المهام التي أشير إليها سابقاً، وهي: المعلم مصمم للمنهاج، المعلم موجه ومرشد، المعلم مقيِّم للمشكلة وتعلم الطلبة.

ولابد من الإشارة أن حل المشكلات كناتج تعليمي أو كطريقة تدريس أو استراتيجية تعلم يجب أن تنطلق من مشكلات منهجية، وتبنى على مشكلات منهجية

أيضاً، أي أن يكون التعلم مستنداً إلى مشكلات يتم إعدادها أو اختيارها من قبل المعلم، أو تكون في صميم المنهاج أو المقرر الدراسي.

ونورد فيما يلي نماذج من خطوات طريقة حل المشكلات العامة كما وردت في المراجع المختارة أدناه، وسوف نتبعها بخطوات مقترحة تتماشى مع حل المشكلات المرتبطة بالمناهج الدراسية، علماً بأن حل المشكلة في الرياضيات سيخصص له بند خاص في هذا الفصل.

النموذج الأول:

خطوات الطريقة العامة لحل المشكلات:

المرجع: فريد أبو زينة، محمود الوهر، ومحمد إبراهيم حسن (2001).

المناهج وطرق التدريس العامـة: الجامعة العربية المفتوحة، 2001، ص ص:341-342.

الخطوة الأولى: الشعور بالمشكلة

الشعور بالمشكلة هو المحرك الأساسي للفرد للبحث عن حل للمشكلة، قد يتولد هـذا الشعور من خلال الملاحظة، أو الخبرة، أو نتيجة غير متوقعة لنشاط الفرد، وقد يكون من إختيار المعلم أو تصميمه. وفي مجال المشكلات ذات الصلة بالمنهاج فإنها جميعاً تكون من تخطيط أو تصميم المعلم أو المنهاج.

الخطوة الثانية: تحديد المشكلة

تبقى المشكلة غامضة وغير واضحة لدى الفرد، لا يستطيع أن يقوم بأي جهد للتصدي لها إذا لم تتحدد بشكل دقيق وواضح، وقد يتم ذلك بإعادة صياغتها على شكل أسئلة أو أهداف توضح للفرد ما المطلوب منه القيام بـه، وفيما إذا كان بإمكانـه السـير في حلها.

الخطوة الثالثة: وضع الفرضيات (الحلول المقترحة أو المؤقتة)

بعد تحديد المشكلة، قد يتضح للفرد أكثر من حل مقترح و إجابة مؤقتة للسؤال أو الأسئلة التي تطرحها المشكلة. والحلول المقترحة أو الإجابات المؤقتة على الأسئلة تسمى **فرضيات.**

الخطوة الرابعة: تطوير خطة اختبار الحل (الحلول المقترحة) وتنفيذها

بما أن الفرضيات التي تم وضعها هي حلول مقترحة أو إجابات مؤقتة، فإنه لا بد من وضع خطة للتحقق من هذه الفرضيات واختبار صحتها وأي منها يمثل الحل الأفضل للمشكلة. وتتضمن الخطة الأدوات والمواد وربما الأشخاص والإجراءات التي ستتبع، ومن ثم تنفيذ هذه الخطة حسب التصور المرسوم لها.

الخطوة الخامسة: النظر في النتائج وتعميمها (وكتابة تقرير عنها)

يؤدي تنفيذ الخطة التي تم إعدادها إلى نتائج يجري تحليلها قد تتفق مع الحلول المقترحة أو الفرضيات، أو قد تتطلب مزيداً من الاستقصاء والبحث، ومن ثم التوصل إلى استنتاجات أو تعميمات يمكن أن تنطبق على مواقف أو مشكلات مشابهة مستقبلاً.

النموذج الثاني:

خطوات طريقة حل المشكلات في التدريس

المرجع: جودت سعادة (2003).

تدريس مهارات التفكير: عمــان: دار الشروق للنشر والتوزيع، ص ص: 480-483.

الخطوة الأولى: الشعور بالمشكلة وتحديدها

كما ورد في الخطوتين 1، 2 أعلاه.

الخطوة الثانية: تطوير حل تجريبي للمشكلة (أو وضع حل مؤقت لها)

كما ورد في الخطوة (3) أعلاه

الخطوة الثالثة: إختبار الإجابات أو الحلول التجريبية المؤقتة

وذلك عن طريق جمع المعلومـات والبيانـات ذات العلاقـة والتحقـق مـن ملاءمتهـا للحلول المقترحة.

الخطوة الرابعة: الوصول إلى حكم عام أي التعميم على حل مشكلات أخرى

الخطوة الخامسة: تطبيق القرار أو الحل النهائي

تعتبر هذه الخطوة إضافة على الخطوات التي وردت في خطوات حل المشكلة الواردة أعلاه.

النموذج الثالث:

خطوات استراتيجية حل المشكلة

المرجع: **Teaching Strategies**: Orlich et al, 1998, Houghton Mifflin, p. 307

مترجم: استراتيجيات التدريس، ترجمة عبدالله أبو نبعة، مكتبة الفـلاح، 2003، ص 490.

فيما يلي إيجاز لهذه الخطوات:

1- الإحساس أو الشعور بموقف أو حدث يوصف بأنه مشكلة.

2- تحديد المشكلة وصياغتها في عبارات محددة.

3- التعريف بمصطلحات المشكلة.

4- تعريف حدود (محددات) المشكلة.

5- تحليل المهام وتجزئة المشكلة إلى عناصرها.

6- جمع البيانات والمعلومات التي تخص كل مهمة.

7- تقييم البيانات بحثاً عن تمييزات ظاهرة أو أخطاء.

8- تجميع وتنظيم البيانات للوصول إلى علاقات ذات معنى.

9- استخلاص تعميمات واقتراح بدائل لتعديل المشكلة.

10- نشر نتائج ما تم التوصل إليه.

النموذج الرابع:

حل المشكلات المستندة للمنهاج

أما خطوات حل المشكلات المنهجيـة (المرتبطـة بالمنهـاج) المقترحـة أو خطوات التعلم المستند إلى مشكلة فهي كما يلي:

1- تعرف المشكلة وتحديدها.

2- تطوير خطة الحل.

3- جمع البيانات والمعلومات.

4- تنظيم وعرض البيانات والمعلومات وتحليلها.

5- استخلاص النتائج والاستنتاجات

6- تقييم العمل وتوسيع مجال المشكلة.

وفيما يلي تعريف بكل خطوة:

1- **تعرف المشكلة وتحديدها**

مصادر المشكلات المنهجية ليست بالتنوع أو التعدد كمصادر المشكلات العامة، وفي معظم الأحيان تصمم هذه المشكلات مسبقاً أو يتم اختيارها من قبل المعلم، وفي بعض الأحيان قد يشعر بها المتعلم من خلال خبرته وتجاربه، فقد يلاحظ فرد ما أن درجة الحرارة في الليالي الصافية (بدون غيوم) في فصل الشتاء تكون باردة جداً وقد يتكون الصقيع صباحاً، وهذه الملاحظة تقود الشخص إلى التساؤل لماذا يحدث ذلك. وتنشأ المشكلة من هذه الخبرة، وبطبيعة الحال قد يعمم المتعلم موقفاً ما يعبر عن هذه المشكلة. وفي التربية الإسلامية مثلاً قد يصمم المعلم مشكلة ترتبط بتوزيع الإرث على مستحقيه وكيف يتم ذلك.

إن تعرف المشكلة يقتضي ربط المشكلة بالواقع والحياة ما أمكن ذلك، وارتباط المشكلة بالمنهاج وما يتعلمه المتعلم من معرفة سابقة كمتطلب لفهم المشكلة وقبول التحدي للشروع في حلها وتحديد المعطيات والمطلوب.

إن صياغة المشكلة بوضوح وبلغة يفهمها الطالب أمر أساسي لفهم المشكلة، وجرت العادة أن تصاغ المشكلات على شكل سؤال واحد أو أكثر، وقد يكون هناك سؤال محوري يتفرع عنه عدة أسئلة، والصياغة بهذا الأسلوب تعطي تحديداً دقيقاً للمشكلة.

فمثلاً بالنسبة لمشكلة ظهور أو عدم ظهور الغيوم في السماء في ليالي فصل الشتاء فإنها تحدد بطرح السؤال التالي:

- هل تغطية الهواء بطريقة ما تبقيه دافئاً؟ أو
- هل تعمل تغطية الهواء بطريقة ما على انحباس الحرارة في الهواء وعدم تسربها للخارج؟

كما أن توزيع الإرث على الورثة تطرح عدة أسئلة منها:

- ما نصيب الذكر وما نصيب الأنثى من ميراث والدهم المتوفي؟

- ما نصيب الزوجة وما نصيب الأبوين من ميراث المتوفي؟

وبالإمكان الخروج بأسئلة أكثر تفصيلاً.

2- تطوير خطة الحل

بعد تعرف المشكلة وتفهمهاوتحديدها كما ورد في الخطوة السابقة، لا بد من تحديد مصادر المعلومات والبيانات التي نحتاجها للشروع في حل المشكلة، فقد يكون مصدر هذه المعلومات والبيانات مراجع متوفرة في المكتبة، أو بحوث منشورة، أو أدبيات يمكن الحصول عليها أو توفيرها. كما يمكن الاستعانة بأشخاص في المجتمع أو عاملين في الميدان للحصول على هذه المعلومات والبيانات. وتتطلب بعض المشكلات مواد وأدوات للحصول على المعلومات أو البيانات الضرورية. وكثير من المشكلات العلمية المنهجية تتطلب إجراء بعض التجارب كما هو الحال في كيفية انتقال الصوت في الوسط المادي، أو في كيفية تكون الصور في المرايا والعدسات. وبعض المشكلات تتطلب جمع بيانات من خلال اختبارات تعد أو استبانات توزع على مجموعة مختارة من الأشخاص، أو مقابلات لأفراد ذوي خبرة أو دراية بالمشكلة. وهناك مشكلات تتطلب القيام بمشاهدات أو ملاحظات ميدانية لظواهر أو ممارسات يقوم بها الأفراد.

وتتضمن خطة الحل الإجراءات التي ستتبع في إعداد المواد والأدوات وجمع البيانات مقترناً بالزمن والوقت اللازم لذلك. وقد تتطلب بعض المواقف أو المشكلات صياغة فرضيات أو وضع حلول مقترحة تتضمنها خطة الحل، فمثلاً في مشكلة انتقال الصوت في الوسط المادي، وفي أي منها تكون سرعته أعلى.

يمكن صياغة الفرضية التالية:

- ينتقل الصوت في الوسط المادي الصلب (كالحديد مثلاً) بسرعة أكبر مـن سرعتـه في الماء أو سرعته في الهواء.

إلا أننا ننوه بـأن بعـض المشكلات لا تتطلب وضع حلـول مقترحـة أو فرضيات كمشكلة توزيع الإرث مثلاً على الورثة، والحكمة في عدم التساوي بـين الورثـة في حصصهم.

3- جمع المعلومات والبيانات

تعني هذه الخطوة تنفيذ الخطة الموضوعة وذلك بجمع المعلومات مـن مصـادرها، المراجع والكتب والإنترنت، وإجراء التجارب المخبرية أو جمع البيانات من الأشخاص من خـلال الوسائل المتعـددة كالاستبيانات أو الإختبارات أو المشاهدة، أو القيام بمشاهدات أو ملاحظات ميدانية للظواهر.

وإن كان هناك فريق للعمل يخصـص لكـل فـرد في الفريـق القيام بمهـام أو أدوار محددة في جمع المعلومات والبيانات.

4- تنظيم وعرض البيانات والمعلومات وتحليلها

يمكن عرض المعلومات التي تم جمعها في الخطوة السابقة بصورة قصصية (إخبارية أو سردية) وفي الحالات التي يمكن فيها تصنيف البيانات ووضعها في فئات، أو تـوفر بيانات كمية رقمية لـدينا فـإن جمـع البيانات وعرضها يتم عـلى شـكل الجـداول والأشكال والرسوم البيانية. وتفيـد الجـداول والأشكال والرسـوم البيانيـة في تنظيـم عرض البيانات واختصارها، وتقدم وصفـاً واضحاً ومـؤشراً لأية علاقـات أو ارتباطات بينها، أو أية تحليلات تتطلبها هذه البيانات.

ويتطلب تحليل البيانات استخدام الإحصاء الوصفي كالأوساط الحسابية أو النسـب المئوية أو الإنحرافات المعيارية أو معاملات الإرتباط، كما تتطلب أحياناً استخدام

الإحصاء الاستدلالي لاختبار الفرضيات الإحصائية المطورة عن الفرضيات البحثية.

5- استخلاص النتائج والاستنتاجات

بعد جمع المعلومات والبيانات وعرضها وتحليلها، يتم استخلاص النتائج والاستنتاجات المبنية على هذه النتائج. فعلى فرض أن المشكلة كانت: ما كمية الطعام ونوعه التي يحتاجها جسم الإنسان في السنوات الأولى من عمره؟

من المعلوم أن جسم الإنسان يحتاج إلى الطاقة التي تبقيه دافئاً، يتنفس ، ويفكر، ويتنقل أو يتحرك، وفوق ذلك كله لينمو. ويحصل جسم الإنسان على هذه الطاقة من الغذاء الذي يتناوله، ويعتمد ذلك على كمية الطعام ونوعه. بعد جمع المعلومات من مصادرها يتم تنظم البيانات التي نحصل عليها في جدولين:

- الأول يحوي الطعام والسعرات الحرارية (الطاقة) هكذا:

الطعام	السعرات الحرارية
حبة تفاح	250
دجاج (100غم)	520
حليب (¼ لتر)	320
حبة بندورة	130
بيضة مسلوقة	320
وهكذا..	

- أما الجدول الثاني فيشمل السعرات الحرارية التي يحتاجها الجسم ، هكذا:

العمر بالسنوات	السعرات الحرارية	
	ذكور	إناث
-		
-		
-		
7-5	7560	7560
9-7	8820	8820
12-9	10500	9660
15-12	11760	9660

(مصدر البيانات)

بناءً على هذه البيانات نستطيع أن نقدم الوجبة الغذائية المناسبة على الفطور والغذاء والعشاء في الأعمار المختلفة، وبالإمكان أن نستنتج أيضاً أن الأشخاص الذين يمارسون الرياضة أو يقومون بأعمال جسدية ويتحركون كثيراً يحتاجون إلى طاقة أكبر، وبالتالي يجب تناول كميات أكبر من الكميات التي يتناولها الأشخاص العاديون، وربما ينصح لهم بتناول وجبة غذائية إضافية.

6- تقييم العمل وتوسيع مجال المشكلة

إن إنجاز أي عمل يقوم به الفرد يتطلب منه التأمل فيه وتقييمه وملاحظة أنه تم على الوجه الأفضل وانسجامه مع الخطة الموضوعة، وليس هذا فحسب، بل عليه أن يضمن للآخرين الوضوح والدقة والتسلسل حتى يكون بمقدور من أراد أن يعيد الخطوات للتأكد من سلامة الإجراءات والنتائج. وإن كانت المشكلة التي تم تناولها ليست واسعة فإنه بالإمكان توسيع مجالها.

فإن كانت المشكلة مثلاً: تأثير نقص بعض المعادن (المغنيسيوم، الفسفور أو النيتروجين) على نبتة الفلفل مثلاً، وخلصنا إلى أن نقص أي منها يجعل نمو النبات ضعيفاً بشكل محدود، فإنه بالإمكان توسيع مجال هذه المشكلة لتشمل نباتات أخرى من مثل الباذنجان أو البندورة، وهكذا، وبالإمكان التحقق من هذا التعميم في الاستنتاج بنفس الإجراءات التي تمت بها في حالة نبات الفلفل.

5 : 5   حل المشكلات في الرياضيات

عند الحديث عن المشكلة في الرياضيات يستخدم عادة مصطلح المسألة بدلاً من المشكلة، وعليه فإن حل المشكلات يستبدل بحل المسائل في الرياضيات، أما في اللغة الانجليزية فإن مصطلح(Problem solving) يستخدم أياً كان المجال الذي يتم الحديث فيه. وبشكل عام، فإن الشائع هو استخدام مصطلح المشكلة أو المسألة في الرياضيات بنفس المعنى ودون تمييز بينهما.

تتميز الرياضيات عن غيرها من الموضوعات في أن بنيتها المعرفية تتكون من المفاهيم والحقائق، التعميمات (النظريات والمسلمات والمبادئ)، المهارات والخوارزميات، وفي أعلى البنية تأتي المسائل الرياضية. والمسائل الرياضية أحد مكونات البنية المعرفية في الرياضيات، وتتوزع على جميع موضوعات المحتوى لهذه البنية، وهي: الأعداد والعمليات عليها (الحساب)، الجبر (المعادلات والمتباينات والتفاضل والتكامل)، الهندسة بأنواعها، القياس، الإحصاء والاحتمالات (أبو زينة، 2003، ص 45).

وينبغي أن تتضمن دروس الرياضيات كثيراً من المسائل الرياضية التي تتضمن المكونات الأخرى للبنية المعرفية للمحتوى من مفاهيم أو مهارات أو تعميمات، وأن ترتبط هذه المسائل بمواقف رياضية أو بسياقات خارج إطار الرياضيات.

وحل المسألة الرياضية من أهم الموضوعات التي شغلت العاملين في مجال تدريس الرياضيات والمهتمين بها وبطرق تدريسها منذ فترة طويلة وحتى وقتنا هذا. وارتبط مصطلح المسألة الرياضية بالمسائل الكلامية، ومع أن الارتباط بين المسائل الكلامية والمسألة الرياضية قوي جداً، إلا أن مفهوم المشكلة الذي سبق وأشرنا إليه بشكل عام ينطبق أيضاً على المسألة الرياضية، ويمكننا القول بأنه ليست كل مسألة كلامية هي مسألة (أو مشكلة)، كما أن بعض المسائل الرياضية قد لا تأتي على صورة مسائل كلامية(أبو زينة، 2003، ص 287).

وحل المسألة في الرياضيات ليست هدفاً لتعلم الرياضيات أو ناتجاً تعليمياً فحسب، بل هو وسيلة رئيسة لتحقيق ذلك. وعلاوة على ذلك كله يعتبر حل المشكلات:

– وسيلة ذات معنى للتدرب على المهارات الرياضية وإكسابها معنى وتنوعاً في الاستخدام والتطبيق.

– من خلال حل المسائل تكتسب المفاهيم الرياضية المتعلمة سابقاً معنىً ووضوحاً.

– عن طريق حل المسائل الرياضية يتم تطبيق القوانين والتعميمات في مواقف جديدة في الرياضيات نفسها أو في سياقات حياتية خارج الرياضيات.

وقد تصدَّر حل المسألة قائمة معايير العمليات في الرياضيات المدرسية التي أصدرها المجلس الوطني الأمريكي عام 2000 (National Council of Teaching Mathematics, 2000) وحل المشكلة جزء لا يتجزأ من تعلم الرياضيات لا يجب أن يكون منفصلاً في برنامج تدريس الرياضيات. ويجب أن يتضمن حل المشكلات في الرياضيات مجالات المحتوى الخمسة: الأعداد، الجبر، الهندسة، القياس، الإحصاء والاحتمالات. أما سياقات المشكلات فيمكن أن تتنوع من تجارب معروفة لدى الطلبة في حياتهم أو في المدرسة إلى تطبيقات تتضمن العلوم والصناعة وعالم الأعمال. وعليه يجب أن تمكن المناهج المدرسية الطلبة من (NCTM, 2000).

- **بناء معرفة رياضية جديدة من خلال حل المشكلات**

فالمشكلات الجيدة توفر الفرصة للطلبة لتثبيت معرفتهم وتوسيعها، وتشمل هذه المعرفة المفاهيم الرياضية والتعميمات المرتبطة بالقياس أو الهندسة، وتجعلهم يرون تطبيقات المهارات الرياضية المختلفة وخارج سياق الرياضيات نفسها، وعندما يحسن المعلم (أو المنهاج) اختيار المشكلات أو تصميمها، فإنها تحفز تعلم الطلبة وتزيد من دافعيتهم ومثابرتهم.

- **حل مشكلات تظهر في الرياضيات وفي سياقات أخرى**

إن اختيار أو تصميم مشكلات يجب أن لا يقتصر على الرياضيات نفسها، بل يجب أن يتناول مشكلات خارج سياق الرياضيات، وقد تتناول هذه المشكلات عمليات البيع والشراء، والبنوك، والحجوم والمساحات؛ إذ أن المشكلات خارج سياق الرياضيات يجعل الطلبة يرون ارتباطها بحياتهم وحاجتهم إليها، وتدفعهم نحو التصدي لها وقبول التحدي.

- **استخدام وتكييف العديد من الاستراتيجيات الملائمة لحل المشكلات**

هناك العديد من الاستراتيجيات التي سنقدمها لاحقاً يمكن استخدامها في حل المسائل الرياضية. والأطفال الصغار أو الطلبة في سن مبكرة يحتاجون إلى عدد محدود من هذه الاستراتيجيات، إلا أنه في مراحل متقدمة بعد ذلك يحتاجون إلى استراتيجيات أخرى عندما يتعاملون مع مدى أوسع من المشكلات. وأياً كان استخدام هذه الاستراتيجيات فإنها تأتي ضمن خطوات أوردها بوليا (Polya) في كتابه المعروف How to Solve It (البحث عن الحل).

- **مراقبة عملية حل المشكلة الرياضية والتأمل بها**

إن الذين يتصفون بالقدرة على حل المشكلات يعرفون ما يقومون به، ويتأملونه، ويقيمون تقدمهم بأنفسهم، ويتوقفون للتفكير بالبدائل أو يعدلون إذا ما فشلوا

في محاولتهم الأولى. ويلعب المعلمون دوراً رئيساً في تطوير المهارات التأملية لدى طلبتهم من خلال طرح الأسئلة المتعددة والتي تجعل البيئة الصفية داعمة لتطوير قدرة الطلبة على حل المشكلات.

خطوات حل المسألة الرياضية

قدم بوليا (Polya) في كتابه الذي ظهر في الأربعينيات من القرن الماضي How to Solve It (البحث عن الحل) أربع خطوات لحل المسألة الرياضية هي:

1- قراءة المسألة وفهمها

الخطوة الأولى لتقديم مسألة للطالب هي فهم الطالب لها، إذ أن فهم الطالب للمسألة تثير اهتمامه بها وقبول التحدي للعمل على حلها. لذا يجب أن تعرض المسألة بلغة واضحة ومفهومة وتتلائم مع مستوى الطالب. وعلى المعلم التأكد من أن الطالب قد فهم المسألة بشكل صحيح، ويتم ذلك بأكثر من وسيلة منها:

- إعادة صياغة المسألة بلغة الطالب الخاصة.
- معرفة العناصر الرئيسة في المسألة.
- تحديد المعطيات والمطلوب في المسألة.
- رسم توضيحي للمسألة (إن كان ذلك ضرورياً).

2- وضع خطة الحل

أول ما تتطلبه هذه الخطوة تنظيم المعطيات بشكل يسهل على الطالب ملاحظة الترابط بينها، وهل المعلومات المعطاة كافية لحل المسألة. وبعد التفكير بمعطيات المسألة وكيف ترتبط مع المطلوب للحل قد تبرز أمام الطالب فكرة الحل تدريجياً، أو قد يكون هناك أكثر من محاولة غير ناجحة. إن الطالب الذي تدرب على استراتيجيات متنوعة لحل المسألة الرياضية قد يختار من بينها ما يتلائم مع المسألة

المعروضـة أمامـه، وقـد يوصلـه ذلـك لفكـرة الحـل. وسـنقدم لاحقـاً عـدداً مـن الاستراتيجيات التي تساعد في وضع خطة الحل للمسألة.

3- **تنفيذ خطة الحل**

إن تنفيذ خطة الحل التي وضعها الطالب هو أمر سهل، فقد لا يتطلب ذلك إلا حل معادلة بمجهول واحد، أو حل معادلتين بمجهولين، أو استخدام عملية حسابية واحدة أو عمليتين حسابيتين أو أكثر، وهكذا. وما يتطلبه الحل في معظم الحالات هو مهارات تم اكتسابها قبل انتقال الطالب لحل المسألة الرياضية.

4- **مراجعة الحل**

يتم التحقق من صحة الحل إما من خلال السير عكسياً بخطـوات الحـل، أو التحقـق من الجواب بالتعويض، أو باللجوء إلى طريقة أخرى في حل المسألة.

وقد استخدم نموذج **بوليا** في حل المسألة الرياضية نماذج أخرى منها ما قدمه (Kulik & Rudnik, 1987) وجاء النموذج في (5) خطوات هي:

1- قراءة المسألة وفهمها

2- مرحلة الاستقصاء

وهي جزء من الخطوة الثانية في خطوات بوليا، وتتطلب:

- تنظيم المعلومات أو المعطيات في جدول أو خارطة

- رسم تخطيطي للمسألة أو عمل نموذج لها

- التحقق من كفاية المعلومات + عرض وجود معلومات غيـر ضروريـة لحـل المسألة.

وتسبق هذه المرحلة خطة الحل التي يتوصل إليها الطالـب، كـما أنهـا قـد ترشد الطالب إلى الاستراتيجية المناسبة.

3- وضع خطة الحل (اختيار الاستراتيجية)

4- تنفيذ خطة الحل

5- مراجعة الحل وتوسيع مجاله

وتشمل هذه الخطوة:

- التأمل في خطة الحل وفي تنفيذها.
- التحقق من صحة الحل.
- توسيع مجال المشكلة وطرح مشكلات منبثقة عنها وذلك بملاحظة أية تعديلات أو تغييرات على المسألة الأصلية. فمثلاً إذا تضمنت مسألة عمليتي الجمع والضرب (في حالات الشراء) فإننا نوسع مجال المسألة بإضافة عملية الطرح للمسألة كأن نطلب حساب كم يعيد لنا البائع من المبلغ الذي أعطي إليه، وهكذا.

استراتيجيات مقترحة لحل المسائل الرياضية

هناك العديد من الاستراتيجيات المستخدمة في حل المسائل الرياضية وردت في عدد من المصادر والمراجع، ومن هذه الاستراتيجيات:

1- عمل قائمة منظمة أو جدول

2- البحث عن نمط

3- المحاولة والخطأ

4- استخدام معادلة أو قانون أو عملية

5- عمل نموذج أو شكل

6- حل مسألة أسهل

7- الحذف

8-   السير عكسياً

9-   التبرير المنطقي

وفيما يلي توضيح لهذه الاستراتيجيات من خلال إعطاء أمثلة عليها.

1- استراتيجية عمل قائمة أو جدول

عمـل قائمـة منظمـة أو جـدول طريقـة جيـدة لتنظيـم المعلومـات الـواردة في المسـألة وملاحظة العلاقة بينها.

مثال: زرع أحمد شجرة طولها (4) أقدام وتنمو بمعـدل قدمين في السـنة، وزرع أخـاه خالد شجرة أخرى طولها (2) قدم وتنمـو بمعـدل 2½ قدم في السـنة، بعـد كـم سنة يتساوى طولا الشجرتين؟

خطة الحل: عمل جدول.

2- استراتيجية البحث عن نمط

في بعض الأحيان تشكل الأعداد أو الأشكال في مسـألة مـا نمطـاً معينـاً، ويتطلـب حـل المسألة المعطاة اكتشاف النمط لحلها.

مثال: في الشكل التالي يزداد عدد الصناديق في السطر السفلي صندوقين عـن السـطر الذي فوقه، ما عدد الصناديق التي نحتاجها في تشكيل يتكون من (8) طبقات؟

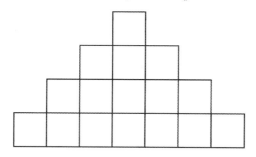

النمط: كل سطر يحوي صندوقين زيادة عن السطر الذي يعلوه.

3- استراتيجية المحاولة والخطأ

في هذه الاستراتيجية يقترح حل معقول للمسألة يتم اختباره، فإن لم يكن الحل صحيحاً في المحاولة الأولى ننتقل إلى محاولة ثانية وهكذا.

مثال: مستطبل مساحته 60م^2، فإذا كان طول المستطيل يزيد عن عرضه 7سم، فما طول المستطيل وما عرضه؟

خطة الحل: تجربة الأعداد 20 ، 3 ، 15 ، 4 ، 12 ، 5

4- استراتيجية البحث عن معادلة أو قانون أو عملية

في مسائل الجبر غالباً ما نكوّن معادلة أولاً، وفي بعض المسائل الحسابية نبحث عن العملية أو العمليات التي نحتاجها، أما في مسائل الهندسة والقياس فالبحث عن قانون هو الشائع.

مثال (1): عدد يتكون من رقمين مجموعهما (13)، إذا عكس وضع الرقمين يقل العدد الناتج عن العدد الأصلي 45، ما العدد؟

مثال (2): ساحة سماوية أمام بيت على شكل مستطيل أبعاده 8م و 6م، يراد تبليطها ببلاط أبعاده 40×40 سم، كم بلاطة نحتاج؟

5- استراتيجية عمل نموذج أو شكل

تستخدم الرياضيات لنمذجة العالم الحقيقي، وتكون النمذجة إما بعمل مجسم، أو شكل، أو علاقة رياضية ما.

مثال: سار شخص مبتعداً عن مخيم كشفي في اتجاه 30° شمال الشرق ولمسافة 200م، ثم سار شمالاً مسافة 120متراً، ما بعده عن المخيم الكشفي وما موقعه بالنسبة للمخيم؟

6- حل مسألة أسهل

قد يكون من الصعب أحياناً حل مسألة بسبب كبر أرقامها أو زيادة خطواتها أو حالاتها، وقد يكون من الأسهل حل تلك المسألة بأرقام أصغر أو حالات أقل.

مثال: ما مجموع قياسات زوايا الشكل الثماني؟

مجموع قياسات زوايا الشكل الرباعي = 360° = 4 زوايا قائمة لأن الشكل الرباعي ينقسم إلى مثلثين كل منهما 180°، والشكل الثماني ينقسم إلى (5) مثلثات، إذاً مجموع زواياه = 10 زوايا قائمة.

7- استراتيجية الحذف

تقوم هذ الإستراتيجية على حذف الحلول غير الممكنة بعد أن يكون الفرد قد قدم عدداً من الحلول المقترحة.

مثال: عدد مؤلف من رقمين مجموعهما (13) والفرق بينهما (3) إذا عكس وضع الرقمين يكبر العدد، فما العدد؟

الحلول الممكنة: 94 49 85 58 76 67

بحذف الأعداد 94 49 85 76 67

يبقى العدد 58 (الحل الصحيح).

8- استراتيجية السير عكسياً بالحل

غالباً ما تقدم معطيات المسألة بشكل متسلسل من البداية وحتى النهاية، وفي هذه الاستراتيجية تكون المعطيات النهائية هي نقطة البداية في الحل.

مثال: يصرف موظف 20% من راتبه للسكن، 25% للأكل، 15% مصاريف أخرى، ويوفر 75 ديناراً، فما راتب الموظف؟

75 دينار = 100% - (20% + 25% + 15%) = 40%

إذاً راتب الموظف يساوي.....

9- استراتيجية التبرير المنطقي

مثال: ما أكبر عدد مؤلف من ثلاثة منازل ممكن تكوينه من الأرقام 3 5 9 4؟

الحل: المنزلة الثالثة يجب أن تحوي الرقم 9

= الثانية = = = = 5

= الأولى = = = = 4

إذاً العدد هو 954

وتجدر الملاحظة أن المشكلات في الرياضيات أي المسائل الرياضية تختلف عن المشكلات الحياتية أو الاجتماعية، وحتى عن تلك المشكلات في الموضوعات الأخرى، وربما تكون أقرب للمشكلات في مبحث الفيزياء، فهي مشكلات أكثر تحديداً، وغالباً ما تتطلب الإلمام بالقواعد والقوانين أو النظريات التي درسها الطالب في وقت سابق، كما أنها لا تتطلب الوقت الذي تتطلبه المشكلات المنهجية الأخرى، أي أن معظم المشكلات في الرياضيات ربما لا تحتاج إلا لدقائق لحلها، وقد لا يتمكن الطالب من حلها إطلاقاً. وحل المشكلات في الرياضيات يتطلب مجهوداً عقلياً أكبر من الطالب من تلك المشكلات في الموضوعات الأخرى، وفي معظم المشكلات الرياضية يكون العمل فردياً وليس زمرياً خصوصاً في المراحل الأولى من حل المشكلة الرياضية.

ومهما يكن من فرق بين المشكلات في الرياضيات والمشكلات الأخرى فإن الرياضيات تقدم نموذجاً فعالاً لتنمية مهارة وقدرة الطلبة على حل المشكلات عامة، وقد تنفرد الرياضيات في هذه الخاصية.

5 : 6   مواقف تدريسية في حل المشكلات

لاقت النداءات باعتماد المشكلات كمدخل لبناء معرفة متخصصة في المناهج الدراسية، واستخدام طريقة حل المشكلات في التدريس إستجابة من قبل عدد من الباحثين في التعلم والتعليم، وقد سبق وأن أشرنا إلى أن كليات الطب، وربما في جميع أنحاء العالم، تستخدم هذا النموذج في تطوير المعرفة والمهارة لدى طلبتها.

وفيما يلي عدد من المواقف التي استخدمت فيها هذه المنهجية:

الموقف الأول:

دراسة بعنوان:

"أثر استخدام استراتيجية حل المشكلات في تنمية مهارات التفكير الناقد والمفاهيم البيولوجية والاتجاهات نحو الأحياء لدى طلبة المرحلة الثانوية"

محمد سليم محمود

أطروحة دكتوراة، جامعة عمّان العربية للدراسات العليا – 2005.

هدفت هذه الدراسة إلى تقصيـ أثر استخدام استراتيجية حل المشكلات في تنمية مهارات التفكير الناقد، والمفاهيم البيولوجية، والاتجاهات نحو الأحياء لدى طلبة الصف الحادي عشر – الفرع العلمي. قدمت المادة التعليمية، وهي وحدة الخلية وأنشطتها من منهاج الأحياء للصف الأول الثانوي العلمي (الصف الحادي عشرـ) لطلبة المجموعة التجريبية وعدد أفرادها (40 طالباً) من خلال مشكلات تمس الحياة اليومية للطلبة، ودرست بطريقة حل المشكلات، أما المجموعة الضابطة والبالغ عدد أفرادها (40 طالباً) فقد درست نفس المادة بالطريقة الاعتيادية.

قدمت المادة التعليمية لطلبة المجموعة التجريبية من خلال مشكلات نورد فيما يلي إحداها:

تضايق سعيد كثيراً عندما رأى أن أوراق أزهاره بدأ يعتريها الاصفرار، ولما سأل عن السبب كان الجواب أن هناك نقصاً في العناصر التي توجد في التربة ويحتاجها النبات. فاشترى أنواعاً مختلفة من الأسمدة ورشها حول نباتاته بكميات كبيرة لعله يعوض النقص بوقت قصير، وكانت صدمته كبيرة حينما رأى أزهاره تذبل واحدة تلو الأخرى. ما سبب ذبول النباتات مع أنه يسقيها باستمرار؟ وما الحل؟

وقد تم تدريس المجموعة التجريبية بعد أن وزعوا في مجموعات (4 – 6 طلاب في المجموعة الواحدة). أما استراتيجية حل المشكلات المستخدمة فكانت كما يلي:

1- طرح المشكلة بطريقة مناسبة – على السبورة أو من خلال شكل أو مخطط أو بوسيلة أخرى.

2- إتاحة الفرصة للطلبة لمناقشة المشكلة، وتحديد المعلومات اللازمة ليتسنى لهم البدء بالبحث في الحلول المقترحة.

3- إرشاد الطلبة إلى مصادر المعلومات المطلوبة، أو تزويدهم بهذه المعلومات، وذلك عن طريق إجراء تجربة أو عرض شريط فيديو، أو بشكل مباشر.

4- استقبال الحلول التي تتفق عليها المجموعة الواحدة وطرحها على الجميع بالوسيلة المناسبة.

5- استبعاد الحلول غير الصحيحة عن طريق الحوار والمناقشة، وتعميم الحل الأمثل على الجميع.

وقد كانت النتائج لصالح المجموعة التجريبية كما هو متوقع.

واشتمل اختبار التفكير الناقد على (4) مهارات أساسية هي:

1- المقارنة والتباين

2- تحديد السبب أو النتيجة

3- وضع الفروض (الفرضيات) وفحصها.

4- إصدار الأحكام.

الموقف الثاني:

دراسة بعنوان:

"أثر استخدام التعلم القائم على المشكلات في تدريس الفيزياء في تنمية القدرة على التفكير الإبداعي والاتجاهات العلمية وفهم المفاهيم العلمية لدى طلبة الصف التاسع الأساسي".

بسام عبدالله إبراهيم

أطروحة دكتوراة ، جامعة عمّان العربية للدراسات العليا، 2004.

هدفت الدراسة إلى استقصاء فاعلية التعلم القائم على المشكلات في مبحث الفيزياء في تنمية القدرة على التفكير الإبداعي والاتجاهات العلمية، وفهم المفاهيم الفيزيائية لدى طلبة الصف التاسع. تكونت عينة الدراسة من 143 طالباً من طلاب الصف التاسع في مدرستين للذكور تابعتين لوكالة الغوث الدولية في الأردن. وتوزعت عينة الدراسة في مجموعتين، تجريبية وعدد أفرادها (71) طالباً، وضابطة عدد أفرادها (72) طالباً.

اختيرت وحدة القوة والشغل والطاقة من كتاب الصف التاسع في الفيزياء، وصممت مشكلات علمية واقعية لتدريس هذه الوحدة لطلبة المجموعة التجريبية، أما المجموعة الضابطة فقد درست الوحدة بالأسلوب الاعتيادي. وكان عدد المشكلات التي غطت المادة العلمية (10) مشكلات من مثل:

مثال (1):

أراد شخص أن ينقل صندوقاً إلى أعلى سطح مائل، أيهما أسهل، أن يسحبه إلى أعلى أو أن يدفعه إلى أعلى؟ ساعد هذا الشخص في الوصول إلى الحل، مع التفسير.

مثال (2):

ولد كتلته (40) كغم يقف في نهاية قارب صغير كتلته (70) كغم وطوله 4 م، والقارب على بعد 3 م من الشاطئ، وقد لاحظ الولد سلحفاة على صخرة من الطرف الآخر من القارب فقرر السير داخل القارب بهدف الوصول إلى السلحفاة والإمساك بها.

- صف حركة كل من الولد والقارب.

- أين سيكون موقع الولد بالنسبة للشاطئ؟

- هل يستطيع الولد أن يمسك بالسلحفاة أم لا؟

وضح ذلك، وكيف تساعده في الوصول إلى السلحفاة؟

أما إجراءات تنفيذ استراتيجية حل المشكلات المتبعة في هذه الدراسة فكانت كما يلي:

1- عرض المشكلة من خلال الحاسوب، أو الشفافيات، أو غيرها.

2- تحديد المشكلة والمواد أو الأدوات التي يحتاجها الطلبة لحل المشكلة.

3- يقوم الطلبة على شكل مجموعات بوضع الحلول الممكنة بعد مناقشتها فيما بينهم.

4- تستبعد الحلول غير الممكنة أو التي لا يمكن اختبارها وفحصها.

5- الوصول إلى الحل الصحيح وتعميمه بعد التحقق منه.

6- يتم عرض مشكلة أخرى مشابهة للمشكلة بعد الانتهاء من حل المشكلة الأولى.

جمعت بيانات الدراسة باستخدام:

أ- اختبار التفكير الإبداعي في الفيزياء ويحتوي على (10) مفاهيم فيزيائية.

ب- اختبار الاتجاهات العلمية وتقيس (6) مجالات هي: الاستطلاع والاستفسار، العقلية الناقدة والمنطقية، الانفتاح العقلي، الموضوعية والنزعة التجريبية، النفعية والتقدمية، الأمانة والنزاهة العلمية.

ج- اختبار فهم المفاهيم العلمية.

وكانت النتائج لصالح المجموعة التجريبية التي درست المادة العلمية من خلال المشكلات ، وبالطريقة التي اتبعها الباحث في هذه الدراسة، وذلك في جميع الاختبارات.

الموقف الثالث

دراسة بعنوان:

"أثر تقديم مادة تعليمية مستندة إلى بناء المعرفة الرياضية من خلال المشكلات في تنمية القدرة على حل المشكلات وعلى التحصيل في الرياضيات لدى طلبة المرحلة الثانوية".

خالد خشان

أطروحة دكتوراة - جامعة عمّان العربية للدراسات العليا، 2000.

هدفت هذه الدراسة إلى تقصي أثر تقديم مادة تعليمية مستندة إلى بناء المعرفة الرياضية من خلال المشكلات في تنمية قدرة طلبة الصف الأول الثانوي العلمي على حل المشكلات، وعلى التحصيل في الرياضيات. تكونت عينة الدراسة من 131 طالباً وطالبة من الصف الأول الثانوي العلمي في مدرستين، إحداهما للذكور والأخرى

للإناث في لواء الرمثا. بلغ عدد أفراد المجموعة التجريبية 66 طالباً وطالبة، وبلغ عدد أفراد المجموعة الضابطة 65 طالباً وطالبة.

تم إعداد المادة التعليمية في وحدتي طرق العدد والمتتاليات والمتسلسلات من منهاج الصف الأول الثانوي للمجموعة التجريبية من خلال مشكلات واقعية، بلغ عددها (9) مشكلات أساسية أضيف إليها عدد آخر من المشكلات. أما المجموعة الضابطة فقد درست بالطريقة الإعتيادية اعتماداً على المادة العلمية في الكتاب المدرسي المقرر. واستغرق تدريس المادة العلمية (6) أسابيع بواقع (4) حصص أسبوعية. وفيما يلي مثال على المشكلات المقدمة للطلبة:

مثال (1): مشكلة من المحتوى الرياضي

ازداد عدد السيارات في إحدى الدول زيادة كبيرة، لذا فكرت دائرة السير هناك بأن تحمل لوحة كل سيارة ثلاثة من حروف الهجاء العربية متبوعة بثلاثة من الأرقام (9،8،7،6،5،4،3،2،1)، كم عدد اللوحات التي يمكن الحصول عليها من خلال هذا الإجراء؟ ماذا تقترح لو زاد عدد السيارات في تلك الدولة عن العدد الذي وفرته الإجراءات السابقة (هذا المطلب معدل).

مثال (2): مشكلة من خارج إطار المحتوى الرياضي:

من بين مجموعة من الأولاد والبنات في مدرسة ما، غادرت (15) بنتاً فبقي ولدان في مقابل كل بنت، بعد ذلك غادر 45 ولداً فأصبح هناك 5 بنات في مقابل كل ولد، كم بنتاً كان في المجموعة أصلاً؟

وقد تم تنفيذ الدرس الذي يتضمن المشكلة على النحو المقترح في خطوات بوليا كما يلي:

1-   **فهم المشكلة**

ويتم التحقق من ذلك من خلال طرح عدة أسئلة على الطلبة.

2-   **التخطيط للحل**

ويتم ذلك من خلال طرح أكثر مـن استراتيجية يمكن اعتمادهـا في وضع خطـة الحل.

3-   **تنفيذ الحل**

4-   **مراجعة الحل وتوسيع نطاقه**

التحقق من صحة الحل ومراجعته يتم من خلال التفكير بطريقة أخرى بعدها يتم اختيار مشكلة أوسع من المشكلة المطروحة.

أعد الباحث اختبارين: أحدهما في حل المشكلات، وهـذه المشكلات ذات صبغة رياضـية لكنهـا لا تـرتبط بمحتـوى رياضي معـين. أمـا الاختبار الثـاني فكـان اختباراً تحصيلياً تضمن فهم المفاهيم واستخدام المعرفة الإجرائيـة وحل المسـألة الرياضية.

أظهرت نتائج الدراسة أن طلبة المجموعة التجريبية تفوقوا علـى طلبـة المجموعـة الضابطة في التحصيل في الرياضيات وكذلك في حل المشكلات.

الموقف الرابع:

دراسة بعنوان:

"أثر استراتيجيتين تدريسيتين قائمتين على حل المشكلات في اكتساب طالبات المرحلة الأساسية لمفاهيم الصحة الوقائية والاتجاهات الصحية"

رولى مصطفى اليوسف

أطروحة دكتوراه - جامعة عمّان العربية للدراسات العليا(2005).

هدفت الدراسة إلى استقصاء أثر استخدام استراتيجيتين تدريسيتين قائمتين على حل المشكلات في اكتساب طلبة المرحلة الأساسية لمفاهيم الصحة الوقائية والاتجاهات الصحية.

اختيرت وحدة الغذاء وصحة الإنسان من مقرر الصف الخامس لتدريسها وفق الاستراتيجيتين المقترحتين؛ وتناولت هذه الوحدة الدروس التالية:

الغذاء والتغذية، العناصر الغذائية، هرم الإرشاد الغذائي، اختيار الغذاء المتوازن، أمراض سوء التغذية، مرض السمنة والكساح، فقر الدم، تسوس الأسنان، التلوث الغذائي، الأمراض التي تنتقل بواسطة الغذاء.

جرت استراتيجية حل المشكلات وفق الخطوات التالية:

1. الشعور بالمشكلة

2. تحديد المشكلة

3. فرض الفروض

4. جمع البيانات

5. اختبار صحة الفروض
6. الوصول إلى حل للمشكلة
7. تعميم النتائج

أما **الاستراتيجية الثانية** وهي حل المشكلات إبداعياً فقد نفذت على النحو التالي:

المرحلة الأولى: فهم المشكلة والتحدي:

- الحساسية للمشكلة
- البحث عن المعلومات
- تحديد المشكلة

المرحلة الثانية: توليد الأفكار وإيجادها

المرحلة الثالثة: تطوير الحل

المرحلة الرابعة: بناء القبول للحل.

تكونت عينة الدراسة من (95) طالبة من طالبات الصف الخامس في مدرسة للإناث بالزرقاء، وتم توزيع الطالبات في (3) شعب درست إحداها باستراتيجية حل المشكلات الاعتيادية ، ودرست الثانية باستراتيجية حل المشكلات إبداعياً، أما الشعبة الثالثة فقد درست بالطريقة الاعتيادية: واستخدام النموذج الزمري التعاوني في استراتيجيتين حل المشكلات.

استخدم في الدراسة أداتان :

الأولى: هي اختبار في المفاهيم بالوقاية الصحية، تحدد من جدول مواصفات، وتكوَّن من (40) فقرة من نوع الاختيار من بدائل.

أما الأداة الثانية: فكانت مقياس الاتجاهات الصحية والغذائية، وتكوَّن من (19) فقرة جاءت على نمط ثلاثي التدريج، وتكوَّن من بعدين: أحدهما الوقاية من الأمراض، والآخر العادات الصحية.

جاءت النتائج على اختبار المفاهيم الصحية لصالح استراتيجية حل المشكلات إبداعياً، تليها استراتيجية حل المشكلات، وفي المرتبة الثالثة جاءت الطريقة الاعتيادية. كما جاءت النتائج لصالح استراتيجية حل المشكلات إبداعياً على مقياس الاتجاهات الصحية، في حين لم تكن هناك فروق بين الطريقة الاعتيادية. كما جاءت النتائج لصالح استراتيجية حل المشكلات إبداعياً على مقياس الاتجاهات الصحية في حين لم تكن هناك فروق بين الطريقة الاعتيادية وحل المشكلات على اختبار الاتجاهات الصحية.

المراجـــع

- ابراهيم، بسام عبد الله (2004).

أثر استخدام التعلم القائم على المشكلات في تدريس الفيزياء في تنمية القدرة على التفكير الإبداعي والاتجاهات العلمية وفهم المفاهيم العلمية لدى طلبة الصف التاسع الأساسي.

أطروحة دكتوراة- جامعة عمَّان العربية للدراسات العليا.

- أبو زينة، فريد (2003).

مناهج الرياضيات المدرسية وتدريسها. الكويت: مكتبة الفلاح. عمان: دار جنين للنشر والتوزيع.

- أبو زينة، فريد؛ الوهر، محمود؛ حسن، محمد (2004).

المناهج وطرق التدريس العامة. الكويت: الجامعة العربية المفتوحة.

- أبو نبعة، عبدالله – مترجم (2003).

استراتيجيات التعليم. الكويت: مكتبة الفلاح للنشر والتوزيع، عمان: دار جنين للنشر والتوزيع.

- البطش، محمد وليد؛ أبو زينة، فريد (2007).

مناهج البحث العلمي: تصميم البحث والتحليل الإحصائي. عمان: جامعة عمَّان العربية للدراسات العليا، دار المسيرة.

- خشان، خالد (2005).

أثر تقديم مادة تعليمية مستندة إلى بناء المعرفة الرياضية من خلال المشكلات في تنمية القدرة على حل المشكلات وعلى التحصيل في الرياضيات لدى طلبة المرحلة الثانوية.

أطروحة دكتوراة – جامعة عمّان العربية للدراسات العليا.

- ديليسل، روبرت (2001).

كتاب مترجم بعنوان: كيف تستخدم التعلم المستند إلى مشكلة في غرفة الصف. ترجمة مدارس الظهران الأهلية/ المملكة العربية السعودية.

- سعادة، جودت (2003).

تدريس مهارات التفكير. عمان: دار الشروق للنشر والوزيع.

- محمود، محمد سليم (2005).

أثر استخدام استراتيجية حل المشكلات في تنمية مهارات التفكير الناقد والمفاهيم لبيولوجية والاتجاهات نحو الأحياء لدى طلبة المرحلة الثانوية.

أطروحة دكتوراة- جامعة عمّان العربية للدراسات العليا.

- اليوسف، رولى (2005).

أثر استراتيجيتين تدريسيتين قائمتين على حل المشكلات في اكتساب طالبات المرحلة الأساسية لمفاهيم الصحة الوقائية والاتجاهات الصحية.

أطروحة دكتوراه- جامعة عمّان العربية للدراسات العليا.

- Gagne, R.M (1970).

  The Conditions of Learning. Holt Rinehart and Winston Inc.

- Krulik, S. and Rudnik (1987).

  Problem Solving: Handbook for Teachers. Allyn & Bacon.

- Orlich, D.; Harder, R.; Callahan, R.; Gibson, H., (2001).

  Teaching Strategies. N.V, Boston: Houghton Mifflin Co.

- National Council of Teachers of Mathematics (2000).

  Principles & Standards for School Mathematics. NCTM.

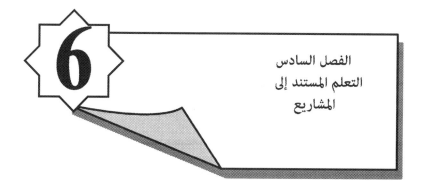

الفصل السادس
التعلم المستند إلى المشاريع

الفصل السادس
التعلم المستند إلى المشاريع
Project Based Learning

التعلم المسـتند إلى المشاريع هـو تجسـيد واقعـي لمنهاج النشـاط الـذي يعتمـد النموذج الاستقصائي في التعليم والتعلم، وتتمثل فيه معظم عمليات الاستقصاء التي وردت سـابقاً. والمشروع نشاط أو فاعلية عملية أو عقلية، ينفذ من قبل فرد واحد أو فردين. وقـد يوجه المشروع لتعلم اثرائي أو متعمق لبعض موضوعات المنهاج، وقد يوجه لتعلم المحتوى بشـكل رئيسي. ونشير هنا إلى أن المشاريع التي نتحدث عنها هي مشاريع منهجيـة لـتعلم وتعليم المحتوى الوارد في المنهاج. ولهذه المشاريع خصائص وصفات سوف نوردها لاحقاً.

تشترك المشاريع والبحوث في عدد من الخصائص والصفات، وإن كان البحـث أكـثر انضباطاً لكونه يولّد أو ينتج معرفة جديدة أو يطوّر معرفة حالية، إلا أن معظم الفعاليـات بينهما مشتركة، كما أن كليهما ينتهي بتقرير تتمثل فيه خصائص وصفات الكتابـة الجيـدة، ويتطلبان توفر مهارات الاتصال الأربعة القراءة، والكتابة، والاستماع والتحدث، وهي بنفس الوقت نتاجات التعلم بهذه الاستراتيجية.

إن استخدام المشاريع في عملية التعلم والتعليم في مدارسنا غائبة تماماً في الوقت الحاضر، وهي تواجه تحديات كبيرة في الواقع العملي، ونأمل أن تشق طريقها إلى مدارسـنا قريباً.

6 : 1 منهاج النشاط والمشاريع

برز منهاج النشاط استجابة لآراء الحركة أو الفلسفة التقدمية التي تؤمن بأن المتعلم هو محور العملية التربوية. وتحرص على تنظيم المنهاج على شكل خبرات حياتية حقيقية يعيشها المتعلم لكي يحقق نمواً في جميع المجالات. وفي اطار هذا التنظيم ينشط التلاميذ في الحصول على المعلومات وتنمية المهارات عن طريق استخدامهم المعامل والمكتبات والمختبرات والمقابلات الشخصية لجمع البيانات والاتصال بالمؤسسات المختلفة.

وهم يعملون فرادى أو على شكل مجموعات تنشط في دراسة المشكلات والقيام بالمهمات التي تهمهم وكثير فيهم الرغبة والحماس والدافعية لمواصلة عملهم: ويقدمون تقارير عما قاموا به لزملائهم في الصف.

ولقد بلور الحركة التقدمية هذه المربي الأمريكي جون ديوي الذي دعا إلى جعل الطفل محور العملية التربوية، وهذا يعني الاهتمام بميوله ورغباته وقدراته. وأن عملية النمو هذه تأتي من خلال الخبرات الحقيقية للإنسان. وبالتالي فإن المادة الدراسية ليست هدفاً للتعلم وإنما هي وسيلة من الوسائل العديدة التي يمكن أن تحقق من خلالها نمو الطفل؛ وأن نمو الطفل يجب أن لا تقتصر على النواحي العقلية، وإنما يشمل النواحي الجسمية والاجتماعية والوجدانية والنفسحركية.

وأضاف ديوي أن الطفل يتعلم بشكل أفضل إذا كانت لدى الطفل مشكلة يبحث لها عن حل، وتعد المدرسة التجريبية التي أسسها في شيكاغو عام 1896 أول مدرسة حديثة نظمت مناهجها على أسس نشاط الطفل (أبو لبدة، 1996، ص144).

ومن أبرز خصائص منهاج النشاط ما يلي:

1- المتعلم هو محور العملية التعليمية، وليس المادة الدراسية، وهذا يعني أن ميول التلاميذ وحاجاتهم هي محور الارتكاز لكل الفعاليات والنشاطات المدرسية.

2- تحتل المادة الدراسية دوراً ثانوياً في منهاج النشاط، اذ أن المهم هو أن يحصل داخل التلميذ تطور في جميع جوانب النمو المختلفة: العقلية والجسمية والانفعالية والنفس حركية؛ كما وأن منهاج النشاط لا يتقيد بالحواجز الفاصلة بين المواد الدراسية.

3- يعتمد منهاج النشاط بشكل أساسي على ايجابية التلميذ ومشاركته وعلى المعلم والمدرسة أن يحاولوا خلق الدافعية المناسبة للمشاركة في النشاطات والقيام بالمهمات الموكولة لهم.

4- يعتمد هذا المنهاج على طريقة حل المشكلات، وهذا يعني أن يقوم التلاميذ بتحقيق المشكلات التي يسعون لحلها، ويحددون الأنشطة التي تقودهم إلى ايجاد إجابات وحلول لهذه المشاكل. ومعظم منهاج النشاط يتخذ شكل المشاريع أو الخبرات الواقعية التي تتمحور أو تتخذ شكل مشكلة من المشكلات التي يسعى التلاميذ إلى حلها.

5- يشجع منهاج النشاط على العمل الجماعي التعاوني، إذ أن المشاريع التي ينفذها الطلبة غالباً ما تتطلب مجموعة أو فريقاً من الطلبة يعملون معاً.

6- يركز منهاج النشاط على عملية التعلم نفسها وليس على النواتج، فالتعلم هو عملية (Process) أكثر منها ناتجاً (Product) .

جاء بعد جون ديوي المربي الأمريكي كلباترك (Kilpatrick) الذي طبق أفكار جون ديون حول منهاج النشاط من خلال المشاريع (Projects) وأطلق على منهاج النشاط المبني على المشاريع "منهاج المشاريع" .

ومنهاج المشاريع عبارة عن سلسلة من الأنشطة التي يقوم بها الأفراد على شكل مجموعات صغيرة أو الخبرات الواقعية لتحقيق أغراض محددة وواضحة ضمن اطار اجتماعي وحياتي (أبو لبدة، 1996 ، ص148)

وقدّم كلباترك التعريف التالي للمشروع :

"المشروع هو الفعالية القصدية التي تجري في محيط اجتماعي وإطار حياتي، بمعنى أنه عمل مقصود ذو أهداف محددة، ومتصل بالحياة يتم تنفيذه من قبل مجموعة من الأفراد (المتعلمين) تحت اشراف ومتابعة المدرسة (أبو زينة وزميلاه، 2004 ، ص75)

والمشروع قد يعني نشاطاً أو فعالية عملية أو عقلية أو الاثنتين معاً، ومع أن المشروع ينفذ في الغالب من قبل مجموعة من الأفراد، إلا أن بعض المشاريع قد تنفذ بصورة فردية.

إن التعلم المستند إلى المشاريع يعتمد النموذج الاستقصائي في التعليم والتعلم، وتتمثل فيه معظم فعاليات وعمليات الاستقصاء التي أوردناها سابقاً. ومن المشاريع ما يتم تنفيذه من قبل فرد واحد، أو من قبل مجموعة من الأشخاص، كما أن بعض المشاريع تتناول أو تنحصر في موضوع واحد كالرياضيات أو العلوم ومنها ما يتسع مجاله ليشمل أكثر من موضوع واحد.

كما أن بعض المشاريع ينحصر مجالها في بيئة ضيقة وقد يتسع ليشمل بيئة أوسع. وفيما يلي أمثلة على مشاريع منهجية:

- مصادر المياه (في المنطقة) والمحافظة عليها

- مشكلات التلوث والحفاظ على البيئة

- التوازن الغذائي للنمو وصحة الإنسان

- الثروة الحيوانية والمحافظة عليها

- مشروع لمركز ثقافي اجتماعي للعطلة الصيفية

- مشكلات المرور والانتقال بالقرب من المدرسة أو الجامعة
- زراعة الخضروات في بيوت بلاستيكية
- الرياضيات والفن في العمارة
- مركز لتنمية المواهب لدى الموهوبين
- التوزيعات التكرارية والاجتماعية لخصائص الأفراد

ومن الملاحظ أن بعض هذه المشاريع تنحصر في بيئة أو محيط اجتماعي ضيق، وبعضها يمكن أن يتعدى ذلك إلى نطاق أو بيئة أوسع.

6 : 2 الخصائص المميزة للمشاريع

التعلم المستند إلى المشاريع هو نموذج تدريسي ينظم عملية التعلم حول المشاريع. وفيه يكون المتعلم في مواجهة المشكلة أو الموقف في سياقها / سياقه الطبيعي دون تكييف للواقع الصفي. ويمارس الطلبة أو المتعلمون مهارات عدة مثل حل المشكلات، الاستقصاء، اتخاذ القرار، الرجوع إلى المصادر والتأمل والحوار والكتابة وغيرها مما تتطلبه عمليات الاستقصاء والبحث العلمي والمشاريع، بشكل عام، قد تكون اثرائية ذات ارتباط بالمنهاج بصورة غير مباشرة، وقد تتعمق في بعض جوانب المنهاج. إن التعلم المستند إلى المشاريع يركز على مشاريع منهجية ذات ارتباط وثيق جداً ومباشر بالمنهاج، وهو كالتعلم المستند إلى مشكلات يتناول المنهاج. وهذه الرؤية المقيدة للمشاريع تتطلب توفر عدد من الخصائص في هذه المشاريع، هي:

1- المركزية (Centrality)

المشاريع من هذا المنظور هي المنهاج، أن تعلم المفاهيم والحقائق والتعميمات في المنهاج يتم من خلال المشاريع. والمشاريع هنا ليست اثرائية بمعنى أن يتم تعليم المحتوى بالأساليب الاعتيادية وبعدها ينفذ الطلبة المشاريع. ومع أن البعض يعتبر المشاريع التي تتناول تطبيقات المنهاج ليست مشاريع منهجية؛ إلا أنه يمكن القول بأن المشاريع الاثرائية المضافة إلى المشاريع الرئيسية هي أيضاً مشاريع منهجية.

2- مشكلات واقعية تركز على أسئلة أو مشكلات موجهة

أن هذه السمة في المشروع مهمة لكونها تجعل الأنشطة التي يقوم بها الطلاب خلال عملهم على المشروع معنى مرتبطاً بما يريد المعلم تحقيقه من أهداف. وبغياب ذلك يكون العمل على المشاريع مركزاً على فهم النشاط بحد ذاته وسبل تنفيذ إجراءاته دون ربط بالموضوعات أو المحتوى.

وهذه السمة إن توفرت في المشاريع تقود الطلاب للتصدي للأسئلة أو المشكلات التي تتناولها هذه المشاريع.

3- استقصاء بنائي Constructive Investigation

الاستقصاء البناء / البنائي هو نشاط موجه بالأهداف يقود إلى بناء معرفة جديدة أو إعادة تنظيم معرفة سابقة، أو اتخاذ قرار أو حل مشكلة.

إن على أنشطة المشروع الجوهرية توجيه الطلبة نحو تعلم المحتوى وتطوير معرفتهم بالمفاهيم والمبادئ التي يتضمنها المنهاج، وبهذا الصدد إذا شكلت هذه المشاريع صعوبات لا يمكن تجاوزها أو تحدياً للطلبة، فإن ذلك يفقد هذه المشاريع السمة المميزة للتعلم المستند إلى المشاريع.

4- حافزة للطلبة   Student Driven

أن المشاريع لا تفرض على الطلبة من قبل المعلم وهـي ليسـت معـدة سـلفاً مـن قبل آخرين. إن المشاريع يجب أن تنـال اهـتمام الطلبـة وحفـزهم عـلى مواصلة النشاط لتحقيق الأهداف، إذ يعمل الطلبة في كثير من الأحيان بشكل مسـتقل عـن المعلـم، وفيها من المرونة في الخطوات ما يجعل الطلبة لا يتقيدون بإجراءات محددة سلفاً.

5- مشكلات / مواقف واقعية غير مكيفة للبيئة الصفية

المشاريع ذات خصائص وصفات تضفي عليها المصداقية والواقعيـة، فهـي إمـا بموضوعاتها أو مهماتها أو الأدوار التي تناط بالمشاركين فيهـا، أو السـياقات التـي تنفـذ في إطارها والتعاون بين أعضاء الفريق الواحد الذي يقوم بها تجعلها واقعيـة وذات مصـداقية بالنسبة للطلبة. وهذه الخصائص والعقبات تجعل المشاريع المنهجية غير مكيفة أو قابلـة للتنفيذ في غرفة الصف وفي إطار زمني مقيد أو محدد بزمن الحصة الصفية؛ بـل تتطلـب عملاً خارج المدرسة. (Thomas, 2002)

◼ 6: 3   مراحل المشروع

يمر المشروع في عدة مراحل كما يلي:

أولاً: اختيار المشروع

يقترح في المشاريع المتمركزة حول المنهاج أن يعد المدرس قائمة بها تغطـي جميـع وحدات المنهاج. ويمكن أن يتناول المشروع الواحد وحدة واحدة من المنهاج أو جـزء منهـا، كما يمكن أن يتناول أكثر من وحدة واحدة. ويمكن للمعلم أن يستعين بالطلبة في طـرح عدد من المشاريع التي تثير اهتمامهم ولها ارتباط مباشر بالمنهاج الدراسي، ويقوم المعلم في هذه الحالة بدور المشجع والحافز على طرح الأفكار.

ويراعى في المشاريع ما يأتي:

1- ارتباط المشروع بموضوعات المنهاج الذي يدرسه الطلبة وبواقع حياتهم وأن يكون مناسباً لمستوياتهم وامكاناتهم.

2- أن يحتوى المشروع على خبرات متنوعة ومصادر متعددة لجمع البيانات والمعلومات مثل القراءات أو التجارب أو الزيارات للأماكن أو الأشخاص وإجراء المقابلات، وغيرها.

3- أن يكون المشروع قابلاً للتنفيذ مراعياً لامكانيات التلاميذ والمدرسة، وأن يكون ذلك ضمن إطار مكاني وزماني مناسبين.

إن المشاريع المعدة للتنفيذ يجب أن تغطي كافة موضوعات المنهاج، وتوزع على جميع الطلبة، مع الأخذ بالاعتبار أن عدد أفراد المجموعة الواحدة التي تنفذ مشروعاً ما يجب أن يتناسب وطبيعة المهمات التي يتضمنها هذا المشروع.

ثانياً: وضع خطة المشروع

بعد اختيار المشروع من قبل فريق من الطلبة يضع الفريق خطة لتنفيذ المشروع بمساعدة المعلم تتضمن ما يلي:

1- تحديد أهداف المشروع بحيث تكون واضحة وقابلة للتنفيذ.

2- تحديد الموارد والمواد المطلوبة وكيفية الحصول عليها.

3- تحديد الأنشطة اللازمة لجمع البيانات والمعلومات وأساليبها.

4- تحديد الأدوار التي يقوم بها الطلبة في المجموعة الواحدة، ووضع جدول زمني لتنفيذ المشروع، وينصح باختيار منسق أو قائد للمجموعة.

وللمعلم دور بارز ومهم جداً في شرح وتوضيح ما تتطلبه خطة المشروع واعطاء أمثلة على ذلك والتأكد من أن الطلبة قد استوعبوا ذلك.

ثالثاً: تنفيذ المشروع

إذا كانت الخطة المعدّه لتنفيذ المشروع واضحة ومحددة فإن تنفيذ المشروع سوف يتم بشكل سلس إذا لم تحصل مفاجآت، وعلى المعلم متابعة المشروع من خلال الاتصال المباشر والمتواصل مع المنسقين، وتقديم التوجيه والارشاد والعون اللازمين، كما ينصح بأن يلتقي المعلم مع جميع الفرق في أوقات محددة للمناقشة والتقييم الأولي.

في تنفيذ المشروع يحصل التلاميذ على الخبرة الواقعية التي تتضمن اكتساب المهارات والمعلومات والمفاهيم والقيم والاتجاهات المطلوبة. لذا على المعلم في هذه المرحلة متابعة التلاميذ وتسجيل مجالات التقدم والتنسيق والتعاون القائم بينهم. إن نوعية العمليات والأنشطة التي يقوم بها الطلبة في هذه المرحلة أهم من النتائج التي يسعي التلاميذ إلى تحقيقها. فطريقة الوصول إلى المعلومات وجمع البيانات، ومراعاة الدقة والموضوعية. وكذلك اكتساب مهارة العمل المستقل الذاتي كلها أمور أكثر أهمية من المعلومات والنتائج التي سيحصلون عليها.

رابعاً: كتابة تقرير المشروع

توازي خطوات المشروع إلى حد ما الخطوات التي يسير فيها البحث العلمي، فبعد تحديد مشكلة البحث وجمع البيانات وتحليلها تأتي مرحلة كتابة تقرير البحث. وبالمثل، فبعد الانتهاء من تنفيذ المشروع حسب الخطة الموضوعة تأتي الخطوة التالية، وهي كتابة تقرير مفصل عن المشروع الذي تم تنفيذه من أجل إيصال نتائجه إلى الزملاء طلاب الصف ومناقشته.

ويتألف تقرير المشروع مما يلي:

- الصفحات التمهيدية، بما في ذلك العنوان، وأسماء أعضاء الفريق، والفهرس والملخص وغيرها من الأمور.

- الفصل الأول وهو المقدمة والتمهيد للموضوع أو المشكلة التي تصدى لها المشروع مع الأهمية المتحققة من تنفيذ المشروع من الناحيتين النظرية والعملية.

- الفصل الثاني ويتضمن تسجيل الطريقة والإجراءات والأدوات المستخدمة في جمع البيانات والمعلومات من تجارب أو قراءات أو مقابلات أو زيارات.

- الفصل الثالث وهو خلاصة بالبيانات والمعلومات التي تم جمعها، وتناولها بالتفسير والتحليل، والاستنتاجات التي تم التوصل اليها، والتوصيات المنبثقة عن هذه الاستنتاجات.

- المراجع والملاحق ويتبع في إثباتها وعرضها الأسلوب المتعارف عليه أو المعتمد من قبل المؤسسة التربوية المعنية.

ونشير هنا إلى ضرورة توثيق البيانات والمعلومات داخل متن تقرير المشروع بالأسلوب المعتمد أو المتفق عليه.

خامساً: عرض تقرير المشروع ومناقشته

بعد إعداد تقرير المشروع ومراجعته من قبل المدرس يخصص له وقت لعرضه ومناقشته أمام الطلبة، ويشارك جميع أفراد الفريق لعرض المشروع ومناقشته، ومن الضروري أن ينظم جدول لعرض جميع تقارير المشاريع ومناقشتها.

تدريبات :

اخـتر أحـد المشـاريع التاليـة وحـاول أن تنفـذه (ولـو بشـكل افـتراضي) موضحاً الخطوات الخمس السالفة الذكر، وتجد في المشروع بعض ما يفيدك في تنفيذ المشروع.

المشروع الأول

حالات الماء وذوبان الأشياء فيه

أ- حالات الماء

الحقائق والمفاهيم والمعلومات

- الماء في وضعه العادي سائل.

- يتحول الماء من سائل إلى الحالة الصلبة بالتبريد.

- يتحول الماء من سائل إلى الحالة الغازية بالتسخين.

- يتحول الثلج إلى ماء في عملية الانصهار.

- يتحول بخار الماء إلى ماء سائل في عملية التكثيف.

- يتحول الماء إلى جليد عند درجة حرارة $4^{+\circ}$ م

- يتحول الماء إلى بخار عند درجة حرارة 100° م .

- كثافة الماء في حالاته الثلاث:

كثافة الماء في حالته العادية كسائل تساوي 1غم / سم3 .

وتقل عن ذلك عندما يكون ثلجاً أو جليداً.

وكثافة بخار الماء أقل من ذلك بكثير.

ب- ذوبان الأشياء في الماء

الحقائق والمفاهيم والمعلومات

- بعض الأشياء (مواد صلبة كالسكر أو الملح) تذوب في الماء.

- بعض الأشياء (مواد صلبة مثل برادة الحديد) لا تذوب في الماء.

- بعض السوائل (كالكاز مثلاً) تختلط بالماء ولا يمكن فصلهما عن بعض.

- بعض السوائل (كالزيت مثلاً) لا تختلط بالماء ويمكن فصلهما عن بعضهما.

- تعتمد سرعة ذوبان الأشياء في الماء على درجة الحرارة وسرعة التحريك (الحركة).

- كثافة الماء المذاب فيه مواد صلبة كالملح تزيد عن كثافة الماء الصافي.

أنشطة مقترحة

أ- حالات الماء

1- قراءات ومطالعات ومراجع وكتب.

2- ملاحظات ومشاهدات لحالات الماء في حياتنا ومن حولنا .

3- زيارات متنوعة: مصنع ثلج ، مركز تزلج على الجليد ، مسبح ، سدود تجميع المياه ، خزانات المياه.

4- تجارب بيئية ومخبرية عن تحولات الماء.

5- مظاهر في الحياة لاستخدام الماء في حالاته الثلاث:

المياه المعدنية، السفن واستخدام البخار ، الأنهر أو البحار الجليدية...

ب- الذوبان في الماء

1-   قراءات ومطالعات والرجوع إلى مراجع وكتب

2-   تجارب على الذوبان :

- مواد تذوب في الماء

- مواد لا تذوب في الماء

3-   تجارب أو مشاهدات عن اختلاط السوائل بالماء.

4-   مشاهدات وتجارب عن الكثافة، درجة التجمد، درجة التبخـر وسرعـة ذوبـان المواد في الماء.

5-   مشاهدات وزيارات عن مواد حياتية لذوبان المواد في المـاء: الشـاي والقهـوة، العصير، الأدوية الصلبة ...

ملاحظة: يمكن تنفيذ المشروع على شكل مشروعين أحدهما مظاهر حالات الماء في حياتنا، والثاني ذوبان الأشياء في الماء.

المشروع الثاني

المضلعات المستوية واستخداماتها

أ- المفاهيم والتعميمات والمهارات

- المضلع شكل هندسي بسيط ومغلق.

- يسمى المضلع بعدد أضلاعه :

- المضلع المنتظم أضلاعه متساوية وزواياه متساوية في القياس.

- مجموع الزوايا الداخلية في المضلع = 2 ن – 4 زاوية قائمة

  حيث ن عدد أضلاع المضلع

- خصائص المضلعات ورسمها (حسب المنهاج)

- المثلث وهناك مثلث متساوي الأضلاع، متساوي الساقين، قائم الزاوية، مختلف الأضلاع.

- الشكل الرباعي : المستطيل ، المعين، شبه المنحرف، المربع ، الشكل الرباعي الدائري .

- استخدامات المضلعات في العمارة والفن والرسم

- المضلعات وإشارات المرور :

مثلاً: إشارة التوقف ثماني منتظم باللون الأحمر

المثلث المتساوي الساقين لإعطاء الأولوية.

ب- أنشطة مقترحة :

- الاستعداد لتعلم المحتوى والتحقق من المتطلبات السابقة: الزوايا ، الخطوط المتوازنة والمتعامدة

- تنفيذ الأنشطة الواردة في الكتاب المقرر.

- رسم مضلعات بخصائص وقياسات شاملة لتنوع الخصائص في المضلعات على ورق رسم خاص.

- استخلاص خصائص المضلعات وبعض القوانين من المضلعات التي تم رسمها.

- حساب المساحات ومحيط المضلعات اعتماداً على الرسم أو من القوانين.

- استخدام الكرتون والقص للوصول إلى بعض العلاقات.

- إعداد شبكات لبعض المجسمات : متوازي المستطيلات، المكعب.

- مشاهدات وملاحظات وزيارات :

العمارة والأبنية ، إشارات المرور ، مكاتب مهندسين ، مشاغل حدادة وألومنيوم.

المشروع الثالث

جرش مدينة الآثار الرومانية

توطئة : ورد في كتاب اللغة العربية للصف السادس : **لغتنا العربية** موضوعاً بعنوان:

البتراء المدينة الوردية

الوحدة الثالثة : ص ص 47 – 63 .

اشتملت الوحدة على :

- نص القراءة (3 صفحات تقريباً)

- الاستيعاب القرائي.

- القواعد والتطبيقات اللغوية ، منها :

- جمع المؤنث السالم وإعرابه

- المحفوظات : قصيدة المجد للوطن

- الألف : التنوين والمد (الإملاء)

ملاحظة : يمكن اختيار مكان أثري سياحي آخر مثل قلعة الربض، أو قلعة أم قيس، أو المدرج الروماني ، الخ .

أ- المضمون :

- نص القراءة في حدود 3 صفحات

- قواعد وتطبيقات نحوية :

- جمع المذكر السالم

- واحد من المنصوبات: مفعول مطلق، ظرف زمان، تمييز ، .....

- محفوظات (عدد من الأبيات) يتم اختيار قصيدة معروفة أو نص نثري قصير

- نص للإملاء: مثلاً السياحة للأماكن الأثرية ويتم التركيز على كتابة الهمـزة أو التـاء المربوطة.

- تدريبات وأسئلة

ب- الأنشطة

1. كتابة نص يستخرج من المراجع أو الإنترنت وعلى غرار نص القراءة: البتراء المدينـة الوردية.

2. زيارة للموقع وجمع صور عن المواقع الأثرية في المكان

3. مقابلات مع المسؤولين والزائرين.

4. اختيار قصيدة أو نص نثري مناسب.

5. اختيار نص نثري للقراءة الجهرية والإملاء.

6. إعداد تدريبات وأسئلة.

7. عمل لوحة حائط للمشروع مع صور وبعض التذكارات.

6 : 4 كتابة تقرير المشروع

التعلم والتعليم المستند إلى المشاريع يحقق لدى المتعلمين أهدافاً تتجاوز المحتوى التعليمي الذي يتضمن المنهاج؛ فهو ينمي لديهم مهارات الاتصال من خلال الأنشطة التي يقوم بها فريق المشروع.

والاتصال بمعناه الشامل يغني مهارة الفرد في التعبير عن أفكاره وآرائه أو معتقداته، وما يقوم به من حلول للمشكلات أو تناوله للموضوعات بشكل يمكن الآخرين من فهمه والحوار معه أو الأخذ بمقترحاته وتوصياته أو حلوله. والاتصال وسيلة لتنمية الفرد وتطور معارفه وخبراته سواء من الناحية الاجتماعية أو التربوية أو الثقافية، ومن خلالها يتم نقل المعلومات والأفكار والمعاني باستخدام نظام رمزي اصطلح على تسميته اللغة.

أما مهارة الاتصال فتشمل المهارات الفرعية التالية:

1- القراءة :

تعد مهارة القراءة من المهارات الضرورية للمتعلم، وقد تكون أهم مهارة من مهارات الاتصال، ولا غنى عنها لتوسع آفاق الفرد العلمية والمعرفية وإتاحة الفرص أمامه للإفادة من الخبرات الإنسانية والمكتشفات المتنوعة والمتجددة باستمرار.

2- الكتابة :

تعد مهارة الكتابة هي إحدى المهارات الأساسية المكونة للبعد المعرفي للفرد، وأهم وسيلة لنقل المعارف والثقافات بين الأفراد والشعوب، ومنها يعبر الفرد عن أفكاره ومشاعره للآخرين عن بعد.

وتشكل الكتابة معياراً محورياً وهدفاً أساسياً من أهداف تعليم اللغة، وتتطلب مهارة الكتابة استخدام مفردات اللغة ومصطلحاتها وتراكيبها للتعبير كتابياً عن الأفكار. وفي كل مجال معرفي أو مبحث هناك مهارة الكتابة المرتبطة بذلك المجال المعرفي أو المبحث، فهناك الكتابة الرياضية، والكتابة الأدبية، والكتابة الحرفية، والكتابة في مجال الطب أو المحاماة وغيرها. والكتابة كمهارة من أصعب وأعقد مهارات الاتصال، ولها قواعد وأصول يصعب على الكثيرين امتلاكها.

3- الاستماع

الاستماع لما يقوله الآخرون، وعدم مقاطعتهم عندما يتحدثون، سواءً كان الاستماع لزميل في الصف أو المعلم هو أمر لا نقاش فيه ولا خلاف عليه، وهو شرط أساسي لاكتساب المهارات الأخرى من قراءة، وكتابة وتحدث أو حوار. والاستماع قد يوازي مهارة القراءة في بعض الأحيان وفيها يستخدم الفرد حاسة السمع بدلاً من حاسة البصر في حالة القراءة. ولا شك بأن للاستماع والتحدث آداب وقواعد يمكن أن يتدرب عليها الطلبة ليكونوا مستمعين جيدين.

4- التحدث والحوار

تتطلب المرحلة الخامسة من مراحل المشروع التي أوردناها سابقاً "بمعنى المشروع ومناقشته" مهارة التحدث من قبل أعضاء الفريق الواحد ومهارة الاستماع من قبل طلبة الصف يتبع ذلك حوار ومناقشة. والمناقشة أو التحدث هي عملية تتخلل مراحل المشروع الأخرى عندما يتبادل أفراد الفريق الواحد الأفكار والآراء، إذ إن لكل فرد في الفريق دور محدد يقوم به ويتبادل مع أعضاء الفريق ما تم فيه من انجاز.

وفي جميع مراحل المشروع التي أشرنا اليها سابقاً تتضح هذه المهارات خصوصاً في مرحلة كتابة تقرير المشروع وعرضه ومناقشته أمام الصف وسوف نتناول مهارة الكتابة بشيء من التفصيل.

تتنوع أشكال الكتابة، وتأخذ العديد من الأوجه مثل:

1- الكتابة الصحفية / المجلات الورقية والإلكترونية، ومجلة الحائط :

يتناول الطلبة في كتاباتهم في المجلات ما يهم زملائهم من أخبار وموضوعات اجتماعية أو ثقافية تربط بشكل مباشر أو غير مباشر بالمنهاج.

2- الكتابة الحرة :

تعطى الحرية للكتابة في موضوعات يختارها الطلبة ويترك المجال فيها للتعبير عما يجول بخواطرهم بلا قيد ، وقد تتناول مشاعر أو أحاسيس الطلبة تجاه موضوعات الساعة، وقد يكون بعضها شعراً أو نثراً.

3- السجلات اليومية والمذكرات

ومنها يسجل الطلبة ملاحظاتهم اليومية ويعبرون فيها عن آرائهم حول ما يجري معهم يوميا، وقد يكون ذلك بدافع داخلي منهم أو بطلب من المعلم أثناء قيامهم بالزيارات أو المقابلات.

4- الأبحاث والتقارير

يعد أسلوب كتابة التقارير (Reports) حول موضوعات يحددها المعلم أو من اختيار الطلبة أسلوباً شائعاً في المدارس وعلى مستوى التعليم الجامعي، وهي إثراء لما يتضمنه المنهاج من موضوعات.

5- الواجبات والتعليقات

مثل كتابة ملخصات لما يطلب منهم قراءته أو حلول لمسائل أو واجبات بيتية وتعليقات (كتابة تأملية) للأفكار والمعلومات التي تقدم للطلبة.

وهناك بطبيعة الحال الكتابة حول موضوعات محددة في منهاج اللغة العربية أو اللغة الإنجليزية تحت مسمى التعبير أو الانشاء، وفي موضوعات الانشاء هذه يكتب الطلبة بلغة سليمة تتمثل فيها قواعد النحو والصرف والبلاغة التي يدرسونها.

يشكل تعلم وتطوير مهارات الطلبة على الكتابة تحدياً كبيراً للمعلمين. فالكتابة بحد ذاتها وتحديداً الكتابة الأدبية تعد عملاً إبداعياً تؤثر فيها العديد من العوامل الشخصية والبيئة المحيطة بالمتعلم. ولقد ركز الباحثون والمربون في مجال اللغة على تعليم الكتابة بالتركيز على مجالين هما:

- إجراءات تعليم الكتابة

- تطوير مهارات الطلاب الإبداعية في مجال الكتابة

والكتابة تحمل في داخلها الطابع الخاص لكاتبها، وهي وإن كانت منضبطة بإجراءات وخطوات محددة إلا أنها ليست عملاً ميكانيكياً أو روتينياً. وقد عمل الباحثون على استخلاص ست سمات محددة للكتابة الجيدة وهي:

1- المضمون Ideas / content

ويتعلق بدقة المضمون وصحته وشموليته للموضوع المراد الكتابة فيه.

2- التنظيم Organization

ويتعلق بتسلسل أفكار الكاتب وطريقة العرض التي اختارها لعرض الأفكار لتتناسب مع القارئ أو المستمع.

3- اختيار المفردات Vocabulary

يتم اختيار المفردات والكلمات بدقة وتكون مناسبة للموضوع، وهي مفردات أو مصطلحات خاصة بالموضوع الذي يكتب فيه.

4- طلاقة الجمل Sentence Fluency

وتتعلق بتركيب الجمل من حيث الطول والقصر والربط فيما بينها ونوعها.

5- الطابع الخاص Character

ويتعلق بإبراز السمة أو السمات الشخصية للكاتب، والقارئ أحياناً يميز بين الكتّاب ويتعرف عليهم من خلال أسلوبهم سواء كانت الكتابة أدبية أو علمية أو ثقافية.

6- آليات الكتابة Conventions

وتتعلق بالإملاء والقواعد النحوية وعلامات الترقيم .

ويستخدم **مؤشر الانجاز** (Scoring Rubric) لتوجيه عمل الطلبة في كتاباتهم (البلاونه، 2007) وخصوصاً عند كتابة تقرير المشروع ولتقييم درجة انجاز كتابة تقرير المشروع. ومؤشر الانجاز هو وصف متدرج لأداء الطالب في مجال معين سواء كان الانجاز كتابة تقرير، أو حل منظم ومتسلسل لمشكلة ما، أو موضوع انشاء وغير ذلك.

ويتضمن مستوى الانجاز بعدين هما:

أ- المحك Criteria وهو يشير إلى المجال أو المكون (العنصر) لما يتم تقويمه وهو هنا العناصر الست للكتابة الجيدة.

ب- مستوى تحقق عناصر المحك كل على حده، ويستخدم تقديرات لمستويات أربعة تعطى القيم 4 ، 3 ، 2 ، 1 .

وفيما يلي مؤشر الانجاز لكتابة تقرير المشروع :

دليل مؤشر الانجاز لتقويم كتابات الطلبة (تقرير المشروع)

محكات الكتابة (المعايير)	مستويات الأداء			
	4	3	2	1
المضمون	مركز بشكل جيد، واضح، مفصل، كامل، مترابط مع بعضه البعض، يعكس المعرفة الجديدة التي تم تعلمها. يوضح طبيعة المشكلة بالتفصيل.	مركز إلى حد ما، واضح، هادف، مترابط، مفصل، يعكس المعرفة الجديدة التي تعلمها بشكل مقبول، يشير إلى المشكلة التي يتم الكتابة عنها ولكن ليس بالوضوح والتحديد المطلوبين.	مكرر، بحاجة إلى المزيد من التوضيح، تظهر نقص المعرفة في المضمون والمشكلة غير واضحة.	عام، غامض، غير مكتمل، يعكس فهماً مشوشاً للمضمون الذي تم تعلمه، مفكك غير مترابط، المشكلة غائبة ولم تتم الإشارة إليها.
التنظيم	مقدمة جاذبة، تقدم سهل وسلس، التفاصيل في أماكنها الصحيحة، انتقال سليم، بدايات ونهايات منظمة، التزام بمواصفات الموضوع، وخاتمة معبرة.	مقدمة جيدة، التقدم سلس وطبيعي، التفاصيل في أماكنها المناسبة، الفواصل واضحة ومحددة، الانتقال من فقرة إلى أخرى سليماً عدا بعض الأخطاء، الخاتمة مقبولة.	مقدمة غير محفزة، تقدم مضطرب، التفاصيل غير واضحة، انتقال غير منتظم من فقرة إلى أخرى، خاتمة ضعيفة غير جاذبة.	لا مقدمة، تفاصيل غائبة أو في أماكن غير مناسبة، تقدم متعثر من فقرة إلى أخرى.
الأسلوب (الطابع الخاص)	بعيد عن محاكاة الآخرين، سلس، بسيط، جاذب للقارئ، ينقل الفكرة بسهولة ويسر.	يشد الانتباه، ينقل الفكرة دون تكلف، فيه محاكاة لأساليب الآخرين.	يبرز فيه تقليد الآخرين، يحتاج القارئ لجهد لمتابعة القراءة، ينقل الفكرة بشيء من التكلف.	النص فاتر يبعد القارئ عن متابعة القراءة، فيه تقليد مبالغ لأساليب الآخرين، من الصعب على القارئ معرفة الفكرة التي يريد التعبير عنها.

محكات الكتابة (المعايير)	مستويات الأداء			
	4	3	2	1
المفردات	مفردات ورموز مستخدمة بشكل دقيق وصحيح، تعبر المفردات بوضوح ودقة عن طبيعة المشكلة، تظهر المفردات عمقاً في المعرفة بالموضوع.	مفردات صحيحة، تتوفر مفردات يمكن تعويضها بأخرى أدق منها، تشرح المفردات طبيعة المشكلة بعمومية، تعكس المفردات فهماً مقبولاً للمعرفة بالموضوع.	مفردات عامة غير دقيقة التعبير، يحتاج القارئ إلى جهد لفهم طبيعة المشكلة.	مفردات غير دقيقة، لغة عامة لا تظهر فهماً للمحتوى، لا رموز مستخدمة أو أنها مستخدمة بشكل خاطئ
طلاقة الجمل	جمل قصيرة دقيقة التعبير، سليمة اللغة والبناء، متنوعة التراكيب، يظهر فيها التزاماً بقواعد الكتابة.	جمل صحيحة، تراكيب محددة، تظهر فهماً لقواعد الكتابة العملية بشكل مقبول.	جمل تحوي بعض الأخطاء في التراكيب، تركيز على نوع محدد من الجمل، جمل عامة لا تظهر معرفة عميقة بقواعد الكتابة العلمية.	جمل غير مترابطة، غير متناسقة، تحوي أخطاء في التركيب والبناء خالية من الرموز المستخدمة في المجال أو ممزوجة برموز بطريقة مشوشة.
آليات الكتابة	قواعد سليمة، علامات ترقيم مناسبة، فقرات مناسبة، لا أخطاء إملائية أو نحوية، هوامش سليمة، بناء سليم للنص دون تكلف.	قواعد لغوية مناسبة، يستخدم علامات الترقيم أحياناً بدون أخطاء، أخطاء إملائية قليلة، شكل النص العام يظهر تناسقاً واستخداماً جيداً للهوامش والخطوط.	بعض الأخطاء الإملائية والنحوية، علامات ترقيم متوفرة أحياناً وغير دقيقة الاستخدام، انعدام أو مبالغة في استخدام الخطوط والهوامش.	أخطاء إملائية ونحوية كثيرة، غياب علامات الترقيم أو ندرتها، غياب أي شكل ملحوظ من التنسيق في الشكل العام والهوامش والخطوط المستخدمة.

5 : 6 تقييم المشروع

يشترك المشروع والبحث في عدد من الخصائص والصفات فكل منهما استقصاء للوصول إلى معرفة أو نتائج مستندة إلى بيانات ذات مصداقية تتوفر فيها الدقة والموضوعية. ومع أن البحث العلمي يتناول في العادة مشكلة محددة بهدف الوصول إلى تطوير المعرفة الحالية أو إلى معرفة جديدة، إلا أن المشاريع تتناول موضوعات المنهاج بهدف تحقيق الأهداف المتضمنة في المنهاج والتي تركز في معظم الحالات على النتاجات العقلية، ومحاور تقييم البحث تتركز حول المشكلة وأهميتها وأدوات جمع البيانات وتحليلها، بالمقابل فإن محاور تقييم المشروع هي:

فكرة المشروع، الأدوات والمواد، البيانات والمعلومات، العرض والتنظيم، التقديم والمناقشة. وفيما يلي توضيح لهذه المحاور :

1- فكرة المشروع (موضوعه)

يرتبط المشروع بالمنهاج ارتباطاً مباشراً من خلال أحد الموضوعات أو الوحدات التي يتناولها المنهاج، ولذا فإن المشروع يبرز الموضوع الذي يتناوله بشكل واضح ومترابط وشامل، فهو يربط الموضوع بما سبقه وبما سيأتي بعده، ويمهد لذلك بوضوح وتسلسل.

2- الأدوات والمواد

الأدوات والمواد هي المصادر التي يعتمدها المشروع في الحصول على البيانات والمعلومات، وقد تكون هذه الأدوات مراجع وكتب، أو إعداد استبانات أو اختبارات، أو القيام بمشاهدات وتجارب، أو إجراء مقابلات. ويفضل أن تكون هذه المصادر رئيسية وذات مصداقية.

3- البيانات والمعلومات

يتم جمع البيانات والمعلومات اعتماداً على المواد والأدوات التي تم توفيرها. ومن المتوقع أن يتم جمع البيانات والمعلومات اعتماداً على أكثر من مصدر واحـد، فقـد نعتمـد القراءات والمراجع، والقيام بالزيارات وإجراء المقابلات أو إجراء التجارب بحيث تكون هذه البيانات شاملة وتدعم بعضها بعضاً وذات مصداقية عالية.

4- العرض والتنظيم

يظهر العرض والتنظيم للمشروع في التقرير المقدم، فهـو يـنظم في أجـزاء ظـاهرة بـدءاً بفكـرة المشرـوع وأهدافـه، والإجـراءات المسـتخدمة في تنفيـذه ووصـولاً إلى النتـائج والتوصيات. ويجب أن يتم ذلك بتسلسل وبلغة سليمة وواضحة المعنى تشد انتباه القارئ وأن لا تشتمل على تفصيلات لا داعي لها فالاسهاب يبعث على الملل ويفتت التكامل، كـما يجب أن يكون مفصلاً بدرجة كافية بحيث تمكن الآخرين من تنفيذ مشروع مشـابه بدقـة وبسهولة ويسر.

5- التقديم والمناقشة :

يشارك جميع أعضاء فريق المشروع في تقديمه لزملائهم في الصف يسـتخدمون مـا يتطلبه هذا العرض والتقديم من وسائل اتصال مناسـبة، ويسـتجيبون لتسـاؤلات زملائهـم عن المشروع وتنفيذه، والصعوبات، إن وجدت، اللتي اعترضتهم وكيف تغلبوا عليها.

ويستخدم مؤشر الانجاز لتقيـيم المشرـوع بمسـتويات مـن الانجـاز كـما يظهـر في الدليل المرفق.

دليل مؤشر انجاز تقييم المشروع

المحور	4 متفوق	3 متقن	2 مقبول	1 ضعيف
1. فكرة المشروع	يظهر فهماً تاماً للمفاهيم والمعلومات المتضمنة في المشروع ويعرضها بوضوح تام.	يظهر فهماً لعناصر المشروع ويعرضها بشكل واضح نوعاً ما.	يظهر فهماً لمعظم عناصر المشروع ولكن ينقصها الوضوح في العرض.	لا يظهر الفهم لمعظم عناصر المشروع.
2. الأدوات والمواد	يستخدم الأدوات والمواد المناسبة تماماً ويتحقق من خصائصها وتوفرها في هذه الأدوات.	يستخدم أدوات ومواد مناسبة إلى حد ما، ويتحقق من خصائصها.	الأدوات والمواد المستخدمة لا تتوفر فيها الخصائص والمواصفات بشكل مقبول.	الأدوات والمواد المستخدمة لا تتلائم بشكل مقبول.
3. البيانات والمعلومات	الإجراءات المتبعة في الحصول على البيانات والمعلومات سليمة ودقيقة، ولا توجد فيها أية ثغرة.	الإجراءات المتبعة مقبولة والبيانات والمعلومات كافية إلى حد ما.	الإجراءات المتبعة في الحصول على البيانات والمعلومات تتخللها ثغرات، والبيانات والمعلومات غير كافية.	الإجراءات المتبعة غير سليمة والبيانات والمعلومات غير دقيقة وغير كافية.
4. العرض والتنظيم	العرض والتنظيم واللغة سليمة وواضحة، تستخدم الجداول والأشكال للعرض بطريقة اقتصادية وفعالة.	العرض والتنظيم واللغة سليمة وواضحة إلى حد ما، الجداول والأشكال المستخدمة في التقرير مقبولة.	العرض والتنظيم واللغة ليست بالوضوح والدقة المطلوبة، الجداول والأشكال المستخدمة غير مناسبة.	العرض واللغة والتنظيم مشوش وغير واضح، لم يستخدم الجداول والأشكال بشكل مقبول.
5. التقديم والمناقشة	التقديم يظهر فهماً للمشروع بجميع مراحله، يستخدم الوسائل المناسبة في العرض، يجيب عن جميع تساؤلات الزملاء.	التقديم يظهر فهماً للمشروع، يستخدم وسائل مناسبة في العرض، يجيب عن معظم التساؤلات.	التقديم يظهر فهماً لمعظم عناصر المشروع، لكن الوسائل المستخدمة لا تقدم وضوحاً كاملاً.	التقديم للمشروع والوسائل المستخدم لا تدل على فهم ووضوح.

6 : 6 نتائج الدراسات والبحوث

في مراجعة شاملة للدراسات والبحوث ذات العلاقة بالتعلم المسـتند إلى المشـاريع وخلال فترة التسعينيات من القرن المـاضي قـام بهـا ثومـاس (Thomas, 2000) اسـتخلص النتائج التالية:

أ- زيادة في تحصيل طلبة المدارس الذين استخدموا طريقة المشروع.

فقـد أشـار ثومـاس إلى عـدد مـن المـدارس في بعـض الولايـات الأمريكيـة التـي استخدمت طريقة المشروع، وكان تحصيل الطلبة يزداد سنة بعد سنة، وكـان تـأثير طريقـة المشروع واضحاً في تحسين المناخ المدرسي وزيادة دافعية الطلبة وثقتهم بأنفسـهم. كـما أن المشكلات الطلابية والغيابات كانت قليلة في هذه المدارس.

ب- تحسن في قدرات الطلبة ومهاراتهم على حل المشكلات والتفكير الناقد.

وتم ذلك على مستوى جميع المراحل الدراسية والجامعيـة وفي موضـوعات شـتى: مثل العلوم، والرياضيات واللغة والدراسات الاجتماعية. وقد أجريت بحوث عدة للوصـول إلى هذه النتيجة من خلال منهجية المجموعة التجريبية ومقارنتها بالمجموعة الضابطة.

جـ- تعميق الفهم للمادة والمنهاج الدراسي لدى الطلبة.

أشار ثوماس إلى دراسات وبحوث في مدارس استخدمت طريقـة المشـروع وكانـت نتائجها في اختبـارات (GCSE) واختبـارات أخـرى مقننـة مرتفعـة بالمقارنـة مـع المـدارس الأخرى.

وفي مراجعة أخرى قام بها مطرية (2009) للدراسات التي تناولت التعلم المستند إلى المشروع نورد منها:

- أجرى شان لن جوان (Chan Lin & Juan, 2008) دراسة في فيلادلفيا بالولايات المتحدة الأمريكية بعنوان دمج التكنولوجيا في العلوم باستخدام طريقة المشروع. وشارك في الدراسة (40) طالباً في صفوف الرابع والخامس، وعدداً آخر من الطلاب الذين تعلموا بغياب طريقة المشروع، وأظهرت النتائج تفوق الطلبة الذين درسوا باستخدام طريقة المشروع في اختبارات التحصيل في العلوم.

- دراسة أجراها جلتكن (Gultkin) حول أثر استراتيجية التعلم المستند إلى طريقة المشروع في تحصيل طلاب الصف الخامس في العلوم. شارك في الدراسة 73 طالباً: 35 مجموعة تجريبية ، 38 مجموعة ضابطة، وتم تصميم مشاريع وفق محتوى المواد الدراسية لمادة العلوم في الصف الخامس. خلصت الدراسة إلى تفوق المجموعة التجريبية في التحصيل في العلوم، وكانت آراء الطلاب المشتركين تشير إلى المتعة في التعلم وثبات المفاهيم لديهم والقدرة على استخدامها وتطبيقها في الواقع العملي.

- أجرى وينجلنجسكي (Winglinsky, 2004) دراسة مقارنة نتائج الطلبة في الصفوف الرابع والثامن والثاني عشر في اختبار (NAEP) الذي يجري على مستوى الولايات المتحدة الأمريكية في الرياضيات والعلوم. حلل الباحث نتائج أكثر من 1000 طالب في الاختبار وكانت النتائج لصالح الطلبة الذين درسوا وفق طريقة المشروع.

- أجرت بولار (Booler, 2002) دراسة استمرت (3) أعوام قامت فيها بالمقارنة بين طلبة يدرسون الرياضيات وفق طريقة المشروع وآخرون يدرسون بالطريقة التقليدية وذلك في مدرستين تسيران وفق المنهاج البريطاني ويتقدمون لامتحان (GCSE) . بينت نتائج الطلبة في السنة الأولى عدم وجود فروق جوهرية في التحصيل بين الطلاب في المدرستين. وفي نهاية السنة الثالثة كانت النتائج لصالح

الطلبة الـذين يسـتخدمون المشـاريع وذلـك في التحصـيل، والأشـخاص والنظـرة للرياضيات وأهميتها في الحياة والقدرة على حل المشكلات.

- أجرى ديفلي (Diffily, 2001) دراسة بعنوان القراءة والكتابـة مـن خـلال الـتعلم المستند إلى المشاريع حيث قام الباحث بتعميم مشاريع تتعلـق بالبيئـة المحيطـة بالمدرسة مثل مراقبة الأشجار، البيئات المائية وغيرهـا حيـث قـام الطـلاب بكتابـة تقارير وقراءة كتب حول تلك الموضوعات. كـما قـام الطلاب بكتابة ملصقات دعائية وإرشـادية. توصـل الباحـث إلى فاعليـة اسـتراتيجية الـتعلم المسـتند عـلى طريقة المشروع في تحسين قدرات الطلاب الكتابية والقرائية.

- وفي موضوع الاستراتيجيات الملائمة لتعليم القراءة والكتابـة والعلوم والرياضيات خلص زميلمان ورفيقاه (Zemleman et al, 1998) إلى أن هـذه الاسـتراتيجيات تتميز بما يلي:

- التركيز على التعلم النشط

- مضمون أقل لعمق أكبر

- تقديم نصوص قرائية واقعية

- إعطاء الفرصة للطلاب للاختبار

- استخدام استراتيجيات التعلم التعاوني

وهذه الخصائص تتوفر في طريقة المشاريع.

وفيما يلي دراسة بعنوان :

"أثر استراتيجية التعلم المستند إلى طريقة المشروع في حل المشكلات والكتابة في الرياضيات لدى طلبة المرحلة المتوسطة في السعودية"

خضر مطرية

أطروحة دكتوراه – جامعة عمّان العربية للدراسات العليا (2009)

هدفت الدراسة لاستقصاء أثر استراتيجية التعلم المستند إلى طريقة المشروع في حل المشكلات والكتابة في الرياضيات لدى طلبة المرحلة المتوسطة في السعودية وذلك من خلال الإجابة عن السؤالين التاليين:

1- ما أثر استراتيجية التعلم المستند إلى طريقة المشروع في القدرة على حل المشكلات الرياضية لدى طلبة المرحلة المتوسطة في السعودية؟

2- ما أثر استراتيجية التعلم المستند إلى طريقة المشروع في الكتابة الرياضية لدى طلبة المرحلة المتوسطة في السعودية؟

تكونت عينة الدراسة من 88 طالباً من طلاب الصف التاسع في مدارس الظهران الأهلية في المنطقة الشرقية من المملكة العربية السعودية.

وزعت العينة بشكل متكافئ على مجموعتين: المجموعة التجريبية والمجموعة الضابطة وتم اختيار وحدتين من كتاب الرياضيات للصف التاسع هما وحدة الدائرة، ووحدة المجسمات واستمرت الدراسة مدة (9) أسابيع بمعدل خمس حصص أسبوعياً.

تم تقديم المادة الدراسية للمجموعة الضابطة بالطريقة التقليدية، أما المجموعة التجريبية فقد قدمت لها المادة وفق طريقة المشروع.

وقد أعد مشروعان على وحدة الدائرة هما:

- مشروع تعميم دراجة هوائية.

- مشروع ديكور وتزيين غرفة باستخدام أشكال ذات علاقة بالدائرة.

وأعد مشروع واحد على وحدة المساحة الجانبية للمجسمات بعنوان كيف يمكن تحديد مساحة وتكلفة الكرتون اللازم لصناعة علب هدايا أو علب عصير ذات أشكال مختلفة (مكعب، منشور، هرم)؟

وقد عمل كل طالب على تقديم المشاريع بشكل فردي؛ واعتمد الكتاب المقرر مصدراً رئيساً للمفاهيم والتعميمات المطلوبة في المشروع. وقدم كل طالب عرضاً لما توصل إليه في كل مشروع بالإضافة إلى تقرير خاص بكل مشروع.

أعد الباحث اختباراً بهدف قياس قدرة الطلاب على حل المشكلات الرياضية تكّون من 30 فقرة تناولت موضوعات رياضية عامة من نوع الاختيار من عدة بدائل؛ كما اعتمد الباحث على دليل لتقويم الكتابة الرياضية للطلبة استناداً إلى السمات الست للكتابة الجيدة ودرب الطلبة على استخدامه للتقويم الذاتي لهم؛ وكان هناك 4 مستويات لتقويم انجاز الطالب.

دلت نتائج الدراسة على ما يلي:

1- حصلت المجموعة التجريبية التي درست وفق استراتيجية المشروع على وسط حسابي 13.45 على اختبار حل المشكلات، في حين كان الوسط الحسابي للمجموعة الضابطة 11.56، علماً بأن العلامة القصوى على الاختبار هي 25.

2- حصلت المجموعة التجريبية على 15.34 من 20 على اختبار الكتابة الرياضية، في حين حصلت المجموعة الضابطة على 12.76 .

وهذا يشير إلى تفوق المجموعة التي درست وفق طريقة المشروع في حل المشكلات الرياضية وفي الكتابة الرياضية.

7 : 6 تحديات التعلم المستند إلى المشاريع

ان أفضل بيئة بنائية للتعلم هي البيئة التي توفر للمتعلم فرصة التعامل مع مشكلات أو مهمات حقيقية، فهي تعد المتعلم لمواجهة المشكلات في سياقها الطبيعي، وتقدم له الحافز والدافع لانجاز المهمات والواجبات المنوطة به، والوصول إلى إجابات للأسئلة التي يعمل عليها. لذا فمن الأهمية بمكان مراعاة بناء مهمات تعلم حقيقية مرتبطة بخبرات المتعلم بشكل مباشر، والبناء عليها لاكتساب خبرات جديدة من خلال أنشطة الاستقصاء وطرق التعلم النشط.

والتعلم من خلال الاستقصاء يحتاج المزيد من الوقت مقارنة مع طرق التعلم التقليدية. وهذا يتطلب محتوى أقل وعمقاً أكبر في موضوعات المنهاج؛ ففي حين تركز الطرق التقليدية على النتائج النهائية، تركز الطرق القائمة على الاستقصاء على طرق التفكير والتواصل والعمليات التي تؤدي إلى النتائج النهائية. لذا ليس مستغرباً أن يكون أداء الطلبة الذين تعلموا بالطرق التقليدية في الاختبارات التقليدية التي تركز على معرفة الحقائق والمفاهيم والإجراءات أعلى من أداء الطلبة الذين اعتمدوا الطرق الاستقصائية.

والتعلم المستند إلى المشكلات يشكل مثالاً على النموذج الاستقصائي، ويقوم على تعليم الطلاب المبادئ والمفاهيم والمهارات من خلال مشكلات مهيئة للواقع الصفي، ومن خلال مشكلات ترد في سياقها الطبيعي. ان إجراءات تطبيق التعلم المستند إلى المشكلات يشمل قيام الطلاب بوضع فرضيات تفسر المشكلة ثم جمع بيانات واختبار الفرضيات. وأُستخدِم هذا النمط مع طلبة كليات الطب بهدف مساعدتهم على تطوير قدراتهم التحليلية للحالات التي يدرسونها وفق تصميم ما يسمى بالحالة (Case Study). وانتقل تطبيق التعلم المستند إلى المشكلة إلى الادارة والقانون. وانتقل بعد ذلك إلى مجالات

المعرفة الأخرى مثل العلوم والرياضيات والدراسات الاجتماعية، وقد استخدم علـى نطـاق واسع في الجامعات في بعض المواد خصوصاً الرياضيات.

أما التعلم المستند إلى المشاريع فلم يجد فرصة حقيقية لاستخدامه مثل مـا وجـد التعلم المستند إلى المشـكلات، مـع أنه استخدم علـى نطـاق ضيـق كمشاريع اثرائيـة أو مصاحبة للمنهاج (الملحق(1)) . ويشترك التعلم المستند إلى المشاريع مع التعلم القائم على المشكلات في معظم الأنشطة التي تتطلبها عمليات الاستقصاء، والفارق الـرئيس بينهـا أن التعلم المستند إلى المشكلات يتطلب تبـين مشكلة يقتضي ـ العمـل حلها (Moursund, 2010)، بينما يتطلب التعلم المستند إلى المشاريع تخطيطاً واعياً للمنهاج لينفذ في مشاريع تتناول موضوعاته المختلفة. قد يكون بعضها على شكل مشكلات أو مهمات وخارج محيط المدرسـة، بينـما يلاحـظ أن الـتعلم المسـتند إلى المشـكلات يمكـن أن ينفـذ في اطـار البيئـة التعليمية التقليدية.

وفيما يلي أبرز المشكلات والتحديات التي يواجهها التعلم المستند إلى المشاريع:

- التعلم المستند إلى المشاريع يحتاج إلى بيئة صفية غنية بالمواد التعليميـة تـدعمها بيئة مساندة خارج الاطار الصفي والمدرسي، وهي بذلك تختلف عن البيئة الصفية التقليدية.

- تفرض الأنظمة التعليمية الحالية تغطية المنهاج المقرر في وقت زمني محدد، بينما يتطلب التعلم المستند على المشاريع محتوى تعليمي أقل وبعمق أكبر. ان زخـم المحتوى التعليمي في المناهج الحالية والتفاصيل العديدة فيها تجعل من الصـعب جداً استخدام المشاريع في تغطية مفردات المنهاج جميعها، وبشكل تفصيلي.

- التنظيمات الحالية للتعليم داخل الغرف الصفية مخصصة للتعليم الجمعـي، وفي حصص خصص لها وقت محدد، أما التعلم المستند إلى المشاريع فيتطلب تنظيماً آخر أو شكلاً آخر من أشكال التنظيمات الحالية للتعلم، كما يتطلب وقتاً أطول

وغير مقيد بوقت الحصص الصفية، اذ أنه يـدرس المشـكلات ويـؤدي المهـمات في سياقها الطبيعي.

- يتطلب التعلم المستند إلى المشاريع مهارات وكفايات عالية لدى الطلبة في التعبير الكتابي والاستماع والحوار، وتقع مسؤولية اعـداد الطلبـة لامـتلاك هـذه المهـارات والكفايات على معلمي اللغـة العربيـة والانجليزيـة أولاً ومعلمـي المـواد الأخـرى ثانياً.

- يحتاج التعلم المستند إلى المشاريع تدريباً واعداداً مسـتمراً للمعلـم بالمقارنـة مـع المعلم الذي يستخدم الطرق التقليدية. فالمهارات والكفايـات التـي يتطلبهـا هـذا الـنمط مـن الـتعلم بالإضـافة إلى التخطـيط للوحـدات التـي يدرسّـها تحتـاج إلى مساعدة المعلم ودعم وتوجيه من المشرفين التربويين ومختصي المناهج.

ربما تكون هذه المشكلات والتحديات أقل مما تبـدو عليـه عـلى مسـتوى التعلـيم الثـانوي والجامعي، ولكنها بلا شك اكثر وضوحاً وحدة في مراحل التعليم العام الأولى.

المراجـــع

- أبو زينة، فريد؛ الوهر، محمود؛ حسن، محمد إبراهيم (2004).

  المناهج وطرق التدريس العامة.

  الكويت: الجامعة العربية المفتوحة.

- أبو لبده، عبد الله (1996).

  منهج المرحلة الابتدائية

  دبي: دار القلم

- البلاونه، فهمي (2007).

  فاعليـــة اســـتراتيجية مســـتندة إلى مـــؤشر الانجـــاز لتطـــوير الكتابـــة الرياضية.

  اطروحة دكتوراه - جامعة عمان العربية للدراسات العليا

- مطرية، خضر (2009).

  أثر استراتيجية التعلم المستند إلى طريقة المشروع في حل المشكلات والكتابة الرياضية لدى طلبة المرحلة الأساسية في السعودية.

  اطروحة دكتوراه - جامعة عمان العربية للدراسات العليا.

- Dispezio, M. et al. (1996).

  Science Insights: Exploring Living Things

  Addison – Wesley Pub. Co.

- Moursund, Dave, (2010).

  http://www.uoregon.edu / n

  moursund / PBL / index.html

- Thomas, J. (2000).

  A Review of Research on Project Based Learning.

  San Rafael, CA: Autodesk Foundation.

الملحق (1)

مشروع قدم من طالب في الصف الرابع لمبحث اللغة الانجليزية؛ وقد أوردناه دون أي
تعديل، وهو مثال على مشروع اثرائي / مصاحب لمنهاج اللغة الانجليزية

English Project

Dolphins

Grade: 4 A

Teacher: Ms Reem Taweel

Done by: Khalid Abu Zeinah

Introduction

I chose to write about dolphins because they are amazing and friendly creatures. I would like to share my excitement about these marvelous mammals with anybody who is reading this paper. To know dolphins is to love them. I hope my information will surprise and amaze you.

This term paper will answer your curiosity about these magnificent creatures. It will discuss the following:

- The Delphinadae family
- Where they live
- What they eat
- How they communicate
- How they sleep
- How they save people
- Species Identification

The Delphinadae Family

Dolphins belong to the family Delphinadae. The dolphins range in length from about 1.3 meters to 3.9 meters. All dolphins are toothed whales. Their teeth are conical in shape. Each dolphin has between 100 and 200 teeth. Many have skin covered beaks with teeth. Each member of the dolphins group has a well-defined beak. With a distinct crease at the base of its forehead.

As a group dolphins are often referred to as "small" cetaceans (cetaceans are the mammals most fully adapted to aquatic life). The family Delphinadae is the largest and most diverse family of the cetacean order and includes 26 living species of dolphins.

Where dolphins live

Many of these dolphins are found in Hawaiian waters, while some occupy all oceans and major seas. Some dolphins never venture into the ocean. They are called river dolphins and they are much smaller than their sea going cousins. Most kinds of dolphins live only in salt water.

But five kinds live in fresh water rivers: the Amazon River dolphin, the Chinese River dolphin, the Ganges river dolphin, the Indus River dolphin, and the Franciscan. Their distribution relates to aspects of a dolphin's way of life, like its physical home, its food, behavior, predators and its environmental factors needed for its survival.

What they eat

All dolphins are carnivores. Some feed on fish, squid, octopus and cuttlefish, while others feed on fish, squid, crabs, shrims,and lobsters.

How they communicate

Dolphins are among the world's most intelligent creatures. Tests in aquariums show they learn to perform new tasks quickly, and can even pass on their skills by talking to dolphins in other tanks.

Dolphins communicate with each other by making all sorts of sounds such as: clicks, squeals, groans, and whistles.

Dolphins swim in large groups called herds. Each herd has between 12 to 1000 dolphins. Dolphins hunt for food and play together by communicating with their clicks and whistles and slapping their flukes on surfaces of water.

How they sleep

Dolphins sleep with one half of their brain plus one eye closed, then switching to the other side of their brain and the other eye closed and the other eye open.

Dolphins to the Rescue

Not long ago a woman thrown into the sea from an exploding yacht was kept afloat by three dolphins. They moved her to a large buoy where she waited for human help.

In 1978 a boatload of people was lost in a thick fog off the coast of South Africa. Four dolphin nudged the along through dangerous water and saved many lives.

Species Identification

Short-Snouted Spinner Dolphin:

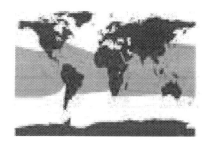

Has a dark grey or black
Dorsal cape and sometimes it spins
longitudinally when breaching
(leaping out of the water).

The yellow marked area is where the
Short-Snouted Spinner Dolphin lives

Long-Snouted Spinner Dolphin

It is one of the most acrobatic
Of all dolphins and well known
For its amazing displays.

The Blue marked area is where the
Long-Snouted Spinner Dolphin lives

Tucuxi:

One of the smallest of
The species of dolphins
Found in shallow coastal
waters and rivers. They have
different colors.

The blue marked area is where the
Tucuxi lives.

Atlantic Hump-Backed Dolphin:

It is named after the
Elongated hump on is back.

The Atlantic Hump-Backed dolphin lives in
Africa as the blue area shows.

Patronical Spotted Dolphin:

It varies greatly in size,
Shape, and color. While other
Mammals are spotted its distinctive
spotting and behavior.

The yellow marked area is where
The Patronical spotted dolphin lives.

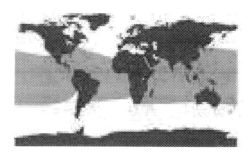

Southern Rightwhale Dolphin:

Easily identified at sea
by its color and body
pattern.

The blue marked area shows where
the Southern Rightwhale Dolphin lives.

Northern Rightwhale Dolphin:

Unmistakable at sea with its distinctive black upper sides.

The Green marked area is where the Northern Rightwhale Dolphin lives.

Common Dolphin:

One of the most friendly dolphins.

The blue marked area is where the Common Dolphin lives.

Striped Dolphin:

It has a distinctive striping and mostly with a bright pink underside.

The blue marked area is where the Striped Dolphin lives.

Bottlenose Dolphin:

One of the most common dolphins The shape of its beak gives it a friendly, smiling look. They are very easy to train. A bottlenose dolphin called Flipper became the star of a TV show.

The blue area shows where bottlenose dolphins live

Conclusion

This term paper has given me the chance to explore the breathtaking world of dolphins. I have realized that dolphins are brilliant creatures that have the potential to understand us and respond to our attempts in communicating with them. In addition, they have a quite unique schooling behavior and social community.

There are several existing species of dolphins but they all have related characteristics and illustrate similar behavior.

Dolphins gave me amazing experience and made me curious to learn more.

References

Ganeri Anita, Green Jen, Hawsley Lucinada,
Penny Malcolm, Pope Joyce and Stidworthy John

Title of Book: The Natural World

Date Published: 2000
Berger Melvin, Berger Gilda

Title of book: Do Whales have Belly Buttons? Questions and answers about whales and dolphins

Date Published: 1999

Smith Benny
Title of book: Dolphins and the undersea world

10

Date Published: 2002

Site: http://www.earthtrust.org/wlcurric/dolphins.html

Site: http://fohn.net/dolphin-pictures-facts/

Illustrations:

Google → Images → Dolphins

Google → Images → Dolphin Species

Google → Images → Dolphin Maps

Printed in the United States
By Bookmasters